나는 고발한다

이화영 대북송금 조작사건의 실체

나는 고발한다
이화영 대북송금 조작사건의 실체

1판 1쇄 발행 | 2024년 7월 20일
1판 2쇄 발행 | 2024년 7월 25일
1판 3쇄 발행 | 2024년 8월 05일
1판 4쇄 발행 | 2024년 8월 12일
1판 5쇄 발행 | 2024년 8월 19일

지은이 | 김현철, 백정화
발행인 | 정윤희
편집디자인 | 김미영
발 행 처 | PARK&JEONG
(PARK&JEONG은 책문화네트워크(주)의 단행본 브랜드입니다.)
출판사 신고일 | 2009년 5월 4일
출판사 신고번호 | 제2024-000009호
주소 | 경기도 용인시 기흥구 흥덕2로 87번길 18, 이시티빌딩 비동 4층 엠피스광교센터 422호
전화 | 02-313-3063
팩스 | 031-212-1311
이메일 | prnkorea1@naver.com
블로그 | blog.naver.com/prnkorea1

ISBN 979-11-92663-18-0 03300

값 20,000원

● 이 도서는 저작권법에 보호받는 저작물이므로 무단 복제를 금합니다.

나는 고발한다

이화영 대북송금 조작사건의 실체

김현철, 백정화 지음

J'accuse

피고인 이화영의 옥중노트 전부 수록

PARK&JEONG

추천의 글

진실은 힘이 셉니다. 조작으로 진실을 가릴 수 없습니다. 판결로도 진실을 마냥 묻어두지 못합니다. 이 책,《나는 고발한다 : 이화영 대북송금 조작사건의 실체》가 그 증거입니다.

정치권력과 사법권력이 함께 빚어낸 '이화영 대북송금 조작사건'은 윤석열 정권이 곧 붕괴될 수도 있다는 전조前兆처럼 여겨집니다.

재판과정의 기록을 통한 이 사건 변호사의 노고가, 법기술자들에 의해 왜곡된 진실을 다시 세우는 계기가 될 것으로 믿습니다. 정의를 세우기 위해서는 주권자인 시민들의 의지와 행동이 얼마나 중요한지도 일깨워줍니다.

- 민형배 더불어민주당 국회의원, 더불어민주당 전략기획위원장

《나는 고발한다 : 이화영 대북송금 조작사건의 실체》는 우리 사회의 구조적 문제와 맞닿아 있습니다. 과거 군부정권의 도구로 이용되었던 검찰권력이 민주화 이후에도 정적 제거를 위한 칼날로 강력한 힘을 키워왔고, 이제는 정치와 행정, 그리고 언론까지 주무르는 검찰

공화국에 이르렀다는 사실을 지적하고 있습니다. 이러한 상황 속에서 이 책은 우리가 마주한 현실을 고발하고, 함께 싸워야 할 과제를 제시하고 있습니다. 이들의 용기 있는 증언은 정치검찰의 횡포에 대한 강력한 경고인 동시에, 검찰개혁의 시급성과 중요성을 강조하는 중요한 마중물이 될 것이라 믿습니다. 또한 법치주의와 민주주의의 회복을 견인하는 정의로운 등불이 될 것입니다. 이 책을 통해 많은 사람들이 진실을 깨닫고, 정의로운 사회를 만드는 데 동참하게 되기를 간절히 바랍니다. 책을 쓰신 김현철 저자님과 백정화 저자님의 용기와 결단에 깊은 존경을 표하며, 이 책이 많은 사람들에게 읽혀 우리 사회에 진실과 정의가 밝혀지기를 간절히 소망합니다.

- 김문수 더불어민주당 국회의원,
더불어민주당 정치검찰사건조작특별대책단 제보센터장

햇빛 아래에 거짓이 숨을 곳은 없습니다. 저자가 이 책을 쓴 이유는 제가 대장동 사건의 변호사로서 대장동의 진실을 썼던 이유와 동일합니다. 시민들의 감시와 비판 아래에 재판을 노출시킴으로써 재판을 공정하게 이끌려는 목적입니다. 검찰은 이재명 대표를 제거하기 위해 많은 사람을 희생시켰습니다. 이화영 전 부지사는 만신창이가 되는 희생을 감수하면서도 진실을 지키기 위해 저항했습니다. 이 책을 통해 검찰의 기소와 법원의 판결이 햇빛 아래에 드러났습니다. 이제 누가 진실을 말하고 누가 거짓을 말하는지 판단해 주시기 바랍니다. 거짓은 진실을 이길 수 없습니다. 진실은 반드시 승리합니다.

- 이건태 더불어민주당 국회의원, 前 의정부지방검찰청 고양지청장

머리말

이화영 대북송금 사건은
이재명을 제거하기 위한 검찰의 허위조작 사건

쌍방울 대북송금사건은 현 정권의 최대 정적政敵인 이재명을 제거하기 위하여, 검찰이 이화영을 숙주로 삼아 허위로 조작한 사건입니다. 그리고 이 사건은 이재명을 제거하는 것으로 끝나지 않고, 야당野黨의 다음 대권주자를 상대로 동일한 방식으로 수사하고 판결하는 것으로 이어질 것입니다.

피고인 이화영은 자신이 저지르지 않은 혐의를 수많은 증인들로 하여금 진술하게 하는 검찰의 위력에 압도되었고, 구속기간이 장기화되면서 심각한 고립감과 무력감에 빠졌습니다. 결국 검찰의 회유에 굴복했는데, 그 내용은 '이재명 도지사에게 쌍방울그룹의 방북비용 대납을 보고했다고 허위 진술을 하면 뇌물죄, 정치자금법위반죄, 증거인멸교사죄를 무죄로 만들어주겠다'는 것이었습니다. 그렇지만 양심을 저버릴 수 없었던 그는 나중에 진실을 밝히고자, 이재명의 알리바이가 있는 '2019년 7월 29일 10시'에 경기도청에서 쌍방울의 방북비용 대납사실을 보고했다고 진술했습니다(이화영에 대한 제19회 피의자신문조서 4쪽). 그 시점에 이재명은 여의도 국회의원회관에서 연설을 하고 있었습니다.

 요컨대 이재명의 알리바이는 이화영이 이재명에게 쌍방울의 방북비용 대납사실을 보고했다는 진술이 허위라는 사실을 증명하는 것입니다. 그렇다면 이화영의 허위 조서와 같은 내용인 김성태, 방용철, 안부수의 진술의 신빙성은 마땅히 의심되어야 합니다. 그러나 이 사건 판사는 이러한 정황을 제1심 판결에서 배제하고, 김성태, 방용철, 안부수의 진술을 근거로 이 사건에 대해 유죄를 선고했습니다.

 이 사건 제1심 판결의 유죄증거는 김성태, 방용철, 안부수의 진술증거이며, 거의 유일한 비진술증거로 [김태균 회의록]이 있습니다(제1병합사건 순번937~940). 사실 엄밀하게 따진다면, [김태균 회의록]도 진술을 기재한 것으로, 2019년 1월부터 3월까지 김성태, 방용철, 김태균이 회의한 내용에 불과합니다. 김태균은 해외 헤지펀드로부터 투자를 유치하는 사람으로, 이 회의에서 김성태는 쌍방울의 대북사업을 김태균에게 설명하고, 김태균을 통해서 해외 헤지펀드를 설득하려고 했습니다. 왜냐하면 북한과의 계약을 이행하려면, 1억 달러를 유치해야 하기 때문이었습니다. 그런데 북한은 쌍방울과의 합의서에 계약금 항목을 규정하지 않았는데, 이는 나중에 계약이 파기되더라도 계약금을 반환하지 않기 위함입니다. 대신에 이화영이 스마트팜 사업을 제대로 이행하지 않는다면서, 계약금 명목으로 스마트팜 비용을 요구한 것입니다. 여기서 해외 헤지펀드는 유력한 의문을 제기합니다. 왜 민간기업이 북한에 인도적 지원 사업을 하는지에 대해 의구심을 표시합니다. 그래서 김성태는 "경기도 부지사는 그룹의 리더"라고까지 허풍을 떨었고, 2019. 2. 23.자 회의록에 의하면, 미국계 헤지펀드가 "협력사업 분야에 대한 에비던스$_{evidence}$를 요청"합니다. 여기서 '에비던스'란 '이화영이 쌍방울그룹의 대북사업에 협력한다는 사실을 증명하는 증거'를 의미합니다. 그러나 에비던스가 제시되지 않았고, 미국계 헤지펀드는 투자를 포기하였습니다. 그와 같은 에비던스가 없기 때문에 제시되지 않았던 것입니다. 그런데 제1심 판결이 판결서 184~187쪽에서 [김태균 회의록] 전문을 인용하였는데, 이 사건 판사는 "협력사업 분야에 대한 에비던스$_{evidence}$ 요청"이라는 문구를 생략하였습니다. 의도적으로 제외시킨 것입니다. 왜냐하면 이 문구가 존재하는 순간 [김태균 회의록]이 '무죄의 증거'가 되기 때문입니다.

한편 "최우선적으로 (김성태) 회장님의 방북 추진"이라고 기재된 방용철 쌍방울그룹 부회장의 2019. 7. 1.자 지시사항(모사건 순번 1210)을 비롯하여 쌍방울그룹이 자체적으로 김성태 회장의 방북을 준비했다는 취지의 문서가 검찰의 증거기록 중에 4개가 있습니다. 그런데 이 사건 제1심 판결문은 "쌍방울그룹 내부에서 그 당시 김성태 방북을 위하여 자체적으로 추진하였다고 볼 정황이 충분하지 않다"고 판시했습니다(제1심 판결서 233쪽). **객관적인 증거가 존재함에도 '정황이 충분하지 않다'고 선언함으로써, 이 사건 판사는 논증이 아닌 억압적 권위로써 '죄와 벌'을 정했습니다.**

그런데 이 사건을 조작한 수사검사들과 왜곡된 판결을 한 판사 개인을 비난하는 것만으로는 이 사건을 근본적으로 해결하지 못합니다. 우리는 이 사건을 통해 두 가지의 제도적인 보완을 이루어내야 합니다.

첫째, 이 사건은 수사의 주체와 기소의 주체가 분리되어야 한다는 제도적 필요성을 드러냈습니다. 만약 경찰이 조작수사를 한 정황이 공판 중에 드러났다면, 기소권자인 검찰은 당연히 '오염된 증거'를 배척했을 것입니다. 그러나 이 사건에서는 조작수사를 한 주체가 공소를 유지하는 검찰 자신이기 때문에, 이들은 사건의 조작사실을 부인하고 오염된 증거를 정당화 했습니다.

둘째, 법관이 일반적인 인과율因果律과 보편적인 논리법칙에 어긋나는 판결을 내리는 것을 막을 수 있는 제도적 장치의 필요성이 제기되었습니다. 만약 이 사건 판결을 내린 법관에 대해 인사人事에 관한 유리한 제안이 있어서 이 같은 비논리적인 판결이 자행되었다면, '하향식 인사제도'에 대한 개혁이 필요할 것입니다. 만약 법관의 정치적 편향성이 원인이라면, 또 다른 제도적 보완이 필요할 것입니다. 이에 대해서는 동료 판사, 검사, 변호사들의 폭넓은 토론이 전제되어야 할 것입니다.

이 글은 [이화영 제1심 변론요지서](제1부~제5부), [제1심 판결에 대한 비판](제6부), [대북송금 조작사건의 정치적, 제도적 의미](제7부) 및 맺음말로 구성되어 있고, '피고인 이화영의 옥중노트와 편지', '이화영의 부인 백정화의 탄원서와 편지'를 부록으로 붙였습니다. [제1

심 판결에 대한 비판」은 이 사건 제1심 판결 전문에 대한 비판이 아니고 일부에 관한 것입니다. 판결 전문에 관한 비판이 혹여 가독성이 떨어질 것을 염려하여, 논리적 오류가 명징하게 드러난 주요 쟁점으로 국한하였습니다.

우리의 소송법이 판결에 대한 상소上訴 제도를 예정하고 있다는 점에서, 이렇게 법원 바깥에서 판결을 비판하는 것이 옳지 않다는 의견이 있을 수 있습니다. **그러나 법원의 권위는 헌법과 법률이 규정한 재판권이라는 형식만으로 세워지지 않으며, 판결문이 제시하는 근거의 합리성, 그리고 판결문에 녹아있는 논증의 설득력에 의해 실질적으로 담보될 수 있습니다.** 따라서 법원 판결에 대한 비판과 그에 대한 반비판은 형식의 제한 없이 언제 어디서고 보장되어야 합니다

저의 글과 이 사건 제1심 판결문이 동료 법조인들에게 널리 읽히기를 바랍니다. 이 사건 판사는 판결 선고일에 판결문을 낭독하면서, 변호인이 비합리적 변명으로 일관했다고 비난했습니다. 그렇다면 과연 변호인의 변론이 비합리적인 것인지, 아니면 이 사건 판결이 비논리적인 것인지 동료 법조인들과 시민들께서 검증해 주시길 부탁드립니다. 이 글과 이 사건 제1심 판결문이 공론의 장에서 토론되길 기대합니다.

'법관의 독단적 판결'이 묵인되는 이유는 그에 관한 정보가 독점되고 폐쇄되어 있기 때문입니다. 그리고 타인의 사건에 대한 우리들의 무관심은 이러한 '법관의 독단'을 더욱 강화시킵니다. 그래서 이 사건

의 실체와 판결의 허위를 알리기 위해 이 글을 쓰게 되었습니다.

　19세기말 드레퓌스 대위의 결백을 주장하며 프랑스 군부의 범죄 조작을 규탄했던 에밀 졸라Emile Zola가 논설 J'Accuse(나는 고발한다)를 썼던 심정으로, 이 글을 썼습니다. 당시 프랑스 전역을 진실과 정의의 요구로 들끓게 했던 졸라Zola와 같은 위명偉名이 제게는 없습니다. 하지만 시민 여러분들이 이 사건에 관심을 가져주신다면, 사건의 진실을 밝힐 수 있을 것이라고 믿습니다. 이로써 우리 사회는 좀 더 정의로운 방향으로 한 걸음 더 나아가게 될 것입니다.

　요컨대 2019년 '쌍방울의 대북송금'은 진실입니다. 그러나 '이화영과 이재명의 대북송금'은 거짓입니다. 그런데 제가 이 글을 쓴 목적은 단지 이재명과 이화영의 무죄를 주장하는 것에 그치지 않습니다. 이 글은 사법절차라는 합법적인 형식의 외피를 쓰고서, '정당의 공정한 경쟁'과 '그를 통한 정권의 합리적 교체가능성'을 파괴한 검찰과 법원의 부당한 조치를 고발하는 것입니다.

2024년 6월 20일
저자 / 피고인 이화영의 제1심 변호인 김현철 변호사

| 차례 |

추천의 글 · 4
머리말 쌍방울 대북송금사건은
        이재명을 제거하기 위한 검찰의 허위조작 사건 · 6

● 제1부

[이화영 제1심 변론요지서]
대북송금 조작사건의 실체

1. 대북송금 사건의 공소요지 · 19
2. '스마트팜 비용 500만불'이 피고인 이화영의
   '정치적 책임과 정치적 이익'으로부터 비롯되었다는 검찰 주장의 허구성 · 25
3. 김성혜가 안부수에게 '스마트팜 비용 200만불'을 요구한 이유 · 36
4. '쌍방울 그룹이 경기도 비용을 대납했다'고 김성태가 주장하는 이유 · 51
5. '스마트팜 비용 500만불'의 실체 · 68
6. '방북비용 300만불'의 실체 · 73
7. 국정원문건을 통한 이 사건의 개관 · 82
8. 피고인 이화영이 방북비용을 이재명 지사에게 보고했다고
   허위로 진술한 경위 · 89

● 제2부

[이화영 제1심 변론요지서]
외국환거래법위반죄의 성립여부

1. 이재명 방북비용에 관한 후견 편향 · 107
2. 스마트팜 비용에 관한 후견 편향 · 113
3. 스마트팜 비용 및 이재명 방북비용을 정치적 이익과 연결시킨 오류 · 115
4. 이재명에게 방북비용 대납을 보고했다는 피고인 진술의 허위 · 118
5. 조선아태위가 금융제재대상자에 해당하는지 여부 · 120
6. 외국환거래법위반죄의 무죄 · 122

● 제3부

[이화영 제1심 변론요지서]
특가법위반(뇌물)죄 및
정치자금법위반죄의 성립여부

1. 뇌물죄의 공소요지 · 127
2. 피고인과 문○○의 관계에 관한 공소사실의 문제점 · 129
3. 법인카드 제공에 관한 사실관계 및 규범적 평가 · 143
4. 문○○에 대한 급여지급의 규범적 평가 · 157
5. 쌍방울 법인차량 제공에 관한 공소의 문제점 · 160
6. 뇌물죄의 무죄 · 165
7. 외국환거래법위반죄와 특가법위반(뇌물)죄 공소사실의 관계 · 178
8. 정치자금법위반죄의 무죄 · 186

● 제4부

[이화영 제1심 변론요지서]
증거인멸교사죄의 성립여부

1. 제2병합사건 [가] 범죄사실에 관한 공소장 변경 · 191
2. 제2병합사건의 무죄 · 194
3. 자기사건 증거인멸교사죄 처벌의 위헌성 · 208
4. 본죄 공범에 대한 증거인멸교사죄 처벌의 법리적 문제점 · 217

● 제5부

[이화영 제1심 변론요지서]
결어

1. 이 사건은 후대에 '이화영 대북송금 조작사건'으로 기록될 것 · 223

● 제6부

제1심 판결에 대한 비판

1. 제1심 판결 주문 중 주요 부분 · 229
2. 김태균 회의록의 재조명 · 231
3. 이재명의 방북이 성사되어야 김성태의 계획이
   실현된다는 제1심 판단의 당부 · 240

4. 김성태가 방북비용 300만 불을 지급할 이유가 없었다는 제1심 판단의 당부 · 244
5. '이재명 항소심 유죄판결이 방북추진의 장애가 될 수 없다'는
   제1심 판단의 당부 · 247
6. '나노스의 주가조작을 인정할 수 없다'는 제1심 판단의 당부 · 249
7. 판결에 영향을 미친 중대한 절차적 위법 · 262

● 제7부

검찰과 법원의
친위쿠데타를 고발한다

1. 대북송금 조작사건의 정치적 의미 : 친위쿠데타 · 275
2. 대북송금 조작사건의 제도적 의미 : 수사주체와 기소주체의 분리 · 279

맺음말 검찰과 법원의 부당한 조치를 막을 수 있는
최후의 힘은 국민들께 있습니다 · 285

부록1. 이화영의 옥중노트 · 291
부록2. 이화영의 편지 · 315
부록3. 백정화가 이화영에게 보낸 편지 · 329
부록4. 백정화의 탄원서 · 341

제 1 부

[이화영 제1심 변론요지서]

대북송금 조작사건의 실체

[수원지방법원 2022고합733, 2023고합185(병합), 2023고합229(병합)][1]

---

1   본건에서는 2022고합733 특가법위반(뇌물) 사건을 모사건, 2023고합185 외국환거래법위반 사건을 제1병합사건, 2023고합229 증거인멸교사 사건을 제2병합사건이라고 불렀습니다.

'대북송금 사건'의 공소요지

가. 외국환거래법위반죄의 공소사실

[스마트팜 비용 500만불] (제1병합사건 공소장 6쪽)

피고인 이화영은 2018. 10. 4.자 1차 방북 시에 김성혜와 경기도-북한 간의 남북교류협력사업과 관련한 6개 사항에 대해 합의하면서 북한에 '합의사항 중 하나인 북한의 낙후된 협동농장을 농림복합형 농장인 스마트팜으로 개선할 수 있도록 경기도가 북한에 미화 500만 달러를 지원해 주겠다'는 취지로 약속하였고, 2018. 10. 7.경 6개 항의 합의를 발표하였다. 이후 피고인 이화영은 UN 및 미국의 대북 제재 등으로 인해 북한에 약속한 미화 500만 달러 상당의 스마트팜 지원금을 지급할 수 없게 되었는데, **이로 인해 2018. 10.~11.경 김성혜로부터 위 미화 500만 달러의 지급을 수회 독촉 받게 되자, 김성태에게 경기도의 지원 하에 대북사업을 진행하라고 권유하면서 스마**

트팜 비용을 대납해 달라고 요구하였다. 이에 김성태 및 피고인 방용철은 2018. 11.~2.경 북한 고위직들을 만난 후 위와 같은 피고인 이화영의 요구에 따라 경기도가 북한에 지급하기로 약속한 스마트팜 비용 미화 500만 달러를 대납하고, 이를 계기로 대북사업을 시작하기로 마음먹었다.

[이재명 방북비용 300만불] (제1병합사건 공소장 10쪽)

김성태는 2019. 5.경 중국 단동에서 피고인 이화영으로부터 조선아태위 부실장 송명철, 정찰총국 출신 대남공작원 리호남 등 북한 인사들에게 경기도지사의 방북을 요청해달라는 부탁을 받고 위 북한 인사들에게 위와 같은 취지의 부탁을 하였으나, 북한 인사들로부터 '이재명 경기도지사의 방북을 위해서는 방북 비용이 필요하다'라는 말을 듣게 되었다. 이에 김성태는 피고인 이화영에게 위와 같은 사실을 논의하면서 피고인 이화영으로부터 '경기도지사 방북비용을 대신 지급해 달라'는 취지의 부탁을 받고, 2019. 5.~6.경 북한에서 요구한 경기도지사 방북비용 미화 300만 달러 상당을 지급하기로 마음먹었다. 이후 김성태 및 피고인 방용철은 밀반출된 외화를 전달받아 2019. 7.경 및 2019. 12.~2020. 1.경 조선아태위 부실장 송명철에게 미화 200만 달러 상당, 리호남에게 미화 100만 달러 상당 합계 미화 300만 달러 상당을 각각 교부하였다.

나. 특가법위반(뇌물)죄의 공소사실

[경기도 평화부지사 재직 중의 범행] (모사건 공소장 8~9쪽)

피고인은 2018. 7.경부터 2020. 1.경까지 경기도 평화부지사로서 평화협력국과 소통협치국을 관장하면서, 남북교류협력사업 총괄 기획 및 조정, 남북 경제협력사업 지원, 통일경제특구 유치 및 개발, DMZ 보전·개발정책, DMZ 관련 관광활성화 등 경기도의 대북관련 업무를 총괄하는 지위에 있던 사람이다. 피고인이 **쌍방울 그룹이 향후 진행하려고 하는 대북사업의 원활한 추진에 도움을 주는 대가로**, 김성태와 방용철로부터 (주)쌍방울 법인카드를 제공받아 직접 사용하거나 문OO에게 사용하게 하였다.

[(주)킨텍스 대표이사 재직 중의 범행] (모사건 공소장 10쪽)

피고인은 2020. 1.경 경기도 산하 공기업인 (주)킨텍스 대표이사로 취임하여 전시·컨벤션 센터의 건립 및 운영계획 수립, 관리운영 및 임대, 국내외 전시회 및 회의 개최, 전시·컨벤션 센터 활성화를 위한 업무를 총괄하게 되었다. 쌍방울 그룹은 킨텍스 호텔 건립사업, 킨텍스 태양광 시설 건립사업, 남북교류사업 등과 관련하여 피고인으로부터 도움을 받고자, 쌍방울 그룹이 사용대금을 지급하는 신용카드를 피고인이 계속해서 사용할 수 있도록 제공하고, 문OO을 (주)쌍방울에 직원으로 계속 허위 등재하여 급여를 지급하였다.

다. 대북송금에 관한 김성태, 안부수의 진술 요지

[모사건 순번1198_안부수 제8회 피의자신문조서](19819쪽)

검 사 : 쌍방울과 북한을 중국에서 처음 만나게 해준 것은 언제인가요?
(중략)
안부수 : 2019. 12.말경으로 기억합니다. 그때 제가 처음으로 김성태에게 북한사람들을 소개시켜줬어요.
검 사 : 계속 진술하세요.
안부수 : 그렇게 자리를 마련했고 김성태가 김성혜, 송명철 등에게 내의 100억 치를 지원하겠다는 말을 꺼냈습니다. 그런데 북한에서는 그 자리에서 바로 'NO'라고 하더라구요. 메이드 인 코리아는 안 된다고 했습니다. 그렇게 간단한 회의가 끝나고 술자리를 했는데 거기서 이화영 이야기가 나오게 된 것입니다. 김성혜가 이화영이 스마트팜을 해준다고 했는데 못 해줘서 곤욕을 많이 치렀다고 하더라구요. 그런데 그 말을 듣고 있던 김성태가 술에 많이 취한 상태에서 "이화영이 내 형인데 형이 뭐 잘못을 했냐? 내가 해결하겠다"라고 했습니다. 김성혜가 그 말을 듣고 "스마트팜 비용으로 한 50억 정도가 드는데 김회장님께서 대신 해주시겠습니까?라는 말도 했습니다. 전 스마트팜 이야기를 그 자리에서 처음 들었어요. 그 자리가 잇은 뒤로 김성태가 자기가 북한에 50억을 해줘야 한다는 이야기를 계속 하고 다녔습니다. 아마 주변 사람들도 들었을 거에요.

[2023. 7. 11.자 김성태 증언녹취서](11쪽)

검 사 : 피고인 이화영이 증인에게 '쌍방울의 내의를 팔아서 북한에 스마트팜 비용을 건네주자'는 제안을 하였을 때, 그 제안에는 '증인이 경기도의 스마트팜 비용을 대납하여 주면 향후 경기도가 쌍방울 그룹의

	대북사업을 지원하겠다'는 취지도 포함되어 있는 것이었나요?
김성태 :	예
검 사 :	피고인 이화영이 증인에게 "**500만 불을 대납해 주면 북한 최고위층과 연결이 되어 쌍방울 그룹이 대북사업을 할 수 있을 것이다.** 이것이 기회 아니겠냐. 신흥재벌도 많이 생길 것이다. 경기도가 북한과 접경 지역에 있으니 경기도와 함께 하는 대북사업만 하더라도 크게 사업을 할 수 있을 것이다"라는 취지로 말한 사실도 있는가요?
김성태 :	예

[2023. 7. 11.자 김성태 증언녹취서](22쪽)

검 사 :	결국 피고인 이화영은 증인, 김민종 등에게 "경기도가 북한에 지원하기로 했던 스마트팜 사업비용을 쌍방울 그룹이 대신 지급하고, **이에 대한 대가로 쌍방울 그룹은 대북사업에 참여할 수 있는 우선적 기회를 얻게 되었으며, 경기도가 쌍방울 그룹의 대북사업을 보증 또는 지원하기로 약속했고**, 스마트팜 사업을 함께 함으로써 경기도는 정치적 이익, 쌍방울 그룹은 경제적 이익을 얻게 되는 것이다"라는 취지로 설명했던 것으로 보이는데, 맞는가요?
김성태 :	예, 맞습니다.

[2023. 7. 11.자 김성태 증언녹취서](33쪽)

검 사 :	위 자료를 보면 배경으로 2019. 1. 17.자 쌍방울 그룹과 조선아태위 사이의 협역서가 첨부되어 있고, '계약금', '500만 달러(이행보증금)'이라고 기재되어 있는데, 계약금으로 500만 달러라고 기재한 이유는 외부 투자자들에게 스마트팜 사업비용의 대납이라고 설명할 수 없기 때문에 계약금이라고 기재한 것으로 보이는데, 위

> 500만 달러가 실제 계약금 성격의 의미는 아닌 것으로 보이는데, 어떤가요?
> 김성태 : 그 당시에 계약할 게 없는데 뭘 계약을… 아마 거기에 '경기도 대납'이라고 넣을 수 없으니까 저렇게 표기를 해 놓은 것 같습니다.
> 검 사 : 증인이 보기에도 이건 계약금이 아니라는 것이지요?
> 김성태 : 계약할 게 없지 않습니까? 그 당시에 제가 500만 불을 지원해 주는 건데…

[2023. 7. 11.자 김성태 증언녹취서](33쪽)

> (1) 쌍방울이 경기도의 스마트팜 비용을 대신 납부하면, 경기도가 쌍방울 그룹의 대북사업에 관하여 우선적 기회를 부여하기로 하였다.
> (2) 경기도가 지원하여 쌍방울의 대북사업을 함께 추진하기로 하였고, 경기도의 남북교류협력기금 20%를 지원하기로 하였다.
> (3) 쌍방울이 스마트팜 비용을 대납하면, 피고인 이화영이 쌍방울을 북한 최고위층과 연결시켜 대북사업을 할 수 있도록 한다고 하였다.
> (4) 2019년 1월경부터 5월경 사이에 쌍방울은 북한 조선아태위와 계약할 게 없었으며, 당시 지급한 500만불은 경기도를 지원하는 것이다.
> (5) 피고인 이화영의 부탁으로 이재명의 방북비용 300만불을 대신 조선아태위에게 전달하였다.

2

'스마트팜 비용 500만불'이 피고인 이화영의 '정치적 책임과 정치적 이익'으로부터 비롯되었다는 검찰 주장의 허구성

가. 경기도지사의 방북 및 대북사업에 대한 선입견

[2023. 7. 11.자 김성태 증언녹취서 22쪽]에서 검사는 "스마트팜 사업을 함께 함으로써, 경기도는 정치적 이익, 쌍방울 그룹은 경제적 이익을 얻게 된다"고 전제했습니다. 그리고 검사는 이러한 정치적 이익을 전제로, 이재명 전 경기도지사와 피고인 이화영이 북한에 돈을 주면서까지 대북사업과 방북을 추진했던 것이라고 추론하였습니다. **검사가 말한 '정치적 이익'이란 경기도지사가 방북 및 대북사업을 통해서 향후 대권도전을 위한 명성을 쌓을 수 있다는 것인데, 실제로 이러한 '정치적 이익'은 존재하지 않습니다.** 대북사업에 경기도지사의 정치적 이익이 있을 것이라는 추측은 경기도 도정의 역사를 모르는 사람의 선입견에 불과합니다. 지금까지 경기도 도정의 역사를 살피면, 민주당과 보수당을 가리지 않고 역대 경기도지사가 대북사업

과 방북을 항상 추진했으며, 단지 그 이유만으로는 그들이 대권 도전에서 아무런 프리미엄을 가지지 못했습니다.

[역대 경기도지사의 방북 및 대북사업] (증27①~⑩)

2003.04.08.   북한이 손학규 경기도지사 및 경기도의회 의장을 초청
2006.06.03.   손학규 경기도지사 방북
2008.04.10.   김문수 경기도지사 방북, 경기도와 북측이 합의해서 개성시 개풍에 3,300㎡ 규모의 양묘장 3개동을 조성, 말라리아 공동 방역사업 추진
2012.12.09.   김문수 경기도지사 민족화해상 수상
2014.07.04.   남경필 경기도지사가 경평축구 부활을 선언
2014.07.07.   남경필 경기도지사, 통일경제특구 사업 발표
2015.08.15.   경기도와 북한이 국제유소년 축구대회 평양 개최를 발표 (남경필 지사도 함께 방북 하려 했으나, 통일부 허가를 받지 못해 실패함)
2015.09.15.   남경필 경기도지사가 5.24 대북제재조치 해제를 주장
2018.03.19.   남북정상회담 성사에 불붙는 '남북경제협력 논의'
2018.04.10.   남북화해 기류에 너도나도 '제2개성공단' 추진

대북사업을 수행하고 실제 방북을 했던 역대 경기도지사 중에 대통령은커녕 대통령후보가 된 사람이 한 명도 없었습니다. 즉 대북사업 및 방북은 경기도지사가 대권도전을 하는 데에 큰 의미를 갖지 못했던 것입니다. 따라서 대북사업과 방북을 추진했다가 안되면 어쩔 수 없는 것이지, 불법적으로 북한에 돈을 주면서까지 추진할 필연성이 없습니다. 피고인 이화영과 이재명 전 도지사가 **정치적 이익을 위해 북한에 돈을 주고서 대북사업과 방북을 추진했다는 검사의 주장**

은 경기도 도정의 역사를 주의 깊게 관찰하지 못한 섣부른 추측일 뿐입니다. 경기도가 대북사업을 추진했던 이유는 아래 김문수 전 경기도지사의 말 속에 그대로 담겨 있습니다. 2012. 12. 9. 김문수 도지사가 민족화해상을 받고서 이런 소감을 밝혔습니다. 경기도에 대북사업이 요청되는 가장 큰 이유로 "경기도가 휴전선 250km 중 87km를 북한과 접해 있다"는 사실을 꼽았습니다(증27-④). 북한과 가장 가깝기 때문에 전쟁으로 인한 위험에 직접 노출되어 있어 평화적 협력이 절실히 필요하다는 것이었습니다. 이것이 보수당과 민주당이라는 정치적 당파를 가리지 않고, 역대 경기도지사가 대북사업을 중시했던 이유입니다. 경기도지사나 부지사 입장에서는, 국제적 환경으로 남북관계가 경색되어 교류협력사업이 어렵게 되면 그냥 중단하면 됩니다. 이것을 억지로, 그것도 불법적으로 강행할 아무런 이유가 없습니다. **왜냐하면 국제관계 악화로 교류협력이 후퇴하였다고 하여 이재명 지사나 이화영 부지사가 어떤 정치적 타격을 입지 않기 때문입니다.** 정치적 타격이란 다음 선거에서 불이익을 받는 것인데, 이재명과 피고인 이화영의 유권자는 북한 주민이 아니라 대한민국 시민이기 때문입니다.

나. 스마트팜 사업을 제안한 지 1달 만에 사업의 진행을 독촉했다는 공소사실의 비상식성

검찰은 2018. 10.경 피고인 이화영이 스마트팜 사업이 대북제재 면제를 필요로 하는 사항인 줄 모르고 김성혜에게 약속하였다가, 뒤

늦게 불가능하게 된 것을 알게 되어 쌍방울 그룹을 통해 그 비용을 대납하게 한 것이라고 주장하고 있습니다. 2018. 10.경에 경기도가 스마트팜 사업을 제안하고, **그에 대해서 명확한 합의도 이루어지지 않은 상태였는데, 그로부터 1달이 채 지나지 않은 2018. 11.경에 사업이 빨리 진행되지 않는다고 김성혜가 피고인 이화영을 성토했다는 주장은 상식에 어긋납니다.** 왜냐하면 스마트팜 사업은 4년의 기간을 전제로 계획된 사업인데, 제안하자마자 한 달 만에 재촉한다는 것이 비상식적이며, 2018. 10.경에는 2019. 2.경으로 예정된 북미정상회담의 결과가 긍정적으로 전망되고 있던 상황이었기 때문입니다. 또한 피고인 이화영은 2018. 10. 20.자 2차 방북 이후, 안부수의 주선으로 이루어진 2019. 1. 17.자 중국 선양에서의 회합 시까지 김성혜를 만난 적이 없어서, 김성혜로부터 스마트팜 비용을 독촉 받을 수가 없었습니다.

이 사건 스마트팜 사업은 '2~4년의 기간과 그에 따른 예산배정'으로 계획된 것으로, 한두 달 만에 시행할 수 있는 것이 아니었습니다. **설령 김성혜가 피고인의 의도를 오해했다고 해도, 피고인 이화영으로서는 김성혜를 두려워할 이유도 없고, 이 사업을 반드시 빠른 시일 내에 성사시켜야 할 책임이 있었던 것도 아니었습니다.** 따라서 피고인 이화영이 쌍방울 그룹을 통해 김성혜에게 불법적으로 돈을 줄 필요가 없었으며, 북한에 돈을 주면서까지 관계를 이어가야 할 필요는 오히려 쌍방울 그룹에게 있었습니다. 왜냐하면 김성태는 대북사업 수혜주로 평가 받았던 나노스의 주가를 부양시킬 필요가 있었기 때문입니다.

[제1병합사건 순번683_2018. 9. 13.자 업무보고]

☐ **사업추진**(안) - 조성규모는 상호 협의 후 조정가능
 ○(조성규모) 5ha(시범단지) / 연동온실 50동규모(1동=660㎡) / ha당 10동기준
 ○(사업기간) 2년(조사·설계·부지조성 1년, 공사시공 및 준공 1년)
 ○(총사업비) 약 20,000백만원(시설원예 기준) -- 1동당 약 400백만원1) 소요
  - 자동화 재배시설(온실) 신축 : 1,650백만원(33,000㎡ × 50천원)
  - 스마트 팜 기반시설(양액재배시설 등) 구축 : 17,500백만원(1동당 350백만원)
  - 스마트 팜 자동제어 시스템 구축 : 198백만원(33,000㎡ × ㎡당 6천원)
 ◦ 특작(버섯)시설 : 30,000백만원(판넬형 재배시 10,000백만원, 시설장비 등 20,000백만원)
 ○(사업내용) 자동화 재배시설(온실) 신축, 스마트 팜 기반시설(양액재배시설, 관수시설, 무인방제시설 등) 스마트 자동제어 시스템 구축(센서장비, 재어장비, 정보시스템)

☐ **남북역할** (경기도 / 황해도)
 ○ **남한**(경기도) : 자금지원, 온실 설계·공사시공, 영농기술(도 농업기술원)지원 등
 ○ **북한**(황해도) : 토지제공 및 부지조성, 노동력 제공, 농장운영, 사후관리 등

위 문서는 피고인의 방북 전인 2018. 9. 13.경 이OO 경기도 원예특작팀장이 작성한 문서로, 스마트팜 사업을 '2년의 기간과 그에 따른 예산'으로 계획했습니다. 이 문서에 적힌 '자금지원'이 북한에 돈을 직접 준다는 뜻이 아니고, 자동화 재배시설 및 스마트 시스템 구축에 소요되는 돈을 지원한다는 의미라는 사실은 여러 경기도 공무원들의 진술로 밝혀졌습니다. 스마트팜 사업은 경기도가 북한에 스마트시설과 시스템을 설치해 준다는 것이지 돈을 준다는 것이 아니므로, 그 비용을 대납하게 했다는 주장 자체가 상식에 어긋납니다. [제1병합사건 순번683_2018. 9. 13.자 업무보고]에는 "美 유엔의 대북제재 해제 시 사업추진 검토예정"이라고 적혀 있으며, 그 이후 모

든 스마트팜 사업 계획서에 "대북제재 해제 시 사업추진 가능"이라고 전제되었습니다.

[제1병합사건 순번683_2018. 9. 13.자 업무보고]

□ 추진계획
○ 통일부 협의(방북승인) 후 사업추진 의 타진 ⇒ 실무협의회 구성 및 세부사항 실무협의 ⇒ 사업대상지 현장방문 ⇒ 구체적인 지원안 마련 ⇒ 남북협력기금 등 예산확보(도의회 협의 포함) 후
○ 공동합작 시범사업 협약체결 ⇒ 사업추진 및 준공 ⇒ 기술지원 및 사후관리
※ 남북교류 협력사업은 美·유엔의 대북제재 해제시 사업추진 검토예정

검찰은 피고인 이화영의 2018. 10. 11.자 강의내용 중 녹취서 20쪽(제1병합사건 순번417, 29320쪽)에서 "제재를 다 피해가는 것만 해놓은 거예요"라는 문구를 지적하면서, 피고인 이화영이 스마트팜 사업에 관해 대북제재 면제가 필요하다는 점을 몰랐다고 주장하고 있습니다. 당시 피고인이 제재를 피해갈 수 있다고 표현한 예시는 양묘사업, 축산사업, 나무심기사업이었습니다. 스마트팜 사업은 당연히 제재 대상이었고, 당시의 경제협력의 핵심이라고 별도로 강조했습니다. **설령 검찰의 주장처럼 피고인이 대북제재 면제가 필요하다는 점을 몰랐다가 나중에 깨달았다고 하더라도, 그것 때문에 북한에 돈을 준다는 것은 너무나도 비상식적인 억측입니다.** 뒤에서 살피듯이 2018. 10.경의 상황은 2019. 2. 하노이 회담을 통해 대북제재가 완화될 것이라는 낙관적 전망이 존재했던 때였습니다.

다. 2018. 11.~12.경 시점의 북미관계 전망

[2023. 6. 20.자 국정원직원 김○○ 증언녹취서](27쪽)

> 검 사 : 북한 핵문제는 굉장히 오랫동안 지속되어 온 문제고, 피고인 이화영의 주장과 같이 2019. 2. 하노이 회담이 성공적으로 마무리되어 대북제재가 해제될 것이라고 관측하는 것은 당시 국제정세에 비추어 쉽사리 납득하기 어려워 보이는데, 어떤가요?
> 김○○ : **하노이 회담 직전까지는 7내지 8 정도는 그렇게 생각을 했던 분위기로 기억을 합니다.** 그런데 하노이까지 온다는 것은 양측에서 어느 정도 물밑 합의가 있었다는 전제가 공통된 시각이었고요. 그런데 그렇게 깨질 줄 예측을 못한 부분은 있습니다.
> 검 사 : 대북제재가 하노이 회담을 계기로 전면 해제될 것으로 관측할 수 있었다는 것인가요?
> 김○○ : 북한 측의 최고 요청사항이 대북제재를 해제해달라는 것이었고요. 그 합의가 이루어졌으면 해제가 될 수도 있는… 국제정세는 맞을 겁니다. 이건 제 의견이 아니라, 그 당시 많은 사람들이 그렇게 예측을 했었을 겁니다.

국정원직원 김○○이 **"그렇게 생각을 했다"**는 대답에서, '그렇게'가 무슨 의미인지 논란의 여지가 있습니다. 이는 검사가 서로 반대되는 의미의 두 문장을 하나의 질문에 담았기 때문으로, 아래와 같이 질문을 둘로 나누면, 김○○의 답변 취지가 명확해집니다.

> 검 사 : 피고인 이화영의 주장에 의하면, 2019. 2. 하노이 회담이 성공적으로 마무리되어 대북제재가 해제될 것이라고 2018. 11.경 관측했

> 　　　　　다는데, 증인의 생각은 어떤가요?
> 김○○ : **하노이 회담 직전까지는 7 내지 8 정도는 그렇게 생각을 했던 분위기로 기억을 합니다.**
> 검　사 : 북한의 핵 문제는 굉장히 오랫동안 지속되어 온 문제라서, 하노이 회담이 성공적으로 마무리되어 대북제재가 해제될 것이라는 관측은 당시 국제정세에 비추어 볼 때 쉽사리 납득하기 어려워 보이는데, 어떤가요?
> 김○○ : (그렇지 않습니다.) **하노이까지 온다는 것은 양측에서 어느 정도 물밑 합의가 있었다고 보는 것이 공통된 시각이었고요.** 그런데 그렇게 깨질 줄 예측 못한 부분은 있습니다.
> 검　사 : 대북제재가 하노이 회담을 계기로 전면 해제될 것으로 관측할 수 있었다는 것인가요?
> 김○○ : 북한 측의 최고 요청사항이 대북제재를 해제해 달라는 것이었고요. 그 합의가 이루어졌으면 해제가 될 수도 있는… 국제정세는 맞을 겁니다. **이건 제 의견이 아니라, 그 당시 많은 사람들이 그렇게 예측을 했었을 겁니다.**

　　검찰은 북한이 비핵화 조건을 받아들일 수 없어서 2019. 2. 27.자 하노이 회담이 결렬될 수밖에 없었고, 따라서 경기도는 2018. 11.경 당장 대북제재 면제신청에 착수했어야 한다고 주장하지만, 이러한 검찰의 주장은 사후적 결론일 뿐입니다. **2018. 10.경 당시 관계자들은 회담의 결과를 긍정적으로 전망했으며, 그랬기 때문에 경기도는 2018. 11.경에 대북제재 면제신청을 당장 착수하지 않았고, 2019. 2.경에 예정된 북미정상회담의 결과를 기다렸습니다.** 더 정확히 표현하면, 2018. 10.경에 피고인 이화영이 북한에 남북경협사업 6개항에 대해 제안하고, 그 뒤에 2019. 1. 17.에 만났던 것으로, 2018.

11.~12.경은 아직 명확한 합의도 이루어지지 않은 시기였기 때문에 경기도가 대북제재 면제신청을 할 상황도 아니었습니다.

라. 피고인이 김성혜에게 스마트팜 사업에 대한 책임을 느꼈다는 공소사실의 비상식성

제2병합사건 공소장에 의하면 2018. 10. 7.경 피고인 이화영이 경기도의 6개항 합의를 하면서, 조선아태위 김성혜 실장에게 스마트팜을 적극적으로 설명하고, 그에 관해 약속했다고 적고 있습니다. 피고인이 김성혜에게 적극적으로 스마트팜 사업을 설명했기 때문에, 대북제재로 인하여 사업추진이 어렵게 되자 김성혜로부터 독촉을 받았다는 논리가 이어진 것입니다. 그리고 피고인 이화영이 이에 대해 책임을 느끼고 김성태로 하여금 스마트팜 비용을 대납하게 하였다고 결론지었던 것입니다. 그러나 진실은 그와 다릅니다. 2018. 10. 4.자 1차 방북 시에 김성혜에게 스마트팜 기술을 적극적으로 설명한 사람은 이광재였고, 김성혜는 이광재와 이호철에게 10월 말경의 재방북을 요청했습니다.

[모사건 순번1425_김성혜, '10·4 방북단' 접촉 시 특이 언급내용](1311~1312쪽)

> 2. 경위 : 10. 4.~6.간 「10.4 선언 남북공동행사」 방북단 일원으로 방북한 48(이화영)이 김성혜 접촉(10.5) 내용을 OO관에게 제보
> 3. 내용
> [접촉경위]

○ 김성혜는 10.5 밤 10시까지 자신의 측근인 김춘순을 대동하고 방북단 일원으로 고려호텔에서 만찬 중이던 48을 찾아와 접촉
- 만찬 장소에서 방북단 일부 인사들과 인사를 한 후 호텔 내 별실로 자리를 옮겨 48, 이호철 前 청와대 민정수석, 이광재 與時齋 원장 등 3명과 새벽 2시까지 환담

○ 김성혜는 대북제재로 인해 남북경협이 진행되지 못하는 상황을 거론하며 제재국면에서 가능한 방안을 고심 중에 있다면서, 南北 지자체 간 농업분야 협력사업 등 교류협력 확대를 희망
○ 또한 김성혜는 농업분야 협력에 대해
- 이광재 與時齋 원장이 강원지사 재직시 스마트 팜 추진 경험과 외국 사례 등 여시재의 연구성과를 한시간에 걸쳐 설명한데 대해 반색을 하며
- 북한에 필요한 것이 바로 스마트 팜과 같은 기술이라면서 동석한 48과 이광재 원장, 이호철 前 민정수석에게 가까운 시일 내 再방북하여 협의를 이어갈 것을 요청하는 한편
- 再방북시 경기도와 협력대상인 황해도 농장을 실제 방문하고 세부협의를 진행하는 등 실질적 협력이 진행되기를 희망

[모사건 순번1440_이화영 부지사 방북신청 승인여부 검토](1371쪽)

○ 이번 방북은 「10.4 공동행사」 (10.4~6, 평양)시 이화영 경기부지사 등과 별도 접촉(10.5)했던 北 김성혜 통전부 실장의 초청으로 성사(북측이 상기 4명과 함께 방북 초청한 이호철 청 민정수석은 '개인사정'으로 불참)
○ 동건은 지자체 교류협력사업을 논의하기 위한 방북이며, 「평양공동선언」이행의 일환이므로 '승인' 조치
- 다만 교류협력사업의 질서 있는 추진을 위해 대북 협의결과를 대외언론 발

> 표 前 정부와 공유토록 주지
> O 한편, 이화영 부지사는 "청와대 국정상황실장이 이광재 前강원지사는 방북하지 않았으면 좋겠다는 의견을 통일부에 보내왔다"고 언급

    2018. 10. 13. 김성혜가 이광재, 이호철, 피고인 이화영을 초청했는데, 당시 이광재는 민간인 신분이었고, 이호철은 문재인 대통령의 측근으로 유명했던 터라, 청와대가 피고인 이화영을 2018. 10. 20.자 2차 방북의 대표로 선정했습니다. 요컨대 이 사건에서 문제 삼는 스마트팜 사업을 김성혜에게 서두를 꺼낸 사람은 이광재였습니다. 즉 피고인 이화영이 자신의 정치적 운명을 걸고 불법적으로 북한에 돈을 주면서까지 완료해야만 하는 사업이 아니었습니다.

3

김성혜가 안부수에게
'스마트팜 비용'[2]을 요구한 이유

    2018~2019년경 김성혜는 남북, 북일 및 북미관계에서 북한의 개방을 이끌어낸 개방파의 주역으로, 국정원직원 김OO의 표현에 의하면 '경기장에 나서는 사람이면서 경기를 만들어가는' '굉장히 중요한 키플레이어'였습니다. 반면 이런 김성혜의 반대편에서 남북관계를 교섭하고 기획하는 남한 측 파트너는 사실상 없었습니다. 이 사건 법정에서 국정원직원 김OO이 진술했던 2023. 6. 20.자 증언에 이러한 사정이 기록되어 있습니다.

---

2 김성혜가 황해도 시범농장 비용으로 안부수에게 최초에 요구했던 돈은 '200만~300만불'이었습니다(모사건 순번1430_2018. 12. 8.자 안부수의 김성혜 유선 접촉결과, 1334쪽).

[2023. 6. 20.자 국정원직원 김OO 증언녹취서]

(8쪽)

검 사 : 그러면 김성혜도 경기장에 나서는 사람이라기보다 경기를 만들어 가는 역할을 했던 사람인가요?

김OO : **김성혜는 두 가지 역할을 다 했습니다.**

검 사 : 경기장에 나서서 대한민국의 실무자와는 교섭을 할 수 있었겠지만, 그 경기를 만드는 역할을 교섭하는 남한 측 파트너는 사실상 없었다고 보면 되는 것인가요?

김OO : 예. 그리고 또 하나 설명을 드리고 싶은 것은 통일전선부는 남북한 관계의 일분만 아니라 수교가 되지 않은 나라들과의 대외협상을 합니다. 그 당시는 북미 관계가 좋았다 나빴다 하는 시기였는데, 그 당시에 북미 협상의 실무자로 나섰던 게 김성혜였고요. 북일 교섭도 김성혜가 하고 있었습니다. 그래서 국정원 측에서는 김성혜의 활동, 동선, 행동반경이 남북관계, 북일관계에 다 중첩이 됐던 측면이 있었습니다.

(64쪽)

검 사 : 국정원에서는 김성혜의 동향이나 동태에 대해서 굉장히 관심이 많았던 것 같은데, 이 법정에 출석했던 이종석 전 통일부장관이나 몇몇 증인들은 '김성혜나 박철 같은 사람은 돈만 내면 언제든지 누구나 만날 수 있다'는 취지로 증언하였는데, 맞는가요?

김OO : 글쎄요. 그분이 왜 그런 판단을 하셨고, 그런 말씀을 하셨는지 저로서는 알 수 없습니다. 그분이 알던 시절이 언제인지는 모르겠습니다만, 2018년, 2019년에 김성혜의 위상하고는 많은 차이가 있을 수 있다는 것만 말씀드리겠습니다.

검 사 : 2018년, 2019년에는 굉장히 만나기 어려운 고위층이었던 것은 맞는가요?

> 김○○ : 사실상 남북관계, 북미관계, 북일관계의 직접적인 협상 실무팀의 헤드였다고 보면 되겠습니다.

이 같은 김성혜의 위치는 당시 북한을 중국과 같은 개혁개방의 흐름으로 나아가게 했던 개방파들에게 김정은 위원장이 힘을 실어주고 신뢰를 보였던 것에 기인합니다. 이 사건 검찰의 증거로 제출된 국정원 문건 중 다수에 기록되어 있는데, 예를 들어 김정은이 김영철에게 '영철 부장'이라고 편하게 부르면서도 김성혜에게는 '실장님'이라고 예우를 갖추었다는 대목도 그렇고, "김성혜 실장만큼 일하면 공화국이 잘 살 수 있다"고 말하면서 다른 참석자들을 면박 주었다는 대목에서도 이 같은 김성혜의 위치가 드러납니다.

[모사건 순번1421_김성혜 언급내용] (1299쪽)

> **[김성혜 입지 관련 김춘순 언급내용]**
>
> O 김성혜의 측근 김춘순 등은 9.18. 54(안부수의 암호명)에게
> - 김성혜는 筆力과 처신 등 모든 것을 다 갖춘 일꾼으로 일이 있으면 밤을 새워 일할 정도로 근성이 있다면서, 김정은을 비롯 이설주 · 김여정 · 김영철 부장 등 지도부가 신뢰하는 인물이며,
> - 김정은이 김영철 통전부장을 호칭할 때는 '영철 부장'으로 편하게 호칭하지만, 김성혜에게는 '실장님'이라고 예우를 갖춰 대우하며,
> - 공식 회의석상에서도 "김성혜 실장만큼 일하면 공화국이 잘 살 수 있다"면서 다른 참석자들을 면박주는 등 김정은의 신뢰가 크며, 김성혜가 北日 협상을 주도하는 등 실질적인 수뇌 역할을 하고 있음

김정은 위원장의 김성혜에 대한 이 같은 전폭적인 신뢰를 바탕으로 김성혜가 2018년 대미외교의 핵심적 역할을 맡았고, 2019. 2. 27.자 하노이 회담도 성사시켰던 것입니다.

나. 하노이 회담을 앞두고 있던 2018. 11.말경에 김정은 위원장이 황해도 시범농장의 사업 지체를 이유로 김성혜를 질책했다는 설정의 허구성

국정원 문건에 의하면, 2018. 11.말경 안부수가 중국 심양[3]에서 김성혜와 박철을 만났는데, 경기도의 2018. 10. 21.자 2차 방북 당시에 피고인 이화영이 황해도 시범농장 사업 등 협력사업을 약속했음

(2018.6.11.) 북미정상회담을 하루 앞둔 6월 11일 오전 김성혜 통일전선부 통일전선책략실장이 성 김 주필리핀 미국 대사와 만나기 위해 싱가포르 리츠칼튼 밀레니아호텔로 들어서고 있다. (사진 : 연합뉴스)

에도 진척이 없다고 김성혜가 지적하였다고 합니다. **그로 인해 피고인 이화영의 말을 믿고 김정은 위원장에게 보고한 후 2천명의 돌격대가 조직된 상태에서 진전이 없어, 이를 추진했던 김성혜가 어렵게 되었다는 것이었습니다.**

그래서 2018. 12. 1.경 북한으로 돌아가는 김성혜가 심양공항으로 배웅 나온 안부수의 손을 잡으면서 "친구로서 부탁하는데 상황이 어렵다. 시범농장 사업을 추진해야 하니, 200~300만 불을 만들어 줄 수 있느냐"고 지원을 부탁했다고 하였습니다.

[모사건 순번1429_2018. 12. 1.자 안부수의 김성혜 일행 심양 접촉결과](1327쪽)

[김성혜, 경기도와의 협력사업 부진에 따른 불안감 표출]

O 김성혜는 이화영 경기부지사가 10월말 방북시 황해도 시범농장 사업 등 여러 협력사업을 약속했음에도 진척이 없다고 지적
O 협조자(안부수)가 이에 대해 대북제재로 인해 경기도가 할 수 있는 것이 제한적일 것이라고 설명하자,
- 김성혜는 李부지사 말을 믿고 상부(김정은)에 보고한 후 황해도 금송농장을 시범농장으로 지정하여 2천명의 돌격대가 조직된 상태에서 (진전이 없어) 이를 추진한 내가 어렵게 되었다고 언급한데 이어,
- 12.1 歸北시 심양 공항에 배웅나간 협조자(안부수)의 손을 잡으면서 **"친구로서 부탁하는데 상황이 어렵다. 시범농장 사업을 추진해야 하니, 200~300**

---

3 선양시(간체자 沈阳市, 정체자 瀋陽市)는 중국 랴오닝성의 성도로, '선양'(Shěnyáng)은 중국식 발음이고, 한국식 한자음으로 '심양'입니다.

> **만불을 만들어 줄 수 있느냐**"고 지원을 부탁
> - 이와 관련 시종 동석했던 박철은 "안회장과의 만남이 이번이 마지막이 될 것 같으며, 자신은 복잡한 문제(교류협력사업)에서 떠나 미국 관계만 할 것이니, 김실장(김성혜)을 잘 도와주라"면서, **김성혜가 어려운 상황임을 암시**

　김영철 조선아태위 위원장도 2018. 12. 26. 안부수에게 위와 비슷한 말을 하였습니다. "공화국에서는 본인이 제기한 사업은 본인이 책임져야 하는데, 김실장이 제기한 황해도 시범농장 사업은 위원장에게도 보고되었고 돌격대가 조직된 상태인데 진행되지 않아 김실장이 질책을 많이 받았다"는 것이 그것입니다(모사건 순번1432, 1340쪽).

　그런데 위와 같은 주장은 대단히 심각한 논리적 오류를 갖고 있습니다. 피고인 이화영이 2018. 10. 21.자 2차 방북 당시에 농촌시범마을 사업 등을 제안하고 나서, 2018. 11. 15.자 1차 국제대회에서 북측 인사들을 만났습니다. 만약 위와 같은 사실이 진실이라면, 김성혜는 위 국제대회를 통해서 '① 황해도 금송농장이 시범농장으로 지정된 사실, ② 북측에서 2,000명의 돌격대를 준비한 사실'을 통보하고, 농촌시범마을 사업을 본격적으로 준비하자고 경기도에 공식적으로 제안했어야 했습니다. 그런데 이러한 공식적 제안도 하지 않은 채 마냥 혼자서 기다리면서 피고인 이화영을 성토하기만 했다는 주장은 납득할 수 없는 억지입니다.

　2018. 11.말경 김정은 위원장이 황해도 금송농장 문제로 김성혜

를 질책했다고 하는데, 이 때는 김성혜가 성사시킨 하노이 회담을 석 달 앞둔 시점이었습니다. **북미회담이라는 국가적 중대사를 성공시킨 '공화국의 영웅'을 한낱 농장사업의 부진을 이유로 비난하기 어려운 시기로, 2019. 2. 28.로 예정된 하노이 회담이 성공하게 되면 대북제재는 완화될 것이기 때문에 금송농장의 사업부진을 비난할 때가 아니었습니다.** 게다가 국정원직원 김OO의 증언처럼 "(하노이 회담이) 깨질 줄 예측하지 못했"을 정도로 회담이 성공할 것이라는 생각이 '공통된 시각'이었기 때문에 더욱 그러합니다. 요컨대 김성혜가 안부수에게 말한 200만불은 황해도 시범농장 비용이 아니라, 북미회담 진행을 위한 거마비로 보아야 할 것입니다. 국정원직원 김OO의 지적처럼, 우리 시각으로 이해할 수 없지만 북한은 자기 부서의 사업 비용을 스스로 충당해야하기 때문입니다(녹취서 45쪽).

다. 김성혜가 황해도 시범농장 비용 200만불을 피고인 이화영이 아닌 안부수에게 부탁했다는 사실

공소장에 의하면 2018. 11.경 피고인이 김성혜로부터 스마트팜 비용 500만불의 지급을 수회 독촉 받았다는데, 그에 관한 증거는 없습니다. **당시 김성혜는 황해도 시범농장 비용 200~300만불을 안부수에게 부탁했으며, 피고인이 이 시기에 김성혜를 만난 사실이 없습니다.**

[2023. 6. 20.자 국정원직원 김OO 증언녹취서] (9쪽)

> 검 사 : 통일전선부가 북한에서는 국정원 또는 통일부가 합쳐진 조직이라고 알고 있는데, 거기의 중요한 고위직을 접촉하는 것이면 국정원 차원에서도 충분히 가능했을 것도 같은데, **그 당시에 한국에서 공식적으로 김성혜를 통하는 사람은 없었던 상황인가요?**
>
> 김OO : 예, 그렇게 보시면 됩니다. 검사님께서 의아해하는 것은 충분히 이해를 합니다만, 통상적으로 모든 게 갖춰졌을 때 정부 측 관계자가 나서지, 그 전까지는 매개자를 통한 교섭을 하는 게 세계 모든 나라 정보기관의 통례라고 말씀드릴 수 있습니다.
>
> 검 사 : 결과적으로 **김성혜는 북미관계나 남북관계에 있어서 굉장히 중요한 키플레이어인데, 실제로 김성혜한테 접근하는 것은 당시 굉장히 어려운 상황이었고, 안부수 씨가 김성혜한테 접근할 수 있는 라인을 갖고 있었기 때문에 국정원에서 안부수에게 협조를 구했던 것**으로 보면 되는가요?
>
> 김OO : 예. 초기 상태에는 그렇고요. 어느 정도 진전이 되고 중간 매개자를 통해서 서로 눈높이와 입장이 맞아떨어지게 되면 담당관이 나설 수 있는 것입니다. 그렇게 단계를 밟아서 올라갑니다. 그런데 이 사업은 7개월 정도밖에 안 됐기 때문에 그 단계를 넘어서기 전에 종결을 하게 됐습니다.

2018~2019년경 김성혜는 남북관계에서 대단히 중요한 인물로, 김성혜의 반대편에서 남북관계를 교섭하고 기획하는 남한 측 파트너는 사실상 없었으며, 오로지 안부수만이 김성혜를 만날 수 있었습니다. **당시 남한에서는 김성혜를 접촉할 수 있었던 사람이 안부수 밖에 없었기 때문에, 국정원은 안부수를 통해 김성혜를 접촉한 후 담당관에 의한 공식 교섭라인을 구축하려고 했는데, 이 단계에 이르기 전에**

국정원이 안부수의 정보원 지위를 종료시켰습니다. 뒤에서 보듯이 북한이 쌍방울 그룹과 주가조작 모의를 하고, 안부수가 쌍방울 그룹의 이해관계에 깊숙이 관여한 정황이 포착되면서, 국정원은 안부수의 협조자 지위를 종결시켰습니다.[4]

정리하면, 피고인이 2018. 10.경 2차 방북 시기에 농촌시범마을 사업 등을 제안하고 나서 2018. 11.경 1차 국제대회에서 북측 인사들을 만났고, 그 다음 2019. 1. 17. 중국 심양에서 회의를 하였습니다. **이 기간 동안에 김성혜를 대리하는 어느 누구로부터 스마트팜 사업의 제안을 받지 않았으며, 심지어 스마트팜 비용의 독촉을 받은 사실이 없습니다.** 이 시기에 안부수를 통하지 않으면 김성혜를 만날 수 없었기 때문입니다.

그런데 2018. 12.경 김성혜가 안부수에게 전한 말을 분석하면, 피고인 이화영에게 스마트팜 비용을 독촉하는 것이 아니었습니다. 김성혜는 자신이 곤란한 처지에 있으니, 안부수에게 친구로서 도와달라고 부탁하였습니다.

---

[4] 뒤에서 보듯이 북한이 쌍방울 그룹과 주가조작 모의를 하고, 안부수가 쌍방울 그룹의 이해관계에 깊숙이 관여한 정황이 포착되면서, 국정원은 안부수의 협조자 지위를 종결시켰습니다.

[모사건 순번1429_2018. 12. 1.자 안부수의 김성혜 일행 심양 접촉결과](1327쪽)

> - 12.1 歸北시 심양 공항에 배웅나간 협조자(안부수)의 손을 잡으면서 "친구로서 부탁하는데 상황이 어렵다. 시범농장 사업을 추진해야 하니, 200~300만불을 만들어 줄 수 있느냐"고 지원을 부탁

[모사건 순번1430_2018. 12. 8.자 안부수의 김성혜 유선접촉결과](1334쪽)

> [기타 訪中활동 내용]
> O 54(안부수)가 김성혜와 전화 통화 冒頭에 "친구를 살려야 한다는 심정으로 자금 마련을 위해 백방으로 뛰고 있으니 기다려 달라"고 언급한 것에 대해 김성혜는 "고맙다. 그러나 무리하지 말라"며 謝意 표명

2018. 12. 26.경 김영철 조선아태위 위원장 역시도 "김성혜 실장이 이화영 부지사의 말을 믿고 위원장에게 추진계획을 보고한 것이 결국 문제를 일으킨 것"이라고 말을 꺼내기는 했지만, 그렇다고 해서 피고인 이화영에게 돈을 달라고 독촉해야 한다는 언급이 없습니다. 오히려 "김성혜 실장이 안회장을 많이 믿고 의지하는 것으로 보이고, 김실장이 어려운 상황이니 (안회장이) 친구로서 많이 도와주기 바란다"고 부탁하였습니다. 이에 대해 **안부수는 이 돈을 피고인 이화영이 책임져야 한다고 말하지 않고, 대북제재 때문이고, 피고인 이화영을 소개한 자신이 해결책을 찾겠다고 말하였습니다.**

[모사건 순번1432_방북활동 결과]
(2018. 12. 26.자 안부수-김영철 면담)(1340~1341쪽)

[김성혜 관련 김영철의 언급내용]

O 김성혜 실장은 안회장을 많이 믿고 의지하는 것으로 보임. 김실장이 어려운 상황이니 친구로서 많이 도와주기 바람
O 공화국에서는 본인이 제기한 사업은 본인이 책임져야 하는데, 김실장이 제기한 황해도 시범농장 사업은 위원장에게도 보고되었고 돌격대가 조직된 상태인데 진행되지 않아, 김실징이 질책을 많이 받았음
O 내가 이화영 경기부지사를 두 달 전 여기 초대소에서 만났을 때, 이화영이 묘목 지원, 양묘장 사업, 황해도 시범농장 사업을 얘기했는데, 진행되는 것이 하나도 없음
O 김성혜 실장이 이화영 부지사의 말을 믿고 위원장에게 추진계획을 보고한 것이 결국 문제를 일으킨 것임
O 이에 대해 협조자가 "李부지사의 의도와 달리 대북제재 때문에 그런 것이며, 李부지사를 소개한 사람인 자신이 해결책을 찾아보겠다"고 두둔하자, 김영철은 李부지사에 대해 "믿음이 안 간다"고 핀잔

[남북교류 협력 부진에 대한 속내 토로]

O 남측은 정부·기업·지자체 모두 말은 그럴 듯하게 해놓고 진행되는 것이 없어 실망감이 크며, 신뢰가 가지 않음
O 우리(北)가 대범한 결단을 내려 남북관계에서 진전을 이뤘는데, 남측과의 교류협력은 기대에 못 미침
O **이유를 물어보면 대북제재 때문이라고 하는데, 이를 풀어내지 못하는 남측이나 우리나 답답한 상황임**

"李부지사가 믿음이 안 간다"고 말했던 김영철도 마지막에서 "이유는 대북제재 때문이라, 이를 풀어내지 못하는 남측이나 우리나 답답한 상황"이라고 결론짓고 있습니다. 즉 김영철은 피고인 이화영 개인이 문제의 원인이 아니라 '대북제재' 때문이라는 사실을 알고 있었습니다. 앞서 2018. 10. 5.자 북한 고려호텔에서 김성혜가 피고인 이화영, 이광재, 이호철에게 남북경협을 논의할 때에, 농촌시범마을 사업에 관하여 대북제재가 먼저 해제되어야 한다는 사실을 전제했었다는 사실과 일맥상통하는 것입니다.

그런데 앞서도 지적했듯이, 2018. 12.경은 하노이 북미회담을 석 달 앞둔 시점이고, 북한 내에서 중국식 개혁개방을 주도했던 김성혜, 김영철은 하노이 회담을 계기로 대북제재가 완화될 것이라고 김정은 위원장에게 낙관적으로 보고했을 것입니다. 따라서 2018. 12.경 북한 내에서 하노이 회담의 성공을 어느 누구보다도 낙관했을 인물인 김성혜, 김영철이 당장 황해도 금송농장의 사업 진척이 부진하다고 토로하는 것은 모순되는 주장이 아닐 수 없습니다. **왜냐하면 하노이 회담이 성공하면, 대북제재가 완화되어 금송농장 시범마을사업은 자연스럽게 진행될 것이기 때문입니다.** 결국 김영철 역시 김성혜와 공동으로, 하노이 회담에 필요한 사업비용을 마련하기 위해 안부수를 기망했던 것이라고 보아야 합니다.

라. 안부수가 2018. 12.초순경 국정원직원 김OO에게 자금을 요청한 사실

[2023. 6. 20.자 국정원직원 김OO 증언녹취서] 48쪽에 의하면, 2018. 12. 초순경에 안부수가 국정원직원 김OO에게 "돈을 해줄 수 있느냐"면서, 김성혜를 위한 200만 불을 요청하였다고 합니다. 만약 김성혜가 안부수에게 황해도 시범마을 비용 200만불을 피고인 이화영으로부터 받아내라고 독촉했다면, 안부수는 국정원직원 김OO에게 이 돈을 부탁할 게 아니라 피고인에게 요청했어야 했습니다. 그러나 안부수는 김영철과 대화를 나눌 때에도 황해도 시범마을 사업으로 김성혜가 난처해진 것은 "李부지사 때문이 아니라 대북제재 때문"이라고 말했습니다(모사건 순번1432, 1341쪽). 또한 국정원직원 김OO이 지원을 거절하자, 안부수는 곧바로 "쌍방울한테 얘기할까"라고 말했고, 김은 "말 같지 않은 소리 하지 말아라"라고 경고했습니다.

[2023. 6. 20.자 국정원직원 김OO 증언녹취서](48쪽)

> 검 사 : 실제 쌍방울 그룹이 임직원들을 동원하거나 일명 '환치기'를 통해 2019. 1.경부터 2019. 4.경까지 합계 500만 불을 스마트팜 사업 지원 명목으로 북한 측 조선아태위 부실장 송명철에게 전달한 것을 보면, 안부수가 김성혜에게 언급한 것과 관련이 있어 보이는데, 이것은 증인이 모르는 내용이라는 것인가요?
> 김OO : 모르는 내용입니다. 그 전에 배경 설명을 드리면, 12월 초에 안부수가 김성혜 일행을 만나고 한국에 돌아와서 '김성혜가 이렇게 어려운 상황에 있다'고 얘기를 합니다. 그래서 제가 자금의 성격과 규모

를 파악하라고 안부수한테 임무를 줬던 거고요. **그러던 차에 안부수 회장이 뚱딴지 같이 저한테 "돈을 해줄 수 있느냐?"라고 물어요.** 그래서 제가 "말 같지 않은 얘기 하지 말아라. 국가기관에서 돈 한 푼 쓰려면 얼마나 복잡한데, 그리고 한두 푼 가지고 될 것도 아닌데 무슨 엉뚱한 소리를 하느냐. 우리 사업을 위해서 김성혜를 살리는 것도 좋지만, 안 되는 것은 안 되는 거고 되는 것은 되는 것이다"라고 얘기를 하니까 **안부수 회장이 혼잣말 비슷하게 "쌍방울한테 얘기할까"라는 얘기를 했습니다.** 그래서 제가 정색을 하면서 "기업체한테 돈을 달라고 그래? 그건 말이 안 된다. 기업체에서 돈을 준다고 해도 정식자금이라고 그러면 이사회를 통해서 의결을 거쳐야 될 거고, 정상적인 자금이라고 해도 2천만 원, 3천만 원만 움직여도 금융정보분석원에 캐치가 된다. 이건 말이 안 되는 소리다. 말 같지 않은 소리 하지 말아라"라고 일축을 했던 게 기억이 납니다. 이 배경 설명을 왜 드리냐면, 제가 11월 말에 김성태 회장이 심양에 같이 있었다는 것도 몰랐고, 12월 초중순에 안부수 회장이 엉뚱한 자금 얘기를 해서 제가 정색을 하면서 얘기했던 게 기억이 나고요. 그런데 수사상황이 언론에서 나오는 것을 보면 '12월 말에 안부수 회장이 방북을 할 때 7만 불을 가지고 갔다'고 하더라고요. 그래서 '11월 말 이후로는 안부수 회장을 제가 관리도 제대로 못하고 있지 않았는가'라는 자괴감을 가졌다는 말씀을 드립니다.

하지만 그 뒤 2019. 1. 17. 쌍방울 그룹이 희토류 채굴 등에 관하여 조선아태위와 계약을 체결했고, 김성태와 안부수는 그 계약금으로 500만 불을 조선아태위에 지급했습니다. 이 계약이 경기도와 무관한 것이었음은 물론입니다. 왜냐하면 2018. 11.~12.경 안부수를 통해 김성혜를 만났던 사람은 피고인 이화영이 아니라 바로 김성태와 방용철이었기 때문입니다. 이 시기에 이들은 2019. 1. 17.자 쌍방울-조선아태위의 합의의 주 내용인 희토류 등 지하자원 개발과 관광자원 개발 등을 논의했던 것입니다. 결국 안부수는 2018. 11.~12.경 김성태, 방용철을 북한 인사들과 접촉시키고, 희토류 및 관광자원 개발을 내용으로 하는 계약을 체결하도록 하고, 쌍방울 그룹으로 하여금 그를 위한 계약금을 북한에 지급하게 함으로써, '친구'인 김성혜를 구원하고자 하였던 것입니다. 이를 위한 마지막 준비가 [2018. 12. 30.자 안부수-김성혜의 접촉]입니다.

[모사건 순번1433_2018. 12. 30.자 안부수-김성혜의 접촉]

[김성혜, 협조자에게 추가 접촉 제의]
O 김성혜는 신년사 후속조치를 마무리하고 1.15.경 나올 예정이니, 시간이 된다면 만나자며 협조자(안부수)에게 추가 접촉을 제의
- 협조자는 김성혜가 황해도 시범농장 해결책을 찾기 위해 자신에게 추가 접촉 제의한 것으로 풀이

위 약속의 결과로, 안부수는 2019. 1. 15. 중국에 먼저 들어가 김성태를 초청한 후 쌍방울과 조선아태위의 2019. 1. 17.자 합의를 이끌어냈습니다. 안부수의 국정원 보고서에 따르면, 안부수가 황해도 시범마을 때문에 돈이 필요하다는 김성혜의 말을 들은 다음, 이 돈을 해결하기 위해 먼저 국정원에게 요청했고, 그 다음에 쌍방울에게 제안했던 것이 실제 사건의 흐름입니다. 그 와중에 안부수는 단 한 번도 김성혜를 위한 200만불을 피고인 이화영에게 요청한 적이 없으며, 피고인 이화영은 황해도 시범마을에 관하여 김성혜가 안부수에게 돈을 요구했다는 사실 자체를 이 사건 재판 전까지 몰랐습니다.

4

'쌍방울 그룹이 경기도 비용을 대납했다'고 김성태가 주장하는 이유

가. 김성태가 대북사업에 매달렸던 이유

(1) 2018. 4.경 쌍방울 그룹의 계열사 ㈜나노스가
대북수혜주로 부상

쌍방울이 나노스를 인수할 당시에 나노스는 매년 적자로, 2018년 이전 주가는 2,000원대 중반이었습니다. 그러다가 2018. 4. 19.경 대북수혜주로 분류되면서 주가가 3,590원까지 올랐고, 남북정상회담 3일 전인 2018. 4. 25.경 6,320원으로 1주일 만에 76%가 올라, 코스닥 시총 3위까지 오르게 되었습니다(1병합사건 순번372, 순번73). 그 뒤 2020. 5. 7.경 12,400원의 최고점을 찍고(증23), 2024. 1.경 350원까지 폭락했다가, 2024. 4. 19. 현재 거래정지 상태입니다.

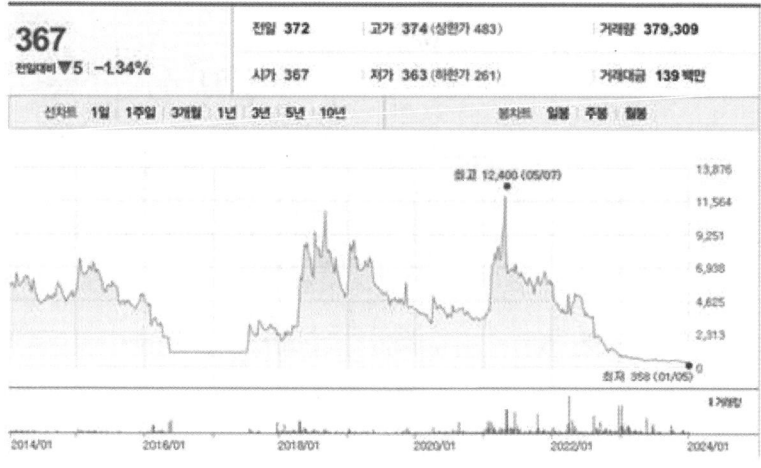

증23_나노스(SBW생명과학) 주가차트

(2) 김성태가 나노스로 이득을 취했던 방법

나노스(現 SBW생명과학)의 주가를 올려 김성태가 이익을 취하는 방법은 전환사채(CB)를 발행하고, 낮은 가격으로 전환한 주식을 매각하는 것입니다. **나노스는 2017년~2021년 사이 총 630억 원의 CB를 발행했는데, 예를 들어 2017~2021년 사이 나노스의 평균 주가를 대략 5,000원 정도로 가정하고, 2018. 11. 16.자 전환가액 456원으로 전환된 주식으로 얻는 수익은 투자금의 9배에 이르는 4,000억원에 달합니다(증24)**. 2018. 11. 15.자 나노스 제3회차 전환사채의 전환가액은 100원이었고, 당일 종가는 6,570원이었으며, 2018. 11. 16. 전환가액은 456원이고, 당일 종가는 6,450원으로(증25_전환가액의 조정 공시, 증29_나노스 주식시세표), 2018. 11. 15.자 주가 대비 전환가액이 1.5%, 2018. 11. 16.자 주가 대비 전환가액이

7%에 불과합니다. 이러한 비율로 전환된 주식은 사실상 무상신주에 다를 바 아니어서 현저하게 불공정한 신주발행에 해당하므로, 상법상 사채발행무효 소송의 사유가 됩니다. **나아가 대법원은 회사의 이사가 시가보다 현저하게 낮은 가액으로 신주 등을 발행한 경우 업무상배임죄를 인정하고 있으며, 이러한 신주 발행에 전환사채 발행도 포함시키고 있습니다**(대법원 2009. 5. 29.선고 2007도1949 전원합의체 판결). 왜냐하면 CB가 주식으로 대량 전환되면, 주식가치가 희석되어 주식을 상대적으로 비싼 값에 매입한 소액투자자들 입장에서는 실질적인 주가하락으로 귀결될 수밖에 없기 때문이며, 전환권자가 그 주식을 매도하는 경우에 전환권자는 천문학적인 액수의 이득을 얻게 되기 때문입니다.

[나노스 주가관련 뉴스]

2022.10.13.자 중앙일보(쌍방울 9배 이득 볼 때, 개미들은 떨었다)
2018.03.16.자 뉴스원('나노스 효과'에 울고 웃는 광림 · 쌍방울)
2018.04.10.자 아이뉴스(쌍방울, '나노스'로 23배…본업보다 투자수익 커)
2018.04.17.자 파이낸셜뉴스(나노스 29.87% 상승)
2018.04.20.자 서울경제(나노스, 상한가 진입 +29.94%)
2018.04.20.자 이데일리(광림, 나노스 지분가치 1.2조…남북 경협확대 수혜)
2018.04.20.자 이투데이(광림, 北 전력 인프라구축 기대감…자회사 시총 2조 돌파)
2018.04.23.자 뉴스핌(남북정상회담 기대감에 남북경협株, 무더기 '上')
2018.04.23.자 서울경제(나노스, 경협기대감에 상승)
2018.05.14.자 내외경제TV(나노스, 4거래일 연속 주가 상승세…시총 3위로)
2019.01.16.자 아시아경제(나노스, 김형기 전 통일부 차관 영입에 급등)
2019.01.17.자 아시아경제(북미정상회담 기대감에 자원개발 주 강세)

싼 값에 발행한 CB를 인수해서 비싸게 매도하는 것은 [나노스 주가조작]의 일부분에 불과하며, 오히려 김성태의 더 큰 목적은 나노스의 시장가치를 높여 주식담보 대출액을 높이는 것에 있었습니다. 그런 연유로 김성태는 나노스에 대한 높은 지분율을 계속 유지했던 것입니다. [모사건 순번1202_박철순의 카카오톡 메시지]에서는 주로 나노스의 주식담보 대출을 논의하고 있습니다. 김성태는 2021. 6.경 쌍방울과 광림의 컨소시엄을 통해 이스타항공 인수에 뛰어들었고, 인수자금 대부분을 나노스 지분 48%에 관한 주식담보대출로 마련할 것이라는 자금조달 계획서를 제출했는데(증30-⑫), 바로 이것을 위해 김성태가 지금까지 나노스의 주가를 관리해 왔던 것입니다.

(3) 김성태의 나노스 주가조작 : 이른바 'N프로젝트'와 'N활성화'

'N프로젝트'는 쌍방울의 대북사업 프로젝트, 'N활성화'는 대북사업 주체인 ㈜나노스의 주가 부양을 가리키는 쌍방울 임직원들의 은어입니다. [모사건 순번579_엄용수 PC 카카오톡 발췌내역]은 쌍방울 그룹 엄용수 실장의 카톡방 대화로, 2019. 1. 14. 김형기 통일부 차관을 나노스가 영입한다는 뉴스를 준비하고, 그 다음 날 나노스 주가를 부양하자고 서로 협의했습니다. 실제로 하루 뒤인 2019. 1. 16. 나노스 주가는 8.34% 급등했습니다(증30-⑩).

쌍방울과 광림이 나노스의 CB 대부분을 인수했고, 이 중 100억 원 어치 CB가 김성태 회장의 실소유로 알려졌는데(증24), 앞서 계산

[모사건 순번579_엄용수 PC 카카오톡 발췌내역]

2872	카카오톡 (PC)	활성	수신	생성 일시 : 2019-01-15 07:50:32	내용 : 오늘도 N활성화 부탁요
2873	카카오톡 (PC)	활성	수신	생성 일시 : 2019-01-15 08:24:08	내용 : 넵
2874	카카오톡 (PC)	활성	수신	생성 일시 : 2019-01-15 08:25:27	내용 : 그게 뭐야 ?
2875	카카오톡 (PC)	활성	수신	생성 일시 : 2019-01-15 08:25:46	내용 : 나노스 댓글요
2876	카카오톡 (PC)	활성	수신	생성 일시 : 2019-01-15 08:25:50	내용 : ㅎ
2877	카카오톡 (PC)	활성	수신	생성 일시 : 2019-01-15 08:26:04	내용 : 그쿤
2878	카카오톡 (PC)	활성	수신	생성 일시 : 2019-01-15 08:26:13	내용 : 댓글 이라는 말 쓰지 맙시다
2879	카카오톡 (PC)	활성	수신	생성 일시 : 2019-01-15 08:26:36	내용 : 나노스 부양글

대로 하면 김성태의 이익은 약 1,000억원에 이르게 됩니다. 이 돈 중의 일부인 약 100억원이 북한에 지급되었는데, 검찰은 이 돈을 스마트팜 비용 500만불과 이재명 방북비용 300만불이라고 억지를 부리고 있습니다. **하지만 2019년 10.경 당시 이재명은 도지사직은 물론 향후 대통령 선거의 피선거권도 박탈당할 처지였습니다. 이재명은 2019. 9. 6. 공직선거법 허위사실공표죄로 300만원의 벌금형 선고를 받아, 정치생명 자체가 끝난 것으로 평가되었습니다.** 그런 이재명으로부터 3년 후에 도움을 받기 위해, 확정된 보상도 없이 800만불을 이재명과 이화영을 위해 북한에 주었다는 것은 불가능한 가정입니다. 오히려 희토류 채굴 등을 위한 당장의 계약금으로 500만불, 그리고 300만불은 평양에서의 본계약 체결을 위한 김성태의 방북비용으로 지급되었다고 보아야 합니다. 김성태는 800만불, 즉 100억원을 써서 평양에 가서 본계약을 체결하고, 이로써 나노스의 주가를 또다시 끌어올려 그 10배가 넘는 이익을 얻으려고 했던 것입니다. 김성태는 피고인 이화영을 위해 스마트팜 비용을 대납하고서 피고인으

로부터 대북사업을 소개받은 것이 아니고, 애초부터 위와 같은 계획을 가지고 안부수를 통해 조선아태위 및 민경련과 계약을 체결했던 것입니다.

나. 경기도 비용을 대납했다는 김성태 주장의 허구성

(1) "계약할 게 없었다"는 김성태 진술의 허위

[2019. 1. 29.자 나노스 IR보고서](모사건 순번1030)는 북한의 희토류 매장량 10억 톤의 가치를 강조하면서, 2019. 1. 17.자 기본합의를 통해 200조원 상당의 채굴권을 확보했다고 설명하고, 계약금이

[2019. 1. 29.자 나노스 IR보고서](모사건 순번1030)(18290쪽)

항목	합의내용
협약기관	조선아시아태평양평화위원회
시행회사	나노스(?)
채굴권(가치)	희토류 탐사 및 채굴권 100조원 외 기타 지하자원 100조원 / 총 200조원
채굴지역	민경련(민족경제협력연합회)과 협의 후 채굴지역 지정

항목	이행절차
기본합의서 체결	2019. 01. 17 [체결완료]
상세합의서	2월 중 실무협상 이후 본 계약 체결
사업개시일	대북제재 해제 후 즉시 실효
계약금	500만 달러 [이행보증금 1월 200만불 지급 / 2월 중 300만불 지급]
사업이행금	사업개시일 [1억 달러 지급]

자 이행보증금으로 200만불을 지급했고, 나머지 300만불도 2월 중에 지급할 것이라고 설명하였습니다.

　김성태와 쌍방울 그룹은 2019. 1. 17. 조선아태위와 기본합의를 체결하고, 2019. 1. 24. 200만불, 4. 6. 및 4. 11.에 각 150만불씩, 합계 500만불을 지급하고 2019. 5. 12.자 합의서를 작성했던 것입니다. **즉 계약금이 지급되었기 때문에 2019. 5. 12.자 합의서에 별도의 계약금 조항이 없었던 것입니다.** 이 사건 법정에서 [나노스 IR]의 '계약금'이라는 문구에 대해, 검사가 "계약금 성격의 의미는 아닌 것으로 보이는데"라고 유도신문을 하자, 김성태는 "당시에 계약할 게 없었고, '경기도 대납'이라고 넣을 수 없으니까 계약금이라고 표기했다"고 천연덕스럽게 거짓말을 했습니다.

[2023. 7. 11.자 김성태 증언녹취서 33쪽]

검　사 : 위 자료를 보면 배경으로 2019. 1. 17.자 쌍방울 그룹과 조선아태위 사이의 협역서가 첨부되어 있고, '계약금', '500만 달러(이행보증금)'이라고 기재되어 있는데, 계약금으로 500만 달러라고 기재한 이유는 외부 투자자들ㄹ에게 스마트팜 사업비용의 대납이라고 설명할 수 없기 때문에 계약금이라고 기재한 것으로 보이는데, 위 500만 달러가 실제 계약금 성격의 의미는 아닌 것으로 보이는데, 어떤가요?
김성태 : 그 당시에 계약할 게 없는데 뭘 계약을… 아마 거기에 '경기도 대납'이라고 넣을 수 없으니까 저렇게 표기를 해 놓은 것 같습니다.
검　사 : 증인이 보기에도 이건 계약금이 아니라는 것이지요?

> **김성태** : 계약할 게 없지 않습니까? 그 당시에 제가 500만 불을 지원해 주는 건데…

아래는 [2019. 1.경부터 2019. 5.경까지 쌍방울과 조선아태위의 계약과정]을 열거한 것으로, "계약할 게 없었다"는 김성태의 주장이 얼마나 허무맹랑한지 그대로 드러냅니다.

[2019. 1.경~5.경까지 쌍방울그룹과 북한 측의 계약과정]

⑴ 2019. 1. 17.자 쌍방울그룹-조선아태위 합의서 (제1병합사건 순번721)
⑵ SBW 대북개발사업계획서 (제1병합사건 순번405)
⑶ 2019. 1. 29.자 나노스 IR보고서 (모사건 증거순번1030, 18290쪽)
⑷ 쌍방울그룹 대북사업 IR보고서 (제1병합사건 순번448)
⑸ 'The Future is Ours' PPT (제1병합사건 순번449)
⑹ 2019. 2. 26.자 회의록(송명철, 방용철) (제1병합사건 순번442)
⑺ 2019. 4. 2.자 회의록(송명철, 방용철 외 3) (제1병합사건 순번443)
⑻ 2019. 5. 11.자 면담록(송명철, 방용철) (제1병합사건 순번444)
⑼ 2019. 5. 12.자 합의서⑴(방용철, 민경련 방강수) (제1병합 순번445)
⑽ 2019. 5. 12.자 합의서⑵(방용철, 민경련 박명철) (제1병합 순번446)

쌍방울 그룹은 조선아태위에 500만불을 지급한 다음, 2019. 5. 12. 합의서를 작성했는데, 그 내용은 북한에 1억 불을 지급하고서 6개의 사업권을 취득하는 것이었습니다.

> [2019. 5. 12.자 쌍방울그룹-민경련 합의서(제1병합사건 순번233)]
>
> 제3조(지하자원개발 협력사업) : **희토류 등 2,300억불 채굴권**
> 제4조(관광지 및 도시개발사업) : 신의주, 남포지구, 백두산 및 동해안
> 제5조(물류유통사업)
> 제6조(자연에네르기 조성사업) : 1GWh 이상의 태양광발전 등
> 제7조(철도건설관련사업)
> **제8조(농축수산협력사업) : 쌍방울이 농축수산업에 자금을 투자하는 사업 및 북측 농축수산물을 남측에 반출하는 사업**
> 제9조(양측의 의무) : (1) 민경련-사업권의 승인허가 및 북측 협조
>   (2) 쌍방울-**모든 사업권의 대가로 1억 불을 지급**

검사와 김성태는 [2019. 1. 29.자 나노스 IR보고서]에 '경기도 지원 500만불'이라고 쓸 수 없어서 '계약금'이라고 기재했다고 주장했지만, [IR보고서]의 희토류 채굴권은 2019. 5. 12.자 합의서 제3조에 구체화되었습니다. 오히려 이러한 사업권 취득계약에 대해 계약금이 없다는 주장이 납득하기 어렵습니다. 게다가 합의서 제9조제2항에 따라 1억 달러를 지급해야 할 쌍방울그룹이 '자신이 이행해야 할 돈'을 주지 않고 '경기도를 위한 돈'을 대납했다는 주장은 상식에 더욱 어긋납니다. **요컨대 쌍방울은 500만불을 주고 한 달 뒤인 2019. 5. 12.에 합의서를 체결했고, 희토류 등 지하자원 2,300억불 및 기타 개발권 등에 관한 사업권을 얻었던바, "계약할 게 없었다"는 김성태의 진술은 명백한 거짓입니다.** 동네 복덕방에서 보증금 1,000만원, 월세 50만 원 짜리 방을 계약해도 계약금 100만원을 내는데, 하물며 1억 달러짜리 사업권 계약을 하면서 계약금이 없었다는 주

장은 너무나 비상식적입니다.

⑵ 경기도의 대북사업은 대북제재 해제를 조건으로 4년의 기간으로 계획되었다는 점

[제1병합사건 순번801_2018. 10. 15.자 남북교류협력 합의사업 목록 및 내용]에 의하면, 아래의 절차를 거쳐서 사업을 추진하고 기술을 지원한다고 예정하고 있었습니다.

> **[추진계획]**
> O 방북승인 관련 통일부 협의⇒실무협의회 구성 및 세부사항 실무협의⇒사업대상지 현장방문⇒구체적인 지원안 마련⇒남북협력기금 등 예산확보(도의회 협의 포함)
> O 공동합작 시범사업 협약체결⇒사업추진, 준공⇒기술지원 및 사후관리

경기도와 북한의 명시적인 협력은 2019. 1. 17.[5]에 비로소 이루어지기 때문에, 아직 합의도 하지 않았던 2018. 11.경에 황해도 금송농장의 사업이 부진하다는 이유로 김성혜가 피고인 이화영을 성토했다는 주장은 사건의 선후관계에 부합하지 않습니다.

위에서 보듯이 경기도의 농림복합형 시범마을 사업은 **대북제재 해제를 조건으로 4년의 계획과 예산으로 준비되었던 것이기 때문에, 피고인이 제안한지 한 달 만인 2018. 11.경에 진척되지 않는다고 비난받을 사업이 될 수 없습니다.** 한편 아래 문서는 평화부지사였던 피

[제1병합사건 순번801_2018. 10. 15.자 남북교류협력 합의사업]

【추진일정】

세부 추진상황	2018년 1	2	3	4	2019년 1	2	3	4	2020년 1	2	3	4	2021년 1	2	3	4	2022년 1	2	3	4	비고
방북승인 관련 통일부 협의				■																	
실무협의회 구성 및 세부사항 실무협의					■	■															
사업대상지 현장방문 및 구체적인 지원(案) 마련						■															
남북협력기금 등 예산확보 (도의회 협의 포함)					■	■															
공동합작 시범사업 협약체결						■															
사업추진 및 준공								■	■												
기술지원 및 사후관리										■	■	■	■	■	■	■	■	■	■	■	

※ 남북교류 협력사업은 美·유엔의 대북제재 해제시 사업추진 가능

5 [2019. 1. 11.자 경기도-조선아태위의 공동협력사업 제안서(모사건 순번1063)]
  (1) 경제교류협력 및 농축산림 분야 협력 제안
    - 농림복합형 시범마을 사업
    - 닭 공장 및 돼지공장 현대화 사업
    - 산림 녹화사업
    - 한강, 임진강 하구 내수면 남북 공동조사 및 수산자원 조성
    - 화훼 및 특용작물 품종개량을 통한 고부가가치 상품 개발
    - 강령군 국제녹색시범지대 개발협력사업
  (2) 공동 보건복지사업 제안
    - 어린이 건강사업
    - 결핵예방 및 치료사업
    - 전염병 예방사업
  (3) 남북공동 행사 개최 제안
    - 일제 강점기 강제동원 기록물 및 사진전
    - 4.27 판문점 1주년 기념 남북공동 평화달리기 대회(파주~개성)
    - 옥류관 및 평화공원 경기도 유치를 위한 공동재단 구성

[제1병합사건 순번785_2018. 10. 17.자 현재 추진 가능한 남북교류협력 합의사업]

【소요예산액】   (단위 : 억원)

구 분	계	연도별 예산액						비고
		2018년	2019년	2020년	2021년	2022년	2022년 이후	
계	36.3	0	34.3	0.5	0.5	0.5	0.5	
국 비	0	0	0	0	0	0	0	
도비(예산)	0	0	0	0	0	0	0	
도비(기금)	36.3	0	34.3	0.5	0.5	0.5	0.5	
시군비	0	0	0	0	0	0	0	
기 타	0	0	0	0	0	0	0	

○ 산출내역
- (2019년) 3,430백만원(온실신축1,650, 기반시설1,200, 자동제어스시템 구축30, 운영경비50, 추가비용500)
  * 자동화 재배시설(온실) 신축(설계비, 감리비 포함) : 1,650백만원(5,000㎡ × 330천원)
  ※ 하우스 1동 규격 : 800㎡(가로100m × 세로 8m) / 온실기본 구성 : 온실+온수난방시설+양액시설
  * 스마트 팜 기반시설(보광등, 기계장비, 관정개발 등) 구축 : 1,200백만원(6동 × 200,000천원)
  * 스마트 팜 자동제어 시스템 구축 : 30백만원(5,000㎡ × 6천원)
  * 스마트 팜 운영경비 : 50백만원(5,000㎡ × 10천원)
  * 온실신축, 스마트팜 구축, 기반시설 설치에 따른 추가 인건비·운송비 : 500백만원(추정가격)
- (2020년~2022년) 매년 50백만원(스마트팜 운영경비)

【UN 안보리 등 대북 제재 결의 주요 내용】

☐ 안보리 결의 2371호 (2017.8) : 북한 해외 노동자 신규 파견 금지(현상태 동결), 북한과의 합작사업 신규 및 확대 금지
☐ 안보리 결의 2375호 (2017.9) : 북한 해외노동자에 대한 신규 노동허가 발급 금지, 공공 인프라 사업 등을 제외한 북한과의 합작사업 전면 금지
☐ 안보리 결의 2397호 (2017.12) : 해외 파견 노동자에 대해 24개월 내 송환 조치 명문화, 식용품, 기계류, 목재류, 농산품 등 북한의 수출 금지 품목 확대, 산업기계, 운송수단 등 금속류의 대북 수출 차단
☐ 5·24 대북조치 (2010.5) : 북한 선박의 남측 해역 운항 및 입항 금지, 남북 간 일반교역 및 물품 반·출입 금지, 우리 국민의 방북 불허 및 북한 주민과의 접촉 제한, 대북 신규투자 금지, 순수 인도적 지원을 제외한 대북 지원 사업의 원칙적 보류

고인 이화영이 관할했던 평화협력국이 2018. 10. 17. 작성한 것으로, 당시 경기도는 UN 대북제재를 명확하게 인식하고 있었습니다.

2018. 10.경 당시 관계자들은 하노이 회담의 결과를 긍정적으로

전망했습니다. **그랬기 때문에 경기도는 2018. 11.경에 대북제재 면제신청을 당장 착수하지 않았고, 2019. 2.경에 예정된 북미정상회담의 결과를 기다렸습니다.** 더 정확히 표현하면, 2018. 10.경에 피고인 이화영이 북한에 남북경협사업 6개항에 대해 제안하고, 그 뒤에 2019. 1. 17.에 만났던 것으로, 2018. 11.~12.경은 경기도와 북한이 아직 명확한 합의도 이루지 못한 시기였기 때문에 경기도가 대북제재 면제신청을 할 상황도 아니었습니다.

[2023. 1. 14.자 신명섭의 증언녹취서]에 의하면, 2019. 1. 17.에 경기도와 조선아태위의 회의에서, 스마트팜에 대한 불만이나 항의를 받은 사실이 없었다고 합니다. 오히려 종전 스마트팜 사업의 개념이 발전했다고 하는데, "2018년 10월에 처음 나왔던 개념은 유리온실 자동화 정도였다면, 제가 만나서 협의를 시작할 때(2019. 1. 17.)는 그 개념은 이미 약간 큰 개념으로 발달돼 있는 상황이었다"고 합니다. 또한 "평안남도 온천군에 500가구를 대상으로 해서 학교도 만들고 도로도 보충하고 에너지발전시설도 만드는 농촌시범마을 사업을 경기도가 도와줄 수 있냐"라고 북측으로부터 제안 받았다고 합니다(6~7쪽).

[2019. 1. 21.자 신명섭의 메모]에 의하면, 농림복합형 시범마을 예산을 종전보다 더 늘어난 1천만 불을 예상하고 있었습니다. 김성혜와 김성태의 주장에 의하면, 경기도가 스마트팜 사업을 추진하지 않아서, 쌍방울 그룹이 대신 500만불을 주기로 했다고 합니다. 그래

[제1병합사건 순번611_신명섭 메모]

```
2019. 1. 21. 오후 3:22:26
1. 농림복합형 시범마을 사업
첨단 현대식 농촌 시범 마을 조성. 500가구 기준
살림집. 병원. 학교. 편의봉사시설 포함
자세한 스펙 북측이 제안키로.. 1천만불 예상

평화협력과. 평화협력운영팀
```

서 2019. 1. 24.에 첫 번째 돈인 200만불이 지급되었는데, 그 보다 3일 전인 2019. 1. 21.에 당시 경기도 사업을 추진했던 실무자인 신명섭 평화협력국장은 1,000만 불이 예상되는 시범마을 사업을 구상하고 있었습니다.

검찰과 김성태의 주장대로라면 스마트팜 비용 500만불이 지급되면 더 이상 스마트팜 사업을 진행할 이유가 없는데, 500만불이 지급된 2019. 4. 이후에도 경기도의 스마트팜 사업은 계속 진행되었습니다. 피고인이 평화부지사를 사임한 이후에도 계속 추진되었는데, [2020. 8. 21.자 경기도 업무보고]에 의하면, 북측 농촌시범마을 사업(유리온실, 양돈장)이 공동으로 추진되고 있다고 보고되었습니다(모사건 순번831).

다. 경기도 비용을 대납했다는 김성태 논리의 배경

(1) 대북제재 위반의 벌칙을 경기도에 전가하기 위함

검찰은 [2019. 1. 17.자 쌍방울그룹-조선아태위의 합의서](제1병합사건 순번721)의 (3)의 ①항에 있는 '협동농장현대화 지원사업'과 [2019. 5. 12.자 쌍방울그룹-민경련 합의서](제1병합사건 순번233) 제8조의 '농축수산협력사업'이 경기도의 스마트팜 사업을 쌍방울그룹이 대신 수행하는 것이라고 주장하고 있습니다.

[쌍방울그룹 대북 IR보고서](제1병합사건 순번448, 29903쪽)

⑥ 농축수산 협력사업	
계약주체	남측 ▶ 쌍방울그룹 (쌍방울) / 북측 ▶ 민경련 산하 (광명성총회사)
계약내용	농업, 축산업, 수산업에 필요한 자금을 융자 및 투자하는 사업과 북측 농축수산물들의 남측 반출 사업
가치평가	▷ 농가 생산력 증진을 통한 농축어민의 사회적, 경제적 지위향상 ▷ 선진 과학농법(종자개발, 수산양식 등) 도입을 통한 대량 수확 및 공급 안정책 마련 ▷ 내수 및 수출을 통한 경제적 이익

[2019. 5. 12.자 쌍방울그룹-민경련 합의서(제1병합사건 순번233)]

제8조 (농축수산협력사업)
1. 민경련은 광명성총회사에, 쌍방울은 계열사인 주식회사 쌍방울에 농축수산협력사업을 위임한다.
2. 농축수산협력사업에는 농업, 축산업, 수산업발전에 필요한 자금을 융자 및 투자하는 사업과 북측 농축수산물의 남측 반출 등의 사업들이 포함된다.
3. 광명성총회사와 쌍방울주식회사는 농축수산협력사업과 관련한 실무적 문제들을 협의하고 이와 관련한 계약을 체결한데 따라 이행한다.

그러나 위 쌍방울 보고서나 합의서 제8조 제2항을 보더라도 쌍방울의 농축수산협력사업은 쌍방울이 자금을 투자하고 북측 농축수산물을 남측에 팔아 이윤을 취득하는 사업입니다. 반면 경기도의 농촌시범마을 사업은 북한에 스마트 시설을 설치하고 기술을 이전해 주는 인도적 지원 사업으로 쌍방울의 사업과 결코 동일한 것이 아닙니다.

"경기도의 스마트팜 비용 500만불을 대신 지급하고, 경기도로부터 대북사업에 관한 우선적 기회를 부여 받았다"는 김성태의 주장은 남북교류협력법에 어긋나는 비법률적인 주장으로, 법률을 모르는 김성태가 만들어낸 허구적인 논리입니다. 김성태는 500만불이 [2019. 5. 12.자 합의서]의 희토류 및 관광자원 개발을 위한 계약금이라는 사실을 알면서도, 경기도 비용을 대신 지급하는 것이라고 쌍방울 임직원 및 배상윤 등 주위 사람들에게 반복적으로 말했습니다. **이는 대북송금으로 인하여 향후 쌍방울 그룹의 대북제재 위반이 드러났을 때에 그 벌칙을 경기도에게 전가하기 위한 김성태의 방어논리였습니다.**

(2) 쌍방울의 대북사업에 관한 투자자 및 직원들의 신뢰도를 높이기 위함

김성태는 쌍방울 임직원들에게 "쌍방울 그룹의 대북사업은 경기도와 함께 진행하는 것이며, 경기도의 남북교류협력기금 등의 지원을 약속 받았다"는 주장을 반복하였습니다. **이를 통해 자신의 임직원들로 하여금 대북사업의 성공을 신뢰하도록 만들었고, 이로써 나노스 주가가 오를 것이라고 직원들 스스로 믿게 하려고 했습니다.** 이는 주가조작 범죄의 기본적 행태로, 직원들이 회사를 신뢰해야만 회사의 주가가 오를 것이라고 자기 지인들에게 진심으로, 적극적으로 전파할 것이기 때문입니다. 기획부동산 사건에서 주범인 회사대표가 직원들에게 사업 성공을 기망하고 직원들로 하여금 부동산을 먼저 매수하게 하는 것과 마찬가지입니다. 그래야 그 직원들이 다른 사람들에게 진심으로, 적극적으로 판매할 것이기 때문입니다.

5

'스마트팜 비용 500만불'의 실체

가. 김성혜가 요청한 200만불의 성격

　북한 내에서 중국식 개혁개방을 주도했던 김성혜, 김영철은 하노이 회담을 계기로 대북제재가 완화될 것이라고 김정은 위원장에게 낙관적으로 보고했을 것입니다. 따라서 2018. 12.경 북한 내에서 하노이 회담의 성공을 어느 누구보다도 낙관했을 인물인 김성혜, 김영철이 당장 황해도 금송농장의 사업 진척이 부진하다고 토로하는 것은 모순되는 주장이 아닐 수 없습니다. 왜냐하면 하노이 회담이 성공하면, 금송농장 시범마을사업은 자연스럽게 진행될 것이기 때문입니다.

[2023. 6. 20.자 국정원직원 김OO 증언녹취서](45쪽)

> 검 사 : 증인이 알아 본 이 자금의 성격은 무엇으로 특정이 되었나요?
> 김OO : 특정을 하지 못했습니다. 첫 번째로 제가 생각했던 것은 **11월말~12월에 북미회담을 하려고 하는 움직임이 있었는데, 그들이 회담에 참석을 하려고 할 때 움직일 수 있는 거마비가 없는 상황이었습니다.** 우리로서는 이해가 안 되지만, 그게 현실입니다. 그래서 '돈을 자꾸 요구하는 것은 통전부 측에서 중대한 임무를 띠고 어딘가로 움직이려고 하는 게 아닌가'라고 예측을 했었고요. 그리고 두 번째는 아마 다른 문건에도 나올지 모르겠는데, 북한 사회는 철저하게 상납구조라는 게 있습니다. 하부기관이 상부기관한테 자금을 만들어서 바치는 게 현실적으로 존재를 하는데, 그래서 '통전부 측에서도 상부에 돈을 바치기 위해서 이런 돈을 자꾸 만들려고 하지 않는가' 두 가지 정도로 추정을 하면서 알아본 과정에서 나온 겁니다.

위 국정원직원 김OO의 진술처럼, 대남공작을 통해 북미회담 거마비를 조달하려고 했던 것이 당시 김성혜와 김영철의 의도였던 것으로 보입니다. 우리 시각으로 이해할 수 없지만 북한은 자기 부서의 사업비용을 스스로 충당해야하기 때문입니다.

나. '김성혜를 위한 돈'을 마련하려고 안부수가 노력했던 이유

안부수가 '왜 그렇게 김성혜를 위한 돈을 마련하려고 노력했을까?'라는 의문에 대한 해답을 찾는 것이 이 사건을 푸는 실마리의 시작입니다. **안부수가 김성혜를 위한 돈을 마련하려고 적극적으로 노력했던 이유는 안부수의 존재의미가 '김성혜와의 연결고리'라는 데**

에 있기 때문입니다. 만약 김성혜가 북한 권력층에서 실각(失脚)하게 되면, 안부수의 존재가치는 곧바로 소멸하기 때문입니다. 그래서 안부수가 김성혜에게 "친구를 살려야 한다는 심정으로 자금 마련을 위해 백방으로 뛰고 있다"고 말했고, 심지어 국정원직원 김OO에게 "돈을 해줄 수 있느냐"고 물었다가 거절당하자 "쌍방울한테 얘기할까"라고 말했던 것입니다.

요컨대 김성혜를 위한 돈 때문에 다급했던 사람은 '이화영'이 아니라 '안부수'였습니다. 결국 안부수는 김성혜의 실각을 막기 위해 백방으로 노력하다가, 희토류 2,300억불짜리 채굴권을 미끼로 쌍방울그룹의 김성태를 낚아서, 그를 조선아태위에 연결시켰습니다. 그렇게 체결된 것이 [2019. 1. 17.자 쌍방울그룹과 조선아태위의 합의서]입니다.

다. 소결

경기도는 농촌시범마을 사업을 2018. 10. 20.자 2차 방북 때에 제안했고, 4년의 예산과 일정으로 사업을 계획했으며, 대북제재 해제가 필요하다는 점을 직시하고 있었습니다. 그리고 2018. 11.경에 사업이 지체된다면서 김성혜가 피고인 이화영을 성토했다는 사실이 설령 진실이라고 하더라도, 이는 대남공작비를 편취하기 위한 변명거리에 불과합니다. 왜냐하면 경기도가 사업을 제안한 지 채 1달도 되지 않았고, 아직 합의도 하지 않았기 때문입니다. 더구나 2018.

12.경 김성혜가 경기도에게 황해도 금송농장 사업을 독촉하려면 피고인 이화영을 만났어야 했으며, 그렇지 않고 안부수를 통해 김성태, 방용철을 만났다는 사실은 김성혜가 의도한 것이 경기도와 무관하다는 사실을 반증합니다.

2019. 2. 27.~28.자 하노이회담이 결렬된 이후 경기도의 대북사업은 사실상 어려워졌고, 그러던 차에 이재명 도지사가 새로운 임무를 맡겨 피고인 이화영은 대북사업을 평화협력국장에게 맡기고, 새로운 사업에 매진했습니다. 그것은 SK하이닉스를 경기도에 유치하는 사업으로, 여러 자치단체가 경쟁하고 있었는데, 피고인 이화영이 SK하이닉스를 경기도 용인시에 유치하는 데에 성공했습니다. 그 뒤 2019년 말경에 사직을 하고 국회의원 출마를 준비하였는데, 하노이회담 결렬 후 대북사업은 사실상 평화협력국이 그 대부분을 진행하였습니다. 이 사건 재판 전까지 피고인 이화영은 쌍방울 그룹의 대북사업에 대해 알지 못했고, 쌍방울 그룹이 북한에 돈을 주었다는 사실을 전혀 모르고 있었습니다.

남북정상회담이 있었던 2018. 4.경 나노스가 코스닥 시총 3위에까지 오르게 되었는데, 이는 나노스가 시장에서 대북주로 인식되었기 때문이었습니다. 이 사태를 계기로, 김성태는 대북사업을 통해 나노스 주가의 부양을 획책했는데, 쌍방울 임직원들은 대북사업을 'N 프로젝트', 나노스 주가부양을 'N활성화'라고 불렀습니다. 김성태는 나노스의 주가를 부양시켜 낮은 가격에 인수한 나노스 CB의 매각이

득을 챙기고, 동시에 높아진 나노스의 시장가치를 통해 주식담보 대출액을 높여 회사운전자금을 유통하고, 이스타 항공 등 대형 M&A에 필요한 자금조달을 계획했습니다.

계약금 500만불을 지급하고 체결한 2019. 5. 12.자 쌍방울-민경련 합의서는 ① 외화벌이 대남공작비를 조달해야 하는 김성혜의 필요, ② 김성혜의 실각을 막아야 존재가치를 가질 수 있는 안부수의 위치, ③ 대북사업 이슈를 만들어 나노스의 주가를 부양하고 싶었던 김성태의 욕망이 만들어낸 작품이며, 피고인 이화영과는 아무런 관련이 없습니다.

6

'방북비용 300만불'의 실체

가. 공직선거법위반 항소심 판결로 인한 이재명의 방북 무산

2019. 5. 16. 이재명 지사에 대한 공직선거법 허위사실공표죄 사건에 관하여, 제1심 법원이 무죄판결을 선고하였습니다. 이로써 이재명 지사는 방북을 추진할 실질적 의사를 가졌고, 모사건 순번 802(2019. 5. 21.자 조선아태위에 대한 이재명 명의의 편지)가 작성되었습니다. 그러나 이재명 지사는 2019. 9. 6. 공직선거법위반 항소심 사건에서 300만원의 벌금형을 선고받아 도지사 지위의 당선무효뿐 아니라 향후 대통령선거에서의 피선거권도 위태로운 상황이었습니다. 왜냐하면 선거법으로 100만 원 이상의 벌금형을 선고받고 그 형이 확정된 후 5년이 경과하지 아니한 자는 공직선거법 제18조제1항 제3호 및 제19조제1호에 따라 선거권 및 피선거권이 없기 때문입니다. 이로써 이재명 지사의 방북 추진은 사실상 포기되었고, 그 시기

에 작성된 국정원 문건에도 같은 취지의 분석보고서가 있습니다.

[모사건 순번1472_2019. 10. 23.자 경기도 관계자 접촉결과]

□ 주요 내용
O 이재명 경기지사 訪北 추진 관련 지난 1심 판결(공직선거법 허위사실공표 혐의 무죄, 5. 16.) 후 남북교류협력 사업 등을 추진키 위해 방북을 추진하였으나, **2심 판결(벌금 300만원 선고, 9. 6.) 이후에는 사실상 방북 추진은 요원한 실정**

위 문서에서 경기도 국정원담당자에게 보고한 경기도 관계자가 다름 아닌 피고인 이화영입니다. 피고인 이화영이 2019. 10. 23. 이재명 지사의 "방북추진이 요원한 실정"이라고 생각하면서, 김성태를 통해 이재명의 방북비용 300만불을 북한에 전달하라고 지시했다는 이 사건 공소는 명백한 모순이 아닐 수 없습니다. 다만 2019년 하반기에 작성된 경기도 문서 중에 도지사의 방북을 북한에 요청한 문서가 있습니다. 이는 경기도 공무원들의 관행으로, 손학규, 김문수, 남경필, 이재명에 이르는 동안 경기도지사의 방북이 항시 추진되었기 때문에, 평화협력국 직원들은 북한에 교류협력 제안서를 보낼 때에 경기도지사의 방북을 관행적으로 요청했습니다. 그러나 2019. 9. 6. 공직선거법위반 항소심 사건에서 당선무효 및 피선거권 박탈에 해당하는 300만원의 벌금형을 선고를 받은 이재명은 정치생명 자체가 위험한 상황이었기 때문에, 방북을 추진할 동력을 잃었습니다. 하물며 방북비용을 지불케 하면서까지 불법적이고 위험스러운 방북을 추진할 아무런 이유가 없었습니다.

나. 김성태의 방북 준비

쌍방울그룹은 [민경련과의 2019. 5. 12.자 합의서]의 계약을 구체화하기 위해 김성태 회장의 2019. 12.경의 평양 방문을 준비하였습니다. 검찰의 증거기록에 편철된 아래 4개의 문서는 이러한 사실을 증명하고 있습니다.

[후속조치(모사건 순번1209)] (2019. 6.경 작성된 것으로 추정)

> □ 북측(아태, 민경련)과 논의 내용
> - 남북경협협의사무소 구성(북측의 계획을 요구)
> - 계열사와 민경련 산하 회사간의 구체적 계약내용에 대한 우리측 방안 마련, 이후 가능하면 북측과 협의

[방용철(190701) 출력물 (모사건 순번1210)] (2019. 7. 1.경 작성)

> 3. 협의 안건
> □ 최우선적으로 회장님의 방북 추진
> - 내의지원 문제
> - 회장님 방북문제(내의지원과 연계)
> - 아태평화교류협회와 함께 3자 합의로 추진

> □ 경협관련 협의
> - 평양사업설명회(남북경협협의창구와 연계) 가능 여부 등 기 전달된 합의서 초안에 대한 북측의 입장
> - 가능하면 평양방문에서 합의서를 체결할 수 있도록 조치

[협의자료(방사장 190926) 출력물 (모사건 순번1211)]

> ☐ 회장님 방북과 관련해 기 제기한 '평양사업설명회' 개최 여부
> ☐ 특히, 평양사업설명회에 대한 북측의 긍정적 입장이 확인되면, 통일부와 비공식 접촉을 통해 사업과 회장님 방북에 대한 입장 타진

[2019. 10. 2.자 송명철-방용철 회의록](제1병합사건 순번447)

> 1. 2019년 5월에 체결한 단동 합의서 후속 리행과 관련한 사업.
>
> - 쌍방울과 아태는 5월 단동합의서 이행을 위한 준비를 위해 다음의 시기 (11월 15일부터 30일, 12월 15일부터 31일, 1월 15일부터 31일) 안에 만나 쌍방울그룹 회장 이하 계열사 사장단과 북측 민경련 회장 이하 계열사 사장단과의 협상을 통하여 5월 단동 합의서의 포괄적, 실행적 조치를 위한 협의를 가지는 것으로 협의 하였으며,
> - 장소는 평양에서 진행하는 것을 최우선으로 선택하되 불가능한 경우 제 3국(단동)에서 만나는 것으로 하였다.
> - 여기에 장원그룹(밀로스, 산하 계열사)도 함께 참가할수 있으며, 장원그룹의 사업추진 준비가 부족한 경우 최소 MOU를 체결할수 있으며,
> - 양측이 협의 체결한 내용에 대한 공개(언론 지원 및 인터뷰)는 쌍방울이 자체 상황 판단에 따르기로 하였다.

[2019. 10. 2.자 송명철-방용철 회의록]은 김성태의 방북이 "2019년 5월에 체결한 **단동 합의서의 후속 이행**"을 위한 것이라고 그 목적을 밝히고, 김성태 쌍방울그룹 회장 이하 계열사 사장단, 장원그룹 및 계열사 등이 참여할 것이라고 예정하였습니다. 만약 김성태의 계획대로 2019. 12.말경에 평양에서 사업설명회를 하고, 2019. 5. 12.자 합의서를 구체화한 계약을 체결했다면, 남북경협 이슈로 나노스가 2018. 4.경에 코스닥 시총 3위에 오른 적이 있었던 것처럼 나노스의 주가는 또다시 폭발적으로 상승했을 것입니다. 이 사건 공소

에 관한 검찰과 김성태의 주장이 진실이라면, 김성태의 방북에 관한 4개의 후속문건에서 이재명 경기도지사와 쌍방울그룹의 동행방북이 단 한번이라도 언급되었어야 합니다. **왜냐하면 북한에 돈을 준 것은 위법하지만 경기도지사와 쌍방울그룹이 동행 방북하는 것은 결코 위법하지 않기 때문에, 동행방북을 숨길 이유가 없습니다.** 또한 동행방북을 하려면 실무적으로 준비해야 할 것이 많으므로, 반드시 문서적으로 표시될 수밖에 없습니다. 예를 들어 [2019. 10. 2.자 송명철-방용철 회의록]에서 장원그룹, 필룩스 및 산하계열사의 참가도 다루었다는 점에서, 경기도지사의 방북이라면 반드시 논의되었어야 합니다. **더구나 검찰과 김성태의 주장대로라면 '방북비용 300만 불의 주인'은 이재명 지사이고, 단지 쌍방울이 대신 지급한 것이기 때문에, 송명철은 어떤 방식으로든지 이재명 지사를 맞이하기 위한 준비에 대해 언급했어야 마땅합니다.** 결국 이러한 기재가 없다는 사실은 경기도지사의 동행방북이 준비된 적이 없다는 점을 의미합니다.

다. 배상윤의 진술서 (제1병합사건 순번326)

2019. 5.경 김성태가 'KH그룹에게 대북사업의 기회를 선점할 수 있도록 해 주겠다'고 말하면서 300만불을 부담해 줄 수 있냐고 배상윤에게 요청했다고 합니다(27275쪽).

배상윤은 진술서 마지막 부분에서, 2020. 1.경 김성태가 자신에게 "저번에 북측에서 요구한 300만불을 지난달에 직원들 동원해서 간신히 전달했어요. 북측에 약속만 하고 못 주고 있어서 힘들었는데 주

그 후 김성태 회장은 '형, 조만간 북한에 대한 경제재제가 모두 풀릴 것 같다. 우리가 기회를 먼저 선점해야 한다. 심양에 가서 북측 외화벌이 사람들을 만나기로 하였는데 형도 같이 가보자'고 하였습니다.

> **7. 김성태 회장의 대북 300만불 지원 요청**
>
> 진술인의 기억으로는, 2019. 5.경 단둥 합의서 체결 전인지 후인지 정확히 기억나지 않지만 김성태 회장으로부터 '북측 사람들이 돈을 좀 요구해서 지난 번에 200만불을 주었는데 추가로 300만불을 주기로 약속했습니다. 형이 300만불 중 일부를 부담해 주시면 안되겠습니까.'라는 말을 들었습니다.
>
> 진술인은 이전에 김성태 회장이 '북한에 조명을 좀 기부하면 좋겠다'는 제안을 거절하기도 하였던 터에 북측 사람들에게 직접 현금을 주는데 동참해 달라는 제안 역시 일언지하에 거절하였습니다.

고 나니 후련합니다."라고 말했다고 합니다(27275쪽).

 2019. 12.경에 지급된 300만불은 검찰이 주장하는 이른바 '이재명의 방북비용'에 해당합니다. 그런데 김성태는 '저번에 북측이 요구한 300만불'이라고 표현했는데, **'저번에 북측이 요구한 300만불'**이

> 그 후 2019. 12. 말경 또는 2020. 1.경으로 기억되는데, 김성태 회장은 '저번에 북측에서 요구한 300만불을 지난 달에 직원들 동원해서 간신히 전달했어요. 북측에 약속만 하고 못주고 있어서 힘들었는데 주고 나니 후련합니다. 북측 사람들은 제가 300만불을 준다고 약속한 것을 고위층에 보고하였는데 제가 약속을 안지켜서 숙청당할 수도 있었다고 들었습니다. 그래서 어떻게든 달러를 만들어 전달하고 나니 후련합니다. 아주 힘들게 주었습니다'라고 말하였습니다.

란 2019. 5.경 김성태가 배상윤에게 부탁했던 300만불을 말합니다. 결국 2019. 12. 1.자 300만불은 이재명의 방북비용이 아니라, 애초부터 김성태가 북한에 약속한 2019. 5. 12.자 합의서를 위한 계약금의 한 부분입니다.

라. 소결

김성태가 2019. 12. 1.경 조선아태위 송명철에게 지급했다고 주장하는 300만불은 쌍방울그룹의 평양 설명회 개최 및 본계약 체결을 위한 '김성태의 방북비용'이었습니다. 이 사건 기록 어디에도 쌍방울그룹과 경기도지사의 동행방북에 관한 기재가 없었기 때문에, 검찰은 이재명을 기소하려면 '쌍방울의 대북송금 사실을 이화영이 이재명에게 보고했다'는 피고인 이화영의 진술조서가 필요했던 것입니다.

마. 보론 : 300만불에 관한 김성태의 진술 번복과 사건의 실체

2019. 11.~12.경 중국 선양에서 송명철에게 300만불을 줬다는 것이 김성태의 최초 진술이었습니다[6]. 그러다가 김성태는 리호남에게 2019. 7.경 필리핀에서 70만불, 2020. 1.경 선양에서 30만불을 나눠줬고 리호남에 대한 100만불에 대한 영수증은 받지 않았다면서, 종전 진술을 번복했습니다(2023. 7. 18.자 증언녹취서 92쪽). 사건관계인의 법정 진술이 우선하므로 김성태의 법정 진술을 선택하는 것으로 끝내기에는 의심의 여지가 있습니다. 리호남에게 70만불, 30만불을 나누어 준 사실을 잊어버리고, 송명철에게 300만불을 줬다고 잘못 진술하기에는 ① 리호남이란 인물이 너무나 특별하며, ② 리호남에게 돈을 준 방식이 복잡해서 쉽게 잊기 어려우며, ③ 돈을 전달한 시기도 배상윤 진술서와 배치됩니다. 번복된 진술에 의하면 2020. 1.경에 마지막 30만불을 전달했다는 것입니다. 그런데 2020. 1.경에 김성태는 배상윤에게 "저번에 북측에서 요구한 300만불을 지난달에 직원들 동원해서 간신히 전달했어요."라고 말했는데, 이것이 김성태의 초기 진술에 부합합니다. 게다가 "북측에 약속만 하고 못 주고 있어서 힘들었는데 주고 나니 후련합니다."라고 김성태가 배상윤에게 한 말을 떠올리면, 김성태의 진술 번복은 미심쩍습니다. 살피건대, 조선아태위가 기획재정부고시의 금융제재대상자가 아니어

---

[6] 제1병합사건 순번355_김성태 8회 피의자신문조서, 27732쪽; 순번356_김성태 9회 피의자신문조서, 27765~27766쪽

서, 고시에 명시된 '리호남'을 꿰어 맞추기 위해 검찰이 김성태에게 진술을 번복시켰던 것으로 보이는데, 그렇다면 2019. 11.~12.경 중국 선양에서 송명철에게 300만불을 줬다는 김성태의 최초 진술이 진실인 것으로 추정됩니다.

더구나 2017. 12. 11.시행 기획재정부고시 제2017-34호에 기재된 '리호남$_{\text{RI, Ho-Nam}}$'[7]은 '1967년생'인 류경 상업은행 대표로서, '영화공작'으로 유명한 정찰총국 리호남(본명 리철, 1954년생)과 동일 인물이 아닙니다. 위 문제가 심각한 법리적 쟁점은 아니지만, 김성태 진술의 신빙성 및 검찰의 의도를 살필 필요는 있을 것입니다. 아래에서는 이 사건 방북비용을 '2019. 12. 1.자 송명철에게 지급된 300만불'로 표현하겠습니다.

---

[7] 기획재정부고시 제2017-34호
RI, Ho Nam(리호남), Beijing, China; DOB 03 Jan 1967; nationality Korea, North; Passport 654120210 expires 21 Feb 2019; Ryugyong Commercial Bank representative.

7

국정원문건[8]을 통한 이 사건의 개관

가. 김성혜가 안부수에게 '금송농장 비용 200만불'을 부탁함

국정원문건 중 [순번1429, 1430, 1432]에 의하면, **김성혜가 황해도 금송농장에 관하여 200만불을 부탁하지만, 김성혜가 안부수에게 부탁한 것이지, 공소장의 기재처럼 피고인에게 독촉한 사실이 없습니다.** 김성혜가 피고인을 성토하면서 핑계를 대고 200만불을 부탁한 것은 맞지만, 당시는 하노이 북미회담을 목전에 둔 상황으로, 북미회담이 성공하면 대북제재 해제가 예상되었던 시기였습니다. 결국 '황해도 금송농장'은 김성혜가 거마비를 마련하기 위한 핑계로 보

---

[8] [모사건 순번1420~순번1472] 및 [제1병합사건 순번957~1009]는 국정원문건으로, 2018. 10.경부터 2019. 12.경까지의 당시 상황을 해당 시점을 기준으로 기록한 것입니다. 이 기록에서 피고인 이화영이 보고하는 보고서는 이화영을 '48'로 표시하고, 안부수가 보고하는 보고서에서는 안부수를 '54' 또는 '협조자'로, 피고인은 '이화영 부지사'로 기재하고 있습니다.

아야 합니다. 게다가 안부수는 피고인 이화영이 그 돈을 책임져야 한다고 말하지 않았고, 오히려 대북제재 때문이며, 자신이 해결책을 찾겠다고 말했습니다. 그리고 김성혜는 안부수에게 "친구로서 부탁한다"고 하고, 안부수는 "친구를 살려야 한다는 심정으로 자금을 마련하고 있다"고 답했으며, 김영철은 안부수에게 "김실장이 어려운 상황이니 친구로서 많이 도와주기 바란다"고 부탁했습니다.

나. 2019. 1. 30. 국정원이 안부수와의 정보협력을 종결함

그 뒤 2019. 1. 30.자[9] [모사건 순번1354_종결계획]에 의하면,

OO96OO 종결 계획

1. OOO
협조자(안부수) 주변인물의 주가조작 실행 가능성과 이에 따른 국정원 연루설 가능성이 제기되었는바, OOO 결정에 OOO 종결
* 협조자는 1.24. 쌍방울 계열사 「나노스」 이사 취임. 「나노스」의 주가는 대북사업 기대감이 반영되어 1월초 5천원 선에서 1.24.경 9천원 선으로 수직 상승
(중략)
5. 종결사유 OOOO
※ OO96OO 주변 인물(쌍방울 오너 김성태)의 주가조작 및 국정원 연루 의혹 제기 가능성에 따른 사전 예방적 차원에서 종결(1.30.)

---

[9] [모사건 순번1354] 수사기록 1357쪽에 국정원의 안부수에 대한 종결날짜를 2019. 1. 30.이라고 명시하고 있습니다.

2019. 1. 24. 안부수가 나노스 이사로 취임하고, 대북사업의 기대감으로 나노스 주가가 1월 초 5,000원에서 2019. 1. 24. 9,000원으로 수직 상승하였는데, 김성태의 주가조작 및 국정원의 연루의혹이 제기되어, 안부수의 정보원 지위를 종결시켰습니다.

다. 2019. 8.경 국정원이 쌍방울그룹의 대북사업 전모를 파악함

2019. 8. 14.자 [모사건 순번1545_쌍방울의 대북접촉 진행 동향 확인결과] 문서는 당시 조선아태위와 의류지원 문제를 논의 중이었던 쌍방울 방용철의 동향을 파악한 기록입니다. 여기서 방용철은 '안부수 회장의 권유로' 대북사업을 추진했다고 밝혔습니다.

> □ 쌍방울의 대북지원 추진배경 및 대북접촉 내용
> ○ (추진 배경) 안부수 권유에 따라 대북지원 사업 추진
> - 쌍방울 방용철 대표는 "「아태평화번영 국제대회(2018.11.)」시 알게 된 안부수 회장의 권유로 대북지원을 추진하게 되었다"고 언급
> - 쌍방울(회장 김성태)은 안부수 회장의 요청으로 1차(2018.11.), 2차(2019.7.) 「아태평화 국제회의」 개최시 행사비용도 후원

결국 2019. 10. 29.자 [모사건 순번1424_쌍방울그룹의 대북경협사업 추진경과]에 이르러서, 국정원은 쌍방울그룹의 대북사업의 전모를 파악하게 되었습니다. 쌍방울그룹이 안부수의 중개로 북한에 의류를 지원하기로 하고, 그 대가로 대북사업권을 받았고, 두 차례의

대북사업 합의서를 체결했다는 정보를 습득한 것입니다. 이 문서 어디에도 쌍방울그룹과 조선아태위 및 민경련을 연결하는 데에 피고인 이화영의 역할이 있었다는 기재가 없으며, 이는 너무도 당연한 사실입니다. 왜냐하면 당시 김성혜와 송명철을 접촉하는 데에 국정원도 라인이 없었고, 오직 안부수 만 가능했기 때문입니다. 나아가 국정원은 쌍방울그룹이 태양광발전, 특장차 사업 등을 추진하였고, 민경련에게 권리금으로 1억불을 지급하기로 약속했다는 사실을 파악하였습니다.

쌍방울 그룹의 대북경협사업 추진 경과

2019.10.29.

O 쌍방울그룹은 안부수 아태협 회장 중개로 금년 초부터 北 아태위, 민경련을 4차례 접촉, 대북 의류지원, 경협사업 등에 대해 논의
- (1차 접촉) 1.17. 북 아태위와 中 심양에서 접촉, 내의 지원(1,000만불) 의사 전달과 함께 대북사업(태양광, 특장차, 쌍방울 훈춘공장 대북이전 등 추정) 추진 합의서에 서명
- (2차 접촉) 5.12. 北 민경련과 中 단동에서 접촉, △'10월말 내의지원 추진' 합의서 △대북사업권(권리금으로 1억불 지급 약속) 및 사업주체 명시 합의서에 서명
- (후속 접촉) 7.4.(3차), 9월말(4차) 접촉시 △대북사업 추진을 위한 남측기업 간 투자그룹 구성 △공식 합의서 체결식 일정 등 협의

O 한편 쌍방울그룹은 2차례의 대북사업 합의서 체결사실을 통일부에 신고하지 않는 등 철저한 비공개 下 대북 경협사업을 추진 중(內衣 지원사업만 신고)

(중략)

□추진경과

O (추진배경) 쌍방울그룹은 안부수 아태협 회장 중개로 금년 초부터 北 아태

> 위, 민경련과 접촉하면서 대북 의류지원, 경협사업 등 시작
> - 방용철 대표는 "내의를 1,000만불 지원하는데 대한 대가로 우리가 희망하는 대북사업권을 달라"고 요구
> - 이에 대해 북측에서 "무슨 사업권을 원하냐"고 질문, 방 대표는 "태양광발전 사업권을 원한다"고 대답
> * 쌍방울그룹은 태양광 계열사 나노스(주) 및 「한화큐셀」 등과 함께 북한에 총 1GW 규모의 태양광 발전단지를 건설한다는 구상
> O (2차 접촉) 쌍방울그룹 김성태 회장, 방용철 대표 등 10명(계열사인 ㈜광림, ㅣ노스㈜의 대표들도 동반)이 5.12. 中 단동에서 北 아태위 송명철, 민경

라. 국정원이 북한과 쌍방울의 주가조작 시도를 파악함

그러다가 2020. 1. 31.자 [모사건 1468_北 이호남의 쌍방울 대북사업 이용 주가조작 시도] 문건에서, 국정원은 북한과 쌍방울의 유착관계와 주가조작 시도를 파악했습니다. 북한 정찰총국 이호남이 2019. 3.경 남북경협연구소 김OO 대표에게 "대북사업으로 쌍방울 계열사 주가를 띄워주는 대가로 수익금 일부를 받기로 했다"며 "쌍방울이 (주가조작) 수익금을 1주일에 50억 원씩 김OO에게 전달하도록 할 테니, 백화점 상품권을 구입해 중국 선양으로 보내 달라"고 요청하였다고 합니다. 이러한 시도는 이 사건의 실체를 여실히 드러낸 사례가 아닐 수 없습니다. 국정원은 위 문서의 '쌍방울그룹의 대북사업 추진경과'라는 항목 아래에서 북한과 쌍방울의 주가조작 시도의 배경을 설명했습니다. **이 문서 어디에도 피고인 이화영이나 경기도를 쌍방울의 대북사업과 관련짓고 있지 않으며, 나노스의 주가 부양이**

쌍방울 대북사업의 핵심이라고 설명하고 있습니다.

北 이호남의 쌍방울 대북사업 이용 주가조작 시도 언급

2020. 1. 31.

○ 北 정찰총국 이호남은 지난해 3월경 김한신(남북경협연구소 대표)에게 "대북사업으로 쌍방울 계열사 주가를 띄워주는 대가로 수익금 일부를 받기로 했다"며
- "쌍방울이 수익금을 1주일에 50억원(총액 미상)씩 전달하도록 할 테니 국내 백화점 상품권을 구입해서 中 선양으로 보내 달라"고 요청
- 김한신은 "만약 이런 내용들이 알려지면 국내 민간단체들의 대북사업이 다 틀어질 수 있다"며 거절
* 김한신은 "北 이호남이 최근에도 자신에게 '대북사업 과정에서 돈이 부족하면 「쌍방울」을 물주로 소개해 주겠다'고 언급했다"고 주장
○ 지난 해 쌍방울은 안부수 아태협 회장 중개로 북측과 접촉하면서 △대북자원개발 사업을 발표하고, △북측과 '사업권 합의서'를 체결

- 계열사 나노스㈜는 지난 해 1월 △안부수 △김형기 前통일부차관 △김영수 前현대아산 본부장을 영입하고, '자원개발'을 사업목적에 추가
* 1.8.~21.간 외부인사 영입, 新사업 발표 영향으로 주가가 82% 상승
- 이후 北 민경련과 접촉하면서 '대북 사업권 합의서'에 서명(5.12.)
- 최근까지 북측과 물밑 접촉하면서 '합의서 공개 체결식'을 요청 중인 가운데 나노스㈜는 "올해 대북사업 강화를 통한 재도약"을 선언(1.21)
- 북측이 '합의서 공개 체결식' 개최를 계속 미루자, 쌍방울 측은 '평양 또는 제3국 개최'를 촉구하는 서한을 북측에 전달(10.23.)

2019. 10. 29.자 [모사건 순번1424_쌍방울그룹의 대북경협사업 추진경과] 1425~1426쪽 및 [모사건 1468_北 이호남의 쌍방울 대북사업 이용 주가조작 시도] 1436쪽에서 반복되는 '**합의서 공개 체**

결식'이 나노스 주가를 띄우려는 김성태의 방북의 목적이자 이 모든 사건의 마지막 피날레finale입니다. 김성태가 북한에 마지막으로 지급한 300만불, 즉 2019. 12. 1.자 300만불은 '합의서 공개 체결식'을 위한 비용이었던 것입니다.

쌍방울그룹의 위와 같은 대북사업 일정에 피고인 이화영이 개입되어 있었다면, 국정원이 당연히 알고 있었을 것입니다. 피고인은 노무현 정부에서 대북 업무를 담당했었다가 이명박 정부로 교체된 시기에 국정원으로부터 조사를 받았는데, 대북특사로 갔을 때에 비밀리에 준비한 선물이 무엇이었는지조차 국정원이 알고 있어서 깜짝 놀랐다고 합니다. 그래서 2018. 7.경 경기도 부지사로 선임된 피고인은 나중에 정권이 교체된 후에 또 조사받을 것을 염려하여 모든 대북업무 상황을 국정원 담당자에게 공유했던바, 이 사건 국정원문건에 '정보원 48'로 기재된 기록이 모두 피고인에 관한 것입니다. 이같이 국정원을 경계했던 피고인이 대북송금을 쌍방울그룹과 공모했다는 이 사건 공소사실은 김성태의 거짓에 불과합니다. **요컨대 대북송금이 발각되었을 때에 피고인의 불이익은 너무나 큰데 반하여, 대북송금을 통해 피고인이 얻을 수 있는 정치적 이익은 존재하지 않는다는 점에서, 이 사건 대북송금 공소는 상식과 일반적인 경험칙에 위배된다고 아니할 수 없습니다.** 그에 비교하여 대북송금으로 인한 김성태의 이익이 천문학적 액수라는 사실은 '나노스로부터 김성태가 이익을 얻는 방법'이라는 항목에서 살폈습니다. 누구에게 이익이 귀속되는지 여부가 사건의 실체를 판가름하는 명확한 기준이 될 것입니다.

8

피고인 이화영이 방북비용을 이재명 지사에게 보고했다고 허위로 진술한 경위

가. [제11회~제19회 이화영 피의자신문조서]의 허위

피고인 이화영은 [제11회~제18회 피의자신문조서]에서 쌍방울의 방북비용 대납사실을 이재명 지사에게 보고하였다고 진술했고, [2023. 6. 30.자 제19회 피의자신문조서]에서는 그 보고일자를 2019. 7. 29.(월) 아침 10~11시경이라고 특정했습니다. 그러나 바로 그 시각 이재명 지사는 서울 여의도 국회의원관 제1소회의실에서 열린 '재난시 구조요청 비상전원 확보 의무화'에 관한 국회토론회에 참석해서 인사말을 하고 있었습니다.

수사검사들의 협박과 회유에 굴복한 피고인 이화영이 쌍방울의 방북비용 대납사실을 이재명 지사에게 보고했다고 허위진술을 하였지만, 나중에 진실을 밝히기 위해 이재명 지사의 알리바이가 증명

[증32_2019. 7. 29.자 뉴스1(인사말 하는 이재명 지사)]

(2019.7.29.)이재명 경기도지사가 7월 29일 서울 여의도 국회 의원회관에서 열린 건물 내 재난시 구조 요청 비상전원 확보 의무화 토론회에서 인사말을 하고 있다.(사진 : 뉴스1)

되는 때로 보고일자를 특정했던 것입니다. 쌍방울그룹이 북한에 돈을 준 사실을 피고인 이화영도 몰랐는데, 이재명 지사가 알 리 없었습니다. 요컨대 "이화영이 쌍방울의 방북비용 대납 사실을 이재명 지사에게 보고했다"는 검찰의 주장은 거짓으로, 피고인 이화영이 이와 같은 조서를 쓰게 된 경위는 다음과 같습니다.

나. 수사검사들이 피고인 이화영을 압박하고 회유함

(1) 김성태, 방용철, 안부수의 허위진술로 피고인 이화영을 압박함

피고인 이화영에 대한 검찰의 압박은 '법인카드'로 시작됩니다. 원래 방용철은 최초의 진술에서 이른바 '이화영에 대한 뇌물'로 지목된 쌍방울의 법인카드를 "김성태 회장의 지시로 문OO에게 주었다"고 진술했습니다. 그랬다가 김성태가 체포된 이후에 진술이 바뀌어, 피고인 이화영에게 법인카드를 지급했다고 번복했던 것입니다.

[모사건 순번155_방용철 피의자신문조서]

(12쪽)
검 사 : 쌍방울그룹은 이화영이 경기도 평화부지사로 취임한 이후에 이화영에게 법인카드를 제공한 적이 있나요?
방용철 : 이화영에게 직접 준 적은 없습니다. 다만 언젠가 김성태 회장이 어떤 여자의 연락처를 주면서 그 여자가 어려우니 법인카드도 하나 줘서 그 여자를 도와주라고 지시하여 제가 그 지시대로 따른 적이 있습니다.
검 사 : 김성태가 도와달라고 한 여자는 누구인가요?
방용철 : 문OO입니다.

(14쪽)
검 사 : 문OO을 만나 카드를 직접 전달하라는 지시도 받은 것인가요, 아니면 피의자 스스로 잘 챙겨야 하는 사람이라고 판단하여 직접 만난 것인가요?
방용철 : 김성태 회장이 직접 얘기하였기 때문에, 잘 챙겨야 하는 사람이라고 판단하여 직접 전달을 하였습니다.

[모사건 순번557_제3회 방용철 피의자신문조서]

> (6쪽)
> **검 사**: 문OO과 처음 만나서는 뭐라고 하면서 카드를 주었나요?
> **방용철**: 그때 그냥 전화를 했고, "쌍방울입니다. 회장님이 카드 주라고 하시는데, 언제 오실 수 있으세요?" 정도로 얘기를 했습니다. 시간 약속 잡고 문OO씨에게 신당동 사옥 앞으로 오라고 해서 제가 카드를 주었습니다.
> **검 사**: 서서 만나서 준 것인가요 아니면 까페 등 장소에서 만나서 준 것인가요?
>
> (8쪽)
> **검 사**: 이후 매번 카드를 바꿔줄 때마다 문OO에게 피의자가 직접 주었나요?
> **방용철**: 예, 그렇습니다.

그런데 김성태가 체포된 이후인 2023. 3.경부터 방용철, 안부수 및 쌍방울 임직원들[10]의 거짓 진술이 시작되었고, 방용철은 법인카드를 피고인에게 줬다고 거짓말을 했습니다.

[2023. 3. 3.자 방용철 증언녹취서](12쪽)

> **검 사**: 법인카드는 증인이 피고인 이화영에게 직접 건네주었고, 문OO에게 건네준 것은 하나도 없다는 것이지요?
> **방용철**: 예
> **검 사**: 증인은 법인카드를 피고인 이화영에게 사용하라고 건네준 것이고, 문OO에게 사용하라고 건네준 것은 아니라는 것이지요?
> **방용철**: 예.

[증33_피고인 이화영의 옥중노트](4쪽)

✓ '살인설로'가 아니라 '살살인선로'가 만들어지고 있었다. 나는 정말 무력한 느낌이 들었다. 이론도 없는 죄를 만들고 있다는 생각이 들었다. '스마트팜' 등 관련 사건은 방용철, 안부우, 성방울 직원, 김성태 주변 사람들이 검찰에 다녀온 후 한결같이 허위 증언을 하는 걸 지켜보면서, 나는 잘못하면 '혼제 먹이겠다'는 점을 먹었다.

✓ 2023년 5월 들어서는 거의 매일 검찰 출석을 요구 받았다. 나는 검찰의 압박과 김성태 등의 허위 조작 진술, 주변 지인들에 대한 검찰의 수사, 가족에 대한 공격, 관련자들의 법정에서의 거짓증언 등으로 심리적 공황상태에 빠져들었다.

검찰은 김성태가 북한에 돈을 준 사실 자체로 국가보안법위반죄, 남북교류협력법위반죄로 기소해야 하는데, 이를 기소하지 않았습니다. 또한 조선아태위에 지급한 800만불 조성에 관한 업무상횡령도 기소하지 않았으며, 2018년 나노스 주가조작도 기소하지 않았습니다. 허위진술의 대가로 볼 수밖에 없습니다. 김성태가 조선아태위에 돈을 주었던 이유는 나노스의 주가를 끌어올리기 위한 것이었고, 김

---

10 스마트팜 비용 500만불은 애초부터 김성태와 김성혜가 각자 만들어낸 방어논리였기 때문에, 어쩌면 쌍방울 임직원들은 들은 대로 진술했다고도 볼 수 있습니다. **김성태의 입장에서 스마트팜 비용이라는 논리는 향후 쌍방울 그룹의 대북제재 위반이 드러났을 때에 그 벌칙을 경기도에게 전가하기 위한 방어기제였고, 김성혜의 입장에서는 500만불을 2019. 5. 12.자 합의서의 계약금으로 표시하지 않고 스마트팜 비용이라고 내세움으로써 향후 2019. 5. 12.자 합의서가 이행되지 않았을 때에 계약금을 돌려주지 않아도 되는 명분이 되는 것이었습니다.**

성태가 자신의 사업을 위해 북한에 돈을 주었다는 사실을 뒷받침하는 증거들이 이 사건 수사기록에 비일비재함에도, 수사검사들은 김성태의 허위진술로 이화영을 압박했습니다. 그리고 다시 이화영의 허위진술을 바탕으로 이재명을 기소하려고 하였습니다. 이른바 '이재명 대북송금 사건'을 기획했던 것입니다.

피고인 이화영은 거짓이 진실로 바뀌는 현실을 목도했으며, 검사들의 위력으로 방용철, 안부수의 진술이 번복되는 것에 무력감을 느끼지 않을 수 없었습니다. 당시의 심정이 적힌 옥중노트의 내용입니다.

(2) 수사검사들이 선처를 조건으로 피고인 이화영에게 허위진술을 요구

박상용 검사가 피고인 이화영에게 김성태, 방용철 및 그들의 변호인과의 면담을 주선하고, 이들로 하여금 피고인 이화영을 회유하게 하였습니다.

결국 박상용 검사의 회유에 넘어간 피고인 이화영은 "김성태의 대북 송금 흐름을 이해하고 있었고, 김성태가 이재명 지사를 돕고 있다는 취지의 말을 이재명 지사에게 드린 기억이 있다"는 진술서를 제출했습니다. 그 뒤 박상용 검사가 이 진술서를 상관인 김영남 부장검사에게 보고했다가, 김영남 부장검사로부터 그 내용이 부족하다는 이유로 질책 받았다고 하였습니다. 그 뒤에 피고인 이화영에 대한 이 사건 제11회부터 제19회까지의 피의자신문조서가 작성되었던 것입

[증33_피고인 이화영의 옥중노트](4쪽)

> V 검찰에서는 나와 김성태, 나와 방용철, 그리고 김성태 변호인과의 면담도 주선하였다. 김성태로 면담에서, "형님! 평생 징역살 수도 있어요. 이재명은 어차피 끝났어요. 검찰 말 듣고 협조해서 빨리 나갑시다. 형님이 이재명 보호 한다고 누가 알아주지도 않아요." 라고 말했다. 또 "어차피 이재명은 구속되지 않아요. 민주당 국회의원들이 체포동의안에 동의하지 않을거예요. 이재명이 불구속으로 재판 받으면 재판이 오래 걸릴거예요. 시간이 흐른 뒤 상황이 달라졌을 때 똑바로 얘기하면 되잖아요. 그러니 지금은 검찰이 하라는대로 행조해서 빨리 나가는 것이 제일 좋아해요. 내 변이 맞느리 동기느리 네 변호인들하고 만나서 얘기해 보시고요." 라고 얘기했다.

니다.

(3) 제11회 내지 제19회 피의자신문조서의 작성

피고인 이화영은 제11회부터 제18회까지의 피의자신문조서에서 쌍방울의 방북비용 대납 사실을 이재명 지사에게 보고했다고 진술했습니다. 하지만 이재명 지사에게 실제로 보고한 적이 없었기 때문에, 존재하지도 않은 사실을 구체적으로 진술하기 어려웠습니다. 또한 존재하지 않았던 사실이었기 때문에 이에 관한 김성태의 진술과도 당연히 일치할 수가 없었습니다. 그래서 수차례 면담을 해서 서로 말을 맞춘 다음 대질신문 조서를 작성하였습니다. 2023. 6. 30. 제19회 피의자신문조서를 작성하기로 했던 날, 박상용 검사가 피고인 이화영에게 종전의 조서만으로는 이재명과 연결시킬 수 없다고 말했습니다. 이에 대해 피고인이 "도대체 무엇을 더 구체적으로 진술해야 하느냐?"고 하자, 박상용 검사가 김영남 부장검사에게 다녀오더니 "보고일자와 상황을 특정해서 진술하라"고 주문하였습니다. 이런 연유로 19회 조서에 방북비용 대납에 관한 보고일시가 특정된 것입니다. **피고인은 검찰의 회유에 동조하여 허위진술을 하게 되었지만, 어떻게 해서든지 나중에 진실을 밝힐 필요가 있다고 생각하였습니다.**

피고인 이화영은 수원지검 1313호 박상용 검사실 옆에 붙은 영상녹화실에서 조사를 받았는데, 박상용 검사와 검찰수사관이 잠깐 자리를 비운 사이에 피의자신문에 입회한 이OO 변호사에게 "2019년 7월 중으로 이재명 지사에게 일정이 있는 날을 찾아 달라"고 부탁했습니다. 이OO 변호사가 자신의 스마트폰을 검색하여 "2019. 7. 29.(월) 10시에 여의도 쪽 일정이 있는 것으로 나온다"고 알려 주어, "2019. 7. 29. 월요일 10~11시경 도청사무실에서 보고했다"고 일시와 장소를 특정했습니다. 피고인 이화영은 박상용 검사가 인터넷으로 이재명의 일정을 검색할까 봐 마음을 졸였다고 합니다. 하지만 박상용 검사는 [이재명 대북송금 조작사건]이 마무리되었다고 생각하고 들떠 있었으며, 피고인에게 파티를 하자고 하였다고 합니다.

검사들의 협박과 회유에 굴복한 피고인 이화영이 쌍방울의 방북비용 대납사실을 당시 경기도지사 이재명에게 보고하였다고 허위진술을 했지만, 나중에 진실을 밝히기 위해 이재명 지사의 알리바이가

증명되는 때로 보고일자를 특정했던 것입니다. 위와 같이 피고인 이화영이 이재명 방북비용 300만불에 대해 허위진술을 할 때에도, 자신의 스마트팜 비용 500만불의 대납사실은 인정하지 않았다는 점을 주목해 주시기 바랍니다.

수사검사들은 김성태가 방북을 추진 중이었다는 사실을 알고 있었으며, 2019. 12. 1.자 300만불이 '이재명의 방북비용'이 아니라 쌍방울이 2019. 5. 12.자 합의를 이행하기 위해 지급한 돈이라는 사실도 알고 있었습니다. 김성태와 대질신문이 있었던 2023. 6. 22. 제18회 피의자신문조서를 끝내고 나서, 김성태가 피고인 이화영에게 **"3~4년 후에 제가 진실을 모두 말할 수 있잖아요. 우선 이 순간만 좀 피합시다. 부지사님이 의리 지킨다고 이재명이 살아날 수도 없어요."** 라고 말했다고 합니다(옥중노트 16쪽).

[증33_피고인 이화영의 옥중노트](16쪽)

만약 김성태가 검찰을 속인 것이라면, 검사가 옆에 있는데 "3~4년 후에 제가 진실을 말할 수 있잖아요"라고 말할 수 없었을 것입니다. 결국 스마트팜 비용 500만불 및 이재명 방북비용 300만불이 거짓이라는 사실과 대북송금이 쌍방울의 사업을 위한 계약금이라는 사실을 수사검사들도 알고 있었던 것입니다.

다. 사태의 경과

(1) 허위조서의 작성대가로 김성태가 법인카드 진술을 유보함

검사의 회유에 흔들린 이화영이 쌍방울의 대북송금을 이재명에게 보고했다는 허위진술을 하게 되었고, 그 결과물이 2023. 6.경 한 달 동안 작성되었던 제11회부터 제19회까지의 피의자신문조서입니다. 검찰은 이 조서들을 이 사건에서 증거동의를 받아 증거능력을 획득한 다음, 원래의 공격목표였던 이재명 사건에 증거로 제출할 계획이었습니다.

이후 2023. 7. 4. 공판검사는 [검찰의견서20](김성태에 대한 증인신문 필요성)을 통해 김성태를 증인신청하고, 2023. 7. 11.자 공판에서 김성태에 대한 증인신문을 행했습니다. 여기서 검사는 피고인 이화영의 공소사실에 대한 의견이 바뀌었다는 진술도 하였습니다. 원래 김성태의 증인순번은 외국환거래법 사건의 증인 109명 중에 66번이었는데(검찰의견서17), 이재명 사건에 제출할 증거를 신속히 만들 심

산으로 김성태에 대한 증인신문을 앞당긴 것입니다. **특기할 만한 일은 종전에 방용철이 '이화영에게 법인카드를 지급했다'고 주장한 부분에 관해 김성태가 나중에 진술하겠다고 보류했다는 점입니다.**

2023. 7. 11. 김성태는 "저도 좀 헷갈리고"라고 운을 떼어, 나중에 진술을 번복하기 위한 단초를 만들어 놓았습니다. 방용철이 검찰 조사 때에는 법인카드를 문OO에게 주었다고 했다가, 이 사건 법정에서 이화영에게 주었다고 번복했기 때문에, 이 부분을 다시 번복해야 해서 그 준비를 했던 것입니다. **사실 무엇보다 피고인 이화영으로 하여금 2023. 6.경에 작성한 9개의 피의자신문조서에 대해 증거동의를 강제하려는 검찰의 의도에 기인한 것입니다.** 즉 이재명에게 대북

[2023. 7. 11.자 김성태 증언녹취서] (5쪽)

검 사 :	증인은 피고인 이화영에게 2018. 7.경부터 2021. 10.경까지 법인카드를, 2020. 3.경부터 2021. 7.경까지 법인차량을 공여한 사실이 있는가요?
김성태 :	뇌물 관련된 것은 제가 지금 다 기억을 더듬을 수 없어서 다음 기회에 진술하겠습니다.
검 사 :	증인은 문OO이라는 사람에 대해서 아는가요?
김성태 :	그 부분도 다음에 진술하겠습니다.
검 사 :	문OO이라는 사람을 아는지 모르는지는 증인의 뇌물 사건과 직접적으로 연결되는 것도 아니고 범죄사실도 아닌데 진술할 수 있는 것 아닌가요?
김성태 :	저도 좀 헷갈리고… 다음에 기회 만들어서 다시 한 번 진술하겠습니다.

송금을 보고했다고 진술한 피의자신문조서에 대해, 피고인 이화영으로부터 증거동의를 받은 연후에 "법인카드는 문OO에게 지급되었다"고 진술을 번복하게 하는 것이 검찰의 계획이었고, 애초의 거래조건이었습니다.

(2) 이른바 '법정 부부싸움'의 경위

2023. 7. 18.자 공판에서 이 사건 재판장이 "지난 2023. 7. 11.자 재판 때 검사가 추가 증거를 내면서 피고인 측이 기존 공소사실에 대한 입장에 변동된 부분이 있다고 했는데 변호인이 그 부분에 대해 말해줄 수 있느냐"고 질문했습니다. 이에 당시 변호인이었던 법무법인 해광 서민석 변호사가 "그 동안 피고인은 쌍방울 그룹의 경기지사 방북비용(300만 달러)에 대해 '전혀 모르는 일이고 관여하지 않았다'는 입장이었는데 (최근 검찰 조사에서) '쌍방울에 방북 요청한 사실이 있다'고 진술했다"고 밝혔습니다. 이에 대해 피고인 이화영의 부인 백씨가 2023. 7. 18. 민주당에 탄원서를 보내 "남편이 고립된 채 심리적 압박을 받고 있다"며 진술의 신빙성에 의문을 제기했습니다. 그러나 아무런 도움을 받지 못한 백씨는 서민석 변호사가 검찰의 회유에 가담했다고 판단하고, 2023. 7. 24. 변호인 해임신고서를 법원에 제출했습니다. 그런데 아직 검사와의 거래에 미련이 있었던 피고인은 2023. 7. 25.자 공판에서 "변호인 해임신고서는 내 의사가 아니다"라며 인정하지 않았습니다. **그러자 부인 백씨가 방청석에서 일어나 "이게 이화영 재판이냐 이재명 재판이냐? 당신 정신 똑바로 차려**

라"라며 남편에게 호통 쳤습니다. 이 말은 '검찰이 이재명 재판에 사용할 증거를 만들기 위해 이화영을 도구로 사용하고 있다는 사실을 깨달아라!'라고 부인 백씨가 남편에게 소리친 것이었습니다. 그 뒤 변호인이 불출석한 상태로 2023. 7. 25.자 공판이 파행되었고, 그 다음 2023. 8. 8.자 공판에 출석한 변호인 법무법인 덕수 김형태 변호사가 종전 '대북송금을 이재명 지사에게 보고했다'는 내용의 9개의 피의자신문조서의 임의성 및 내용을 부인하는 증거의견서 및 기피신청서를 제출했습니다. 나아가 검찰의 압박으로 인한 피고인의 허위자백으로 변론이 어렵다는 이유로 변호인 사임서를 제출하였습니다. 이에 검사가 "의견서가 피고인과 상의된 것인지 확인해 달라"고 하니까 김형태 변호사가 검사에게 "당신이 변호사냐"고 따졌고, 재판부가 큰 소리로 제지하자, 김형태 변호사가 재판부에 "왜 소리를 지르느냐. 예의를 지켜라"고 항의하고서 중도에 퇴정했습니다. 이에 재판부가 피고인 이화영에게 김형태 변호사의 증거의견서에 대해 묻자, 이때까지도 검사와의 거래에 미련이 있었던 피고인 이화영이 '모르는 내용'이라고 하여, 9개의 피의자신문조서에 대한 증거의견은 뒤로 미루어졌습니다. 그리고 나서 변호인이 선임되지 않아 재판이 공전되었습니다.

그러던 와중에 피고인은 종전의 허위진술에 대해 양심의 가책을 느끼게 되었고, 결국 다시 '진실의 편'에 서기로 어렵게 마음먹었습니다. 그 뒤 2023. 9. 4. 선임된 변호인 김광민 변호사를 통해서, 종전 제11회 내지 제19회 피의자신문조서에 대해 임의성 및 내용을 부인하는 증거의견을 2023. 9. 7.에 제출하고, 지금에 이르게 되었습니다.

라. 소결

여기까지가 2023년 7~8경 언론이 가십gossip으로 다루었던 이 사건 재판의 파행 과정입니다. 언론은 '법정 부부싸움'이라고 부르면서, 남편 이화영이 진실을 말하려고 하는데 이재명의 적극지지자인 아내 백씨가 이재명을 위해 남편을 희생시키려는 것처럼 묘사했습니다. 나아가 민주당이 아내 백씨를 조종해서, 이 같은 사태를 만든 것처럼 표현했습니다. 그러나 남편을 사지에 몰아넣는 부인이 도대체 어디에 있겠습니까? 오히려 백씨는 남편을 오직 '진실의 편'에 서게 하려고 노력했던 것입니다. 이러한 과정을 거치면서 피고인 이화영 역시도 허위진술에 대해 가책을 느끼고 지금에 이르게 된 것입니다. 쌍방울 그룹의 대북송금 사건은 김성태가 나노스의 남북경협 사업을 가시화하여 주가 상승을 견인하기 위해 북한에 돈을 지급한 것이었습니다. 이 사건 수사검사들은 이 같은 사실을 알면서도 이재명이 대통령이 되려는 목적으로 방북비용을 지급한 것이라고 사건을 조작했습니다. 그런데 이재명을 연결시키기 위한 증거가 없었던 수사검사들이 피고인 이화영에게 허위진술을 요구했습니다. 당시 수사검사는 피고인에게 "대북송금에 대해 당신 혼자 다 뒤집어쓴다."고 위협했습니다. 결국 협박과 회유에 넘어간 결과물이 [제11회부터 제19회까지의 피의자신문조서]입니다.

하지만 쌍방울의 대북송금 사실을 피고인이 몰랐던 것처럼 이재명 지사도 대북송금 사실을 당연히 몰랐습니다. 그런 이재명 지사에게 방북비용을 보고했다고 허위 진술을 한 피고인 이화영은 인간적인 고뇌에 빠질 수밖에 없었습니다. 1980년 김대중 내란음모 조작사건에서 김대중으로부터 돈을 받았다고 허위 진술한 유시민이 떠올랐다고 합니다. 오랜 고뇌 끝에 피고인은 자신의 안위를 위해 역사에 거짓을 남길 수는 없다고 결심했습니다. 피고인은 '진실의 편'에 서야 한다고 마음을 다잡고, 그 뒤 [제11회부터 제19회까지의 피의자신문조서]를 부동의 하면서 검찰의 '이재명 대북송금 조작사건'을 무산시켰습니다. 이에 대해 검찰은 일방적인 주장이라고 폄훼貶毁하고 있습니다. 그러나 "2019. 7. 29.(월) 10시경 이화영이 '도지사의 방북비용'에 관해 이재명에게 보고했다"는 제19회 조서는 거짓인바, 왜냐하면 이재명 지사가 당시에 여의도 국회의원 회관에 있었기 때문입니다(증32). 피고인들이 진술을 번복하고, 거짓말을 반복하는 상황에 판사님들께서 익숙해져 있다는 사실을 알고 있습니다. 그런데 그러한 거짓말의 대부분은 다른 사람에게 책임을 떠넘기는 것입니다. 그러나 피고인 이화영은 이재명에게 범죄를 떠넘기려다가 멈추었다는 사실을 주목해 주시기 바랍니다. "도대체 피고인 이화영이 왜 이 같은 허위 진술을 하였을까?" 그리고 "왜 다시 진술을 번복했을까?"라는 의문을 가지시고, 이 사건 전체를 조망해 주시길 바랍니다.

'2023년 6월경에 피고인에게 무슨 일이 있었기에, 이런 거짓 진술을 하였을까?'라는 의문에서 출발하여, 이러한 거짓 조서가 작성된 뒤에 김성태가 '이화영에게 법인카드가 지급되었다'는 종전 진술을 번복할 기미를 보인 사실을 주목해 주시길 바랍니다.

제 2부

[이화영 제1심 변론요지서]
외국환거래법 위반죄의 성립여부

1
'이재명 방북비용'에 관한 후견편향

가. 법적 판단에 있어 인지적 오류와 후견편향[11]

근대의 인식론은 인간이 불확실한 상황에서 판단을 할 때에 합리적 이성을 바탕으로, 논리적인 알고리즘적 과정을 거친다고 생각했습니다. 그런데 20세기 후반 대니얼 카너먼 Daniel Kahneman 등의 인지과학자들은 인간의 인지과정에 편향과 인지적 오류가 함께 병존한다는 것을 밝혔습니다. 사법정책연구원이 2020년 발표한 [법적 판단에 있어 인지적 오류와 극복방안]이라는 논문(증38)은 사법과정에서 법관과 검사의 인지적 오류의 위험성을 지적하고 그 극복방안으로 인지과학이론을 적용하였습니다. 최근 미디어에서 소개된 '확증편향'이라는 개념이 인지과학이론에 기초한 것으로, 그 외에 후견편향,

---

[11] 「법적 판단에 있어 인지적 오류와 극복방안」, 이종엽, 사법정책연구원(2020)

상관성 착각, 휴리스틱 등의 개념이 있습니다. 인지적 오류의 영역은 인과관계이론이나 객관적 귀속이론과 같은 전통적인 형법이론으로 포섭할 수 없는 문제라는 점에서, 인지과학이론의 개념들을 이 사건에 차용하였습니다.

후견편향後見偏向, Hindsight Bias이란 어떤 사건이 일어난 후에 발생한 사건을 원래의 사건에 통합하여 사전에 예견할 수 있었을 것이라는 확률을 과장해서 판단하는 현상을 말합니다(증38②). 후견편향은 어떤 정보가 사건 발생 후의 정보임에도 널리 알려져 있었던 계기로 원래 정보에 통합되어 인지적 편향을 일으키면서 발생합니다. 위 논문은 "일상생활에서는 사후적으로 과거의 어떤 사건이 그 시점에서 발생할 가능성을 판단할 필요가 거의 없지만, 법원은 사후적으로 사건에 관한 책임을 판단하는 일이 일상이기 때문에 후견편향에 특히 취약하다"고 지적하면서(114쪽), 사건이 일어난 후와 그 사건이 일어나기 전을 명확히 준별할 것을 요구하였습니다. 요컨대 인지적 오류로서의 후견편향에서 벗어나려면 사후정보를 배제하고, 사건이 발생한 시점을 기준으로 엄정하게 판단해야만 합니다.

나. 검찰이 2019. 10.경 이재명 지사가 피선거권을 박탈당할 상황이었다는 정보를 망각함

2019. 9. 6. 이재명 지사는 공직선거법 허위사실공표죄 항소심에서 300만 원의 벌금형을 선고받아, 도지사 당선무효뿐 아니라 향후

[증39_2019.09.06.자 조선일보]

> **'당선무효형' 이재명, 말없이 법원 빠져나가..**
> **"판결무효" vs "구속해야"**
> 2019. 9. 6. 15:54
>
> 이재명 지사, 2심서 벌금 300만원 '당선무효형'
> 질문에 '묵묵부답' 법원 빠져나가
> 지지자·반대자 희비 엇갈려…"판결무효"vs"구속해야"

대통령선거에서의 피선거권도 위태로운 상황이었습니다. 왜냐하면 선거법으로 100만 원 이상의 벌금형을 선고받고 그 형이 확정된 후 5년이 경과하지 아니한 자는 공직선거법 제18조제1항제3호 및 제19조제1호에 따라 선거권 및 피선거권이 없기 때문입니다.

2019. 10.~12.경의 시점을 기준으로 이재명 지사가 나중에 대법원에서 무죄판결을 받을 것이라고 아무도 예상하지 못했으며, 대부분 이재명의 정치생명이 사실상 끝났다고 평가했습니다. 그랬던 연유로 피고인도 2019. 11.경 부지사직을 사임하고 국회의원 선거를 준비했던 것입니다. 이재명 지사에게 미안하고 안타깝지만, 각자도생을 모색하지 않을 수 없었다고 합니다.

예를 들어, 2024. 4. 현재 조국혁신당 대표 조국이 비례대표로 국회의원이 될 것을 누구나 예상하며, 대법원에서 유죄판결을 받을 것

[2020.07.16.자 경향신문]

경향신문
이재명 기사회생…대법원 '친형 강제입원 허위사실 공표' 무죄 취지 파기환송
이혜리·경태영·김형규 기자 lhr@kyunghyang.com
2020.07.16 20:54

또한 당연히 예상하고 있습니다. 조국은 자신이 대법원 판결로 구속되면 다음 순번이 비례대표를 잇는다는 전제로 선거운동을 하였으며, 이러한 상황을 혁파할 것을 자기 정당의 모토로 삼고 있습니다. 즉 조국이 구속되었다가 형을 종료한 후에 다시 정치를 할 것이라는 예측은 보편적인 인식입니다. 왜냐하면 조국은 조국혁신당이라는 '하나의 정당'으로서 자신의 정체성을 확보하고 있기 때문입니다. **그러나 이재명에 대해서는 공직선거법위반죄가 대법원에서 확정되어 5년간 피선거권이 박탈될 것으로 예측되었고, 이로써 2019. 9. 6. 기준으로 이재명의 정치생명은 사실상 끝났다고 예상하였습니다.** 왜냐하면 2019년의 이재명은 2024년의 조국과 달리 '개인'에 불과했고, 민주당 내에서도 '아웃사이더'였습니다.

2019. 9. 6.자 기사(증39)를 보면, 당시 이재명 지지자가 "민주당은 해체해야 한다"고 고성을 질렀다고 합니다. 민주당이 이재명을 적극적으로 옹호하지 않았다고 생각했기 때문입니다. **이러한 연유로 2020. 7. 16.경 대법원이 이재명 지사에 대해 무죄취지로 파기했을 때에, 기적적으로 생환했다고 모든 평론가들이 평가했습니다**(증40).

다. 무죄판결 및 대통령후보로 선정된 사후정보로 인하여 후견편향이 발생함

요컨대 2019. 10.~12.경 이재명 지사가 받은 항소심 판결이 대법원에서 무죄 취지로 파기될 것이라고 아무도 예상하지 못했습니다. 그런데 어느 누구도 이재명의 정치 재기를 예상하지 못했던 2019. 10.~12.경에, 오직 김성태만은 이를 예견하고 아무런 보상 없이 이재명을 위하여 방북비용을 북한에 전달했다는 것이 이 사건 공소사실의 요체입니다. 그러나 이윤을 보고 행동하는 장사꾼인 김성태가 도지사직 상실 및 향후 피선거권 박탈에 해당하는 형벌을 받은 이재명을 위하여, 2019. 12. 1. 조선아태위에 '이재명 방북비용 300만불'을 전달했다는 주장은 명백한 거짓일 수밖에 없습니다. 왜냐하면 이 사건기록에 의하면 방북비용 300만불에 대해 이재명이 김성태에게 약속한 보상이 없기 때문입니다. 얼굴도 본 적도 없고, 전화통화도 한 적 없는 이재명을 위해, 아무런 대가도 없이 300만불을 대신 지급했다는 주장은 너무나 비상식적입니다. 이재명 경기지사는 2019. 10.~12.경 도지사직 상실 선고형에 따라 국가에 반환해야 할 선거비용, 즉 국고보조금 50억 원을 어떻게 마련할지를 수차례에 걸쳐서 대책회의를 했다고 합니다. 이 대책회의에 피고인 이화영도 당연히 참석했습니다. 2019. 10.~12.경 이재명이 반환해야 할 국고보조금 조달에 대해 대책회의를 했다는 사실은 이재명마저도 자신의 정치적 재기를 예상하지 못했다는 것을 의미합니다. 그런데 그런 시기에 김성태가 이재명의 방북을 위해 북한에 300만불을 지급했다는 주장은 이재명 자신도 상상하지 못한 그의 정치적 재기를 김성태는 예견했다는 주장이 되는 것입니다.

이러한 명백한 거짓이 아무 거리낌 없이 주장될 수 있었던 것은 **이재명에 대한 대법원 무죄판결과 이재명이 민주당 대통령후보로 선정된 사후의 정보가 너무나도 널리 알려진 정보였기 때문에, 이 정보들이 사건 발생 당시인 2019. 10.~12.경으로 자연스럽게 통합되어 인지적 오류를 일으킨 것입니다.** 바로 '후견편향에 의한 인지적 오류 사례'입니다. 검사들은 후견편향에 빠져 2019. 9. 6. 이재명이 도지사직 당선무효 및 확정 후 5년간 피선거권 박탈에 해당하는 형벌을 선고 받은 사실을 망각했던 것입니다.

2

스마트팜 비용에 관한 후견 편향

가. '김성혜의 스마트팜 비용 요구'는 대북제재 해제가 불가능하다는 전제에 서 있는 것

2018. 12.경에 북한의 김성혜가 피고인에게 스마트팜 비용을 요구했다는 것은 대북제재 해제가 불가능하다는 전제에 서 있는 것이었습니다. 그런데 그 시기를 기준으로 판단하면, 국정원 직원 김OO의 증언처럼 "하노이 회담 직전까지는 7내지 8할 정도는 대북제재가 해제되는 것으로 생각했던 분위기"였습니다. 왜냐하면 김OO의 진술 그대로 "하노이까지 온다는 것은 양측에서 어느 정도 물밑 합의가 있었다고 보는 것이 공통된 시각"이었던 것이기 때문입니다(2023. 6. 20.자 국정원직원 김OO 증언녹취서 27쪽).

김성혜는 바로 북미회담을 성사시킨 장본인이므로, 2018. 12.경을 기준으로 김성혜가 대북제재 해제에 대해 부정적이었다고 말한다면, 그 자체로 모순이 아닐 수 없습니다. 요컨대 김성혜는 북미회담 거마비를 벌기 위해 '스마트팜 비용'을 핑계로 대남공작 사기사건을 벌인 것입니다. 나아가 김성혜는 500만불을 2019. 5. 12.자 합의서의 계약금으로 표시하지 않고 스마트팜 비용이라고 내세움으로써, 향후 합의서가 이행되지 않았을 때에 계약금을 돌려주지 않아도 되는 명분을 만들었던 것입니다.

나. '하노이회담 결렬'이라는 사후정보로 인하여 후견편향에 빠진 것

검찰은 스마트팜 비용의 전제사실, 즉 2018. 12.경의 시점에서의 대북제재 해제를 부정적으로 보고 있습니다. 이렇게 바라보는 이유는 2019. 2. 28.자 하노이 회담이 결렬되었던 사후의 정보를 기준으로 바라보았기 때문이며, '후견편향의 오류'에 해당합니다. 따라서 '하노이 회담 결렬'이라는 사후정보를 배제하고, 철저하게 2018. 12.경의 시점을 기준으로 바라보면, 당시에 경기도가 스마트팜 사업의 착수를 하노이 회담 뒤로 미루는 것이 오히려 자연스럽습니다. 북미정상회담이 성공하면, 대북제재 해제는 당연한 수순이기 때문입니다. 요컨대 이 사건 공소의 비상식성과 비합리성은 이 같은 후견편향에 의한 인지적 오류로부터 기인한 것입니다.

3

스마트팜 비용 및 이재명 방북비용을 정치적 이익과 연결시킨 오류

가. '상관성 착각'에 의한 인지적 오류

'상관성 착각$_{\text{illusory correlation}}$'[12]이란 연관되지 않은 두 변수를 상관되어 있는 것처럼 잘못 판단하는 현상을 말합니다(증38-③). '상관성 착각'은 근본적으로 세상에 의미를 부여하려는 인간의 본능적 성향으로부터 기인합니다. '상관성 착각'이 문제되는 이유는 관련이 없는 두 변수를 서로 관련이 있다고 오해함으로써 그 반증$_{反證}$에 주의를 기울이지 못하고, 그 결과 정작 실재하는 관계를 파악하기 어렵게 한다는 데에 있습니다.

---

[12] '상관성 착각(illusory correlation)'이란 즉 '실체가 없는 또는 가공의 상관관계'라는 뜻으로, illusory correlation은 '상관성 착각'이라고 번역되고 있습니다.

나. 대북사업에 정치적 이익 및 정치적 책임이 존재하지 아니함

이 사건 공소는 피고인 이화영이 스마트팜 사업을 성사시키지 못한 것 때문에 김성혜에 대해 정치적 책임을 느끼고, 쌍방울로 하여금 대신 스마트팜 비용 500만불을 납부하게 함으로써 경기도의 대북사업을 성공시켜 정치적 이익을 얻으려고 하였다는 전제에 서 있습니다. 2018. 10.경에 피고인이 남북경협사업을 제안한 것에 대해, 한 달 만에 그 완성을 요구하는 것은 상식에 어긋납니다. 당시 피고인뿐 아니라 대부분의 관계자들은 2019. 2.경에 예정된 북미정상회담을 통해 대북제재가 완화될 것으로 전망하고 있었습니다. 그런데 검찰이 공소사실에 전제한 정치적 책임이나 정치적 이익은 존재하지 않습니다. 이재명과 피고인 이화영의 유권자는 북한주민이 아닌 대한민국 시민으로, 경협사업이 성사되지 않아도 차기 선거에서 아무런 책임을 지지 않으며, 설령 성공했다고 해서 특별한 이익이 있는 것도 아닙니다. 남북경협사업의 좌초는 국제관계의 긴장으로 인한 것이므로, 그러한 긴장을 야기한 경우가 아닌 바에, 이로 인해 정치적 책임을 질 이유가 없습니다. 한편으로 그 사업을 성공리에 마무리하였다고 하더라도 그로 인해 특별한 정치적 프리미엄을 얻지는 못합니다. 손학규, 김문수, 남경필, 이재명에 이르는 역대 경기지사는 항상 남북경협사업과 방북을 추진했습니다. 이는 경기도가 북한과 인접해 있기에 그러한 것일 뿐, 그 이상이하도 아닙니다. 또한 지금까지 방북에 성공한 도지사 중에 대통령은커녕 후보에 오른 사람도 없습니다.

요컨대 남북경협사업과 방북을 '정치적 이익' 또는 '정치적 책임'으로 연결시킨 것은 논리적으로 관련 없는 두 변수를 관련 있는 것으로 오해한 인지적 오류로서, '상관성 착각'illusory correlation에 해당합니다. 더구나 2019년은 이재명에게 진행 중인 형사공판이 있었고, 당시 이재명은 보수당과 검찰로부터 끊임없이 공격당하고 있었으며, 민주당의 다른 정치인들로부터도 견제를 받았던 상황이었습니다. 심지어 2019. 9. 6.에는 도지사직 당선무효 및 확정 후 5년간 피선거권 박탈에 해당하는 형벌을 선고 받았습니다. 이렇게 이재명의 정치적 지위가 불안한 상황에서, 그 정치적 이득이 불분명한 남북교류사업과 방북을 위해 불법적인 방법으로 북한에 돈을 전달했다는 이 사건 공소는 상식에 위배되는 것입니다. 김성태와 쌍방울 그룹이 자신의 사업을 위해 북한에 계약금을 지급한 것임에도, 이를 모면하기 위해 경기도에게 책임을 전가하는 것이라고 보는 것이 합리적인 추론입니다.

4

이재명에게
방북비용 대납을 보고했다는
피고인 진술의 허위

2024. 4. 4.자 검찰의 피고인신문 중 재신문사항 43~44항에서, 검찰이 확인한 이○○ 변호사의 주장에 의하면, 2019. 7. 29. 오전 10시에 이재명의 여의도 일정이 있었다는 사실을 이○○ 변호사가 알려준 것이 아니고, 피고인 이화영이 이미 알고 있었으며, 이○○ 변호사는 피고인이 진술한 이후에 나중에 확인하였다고 합니다. 그러나 2019. 7. 29.자 이재명 지사의 여의도 일정이 있다는 사실을 피고인이 미리 알고 있었는지 아니면 이○○[13] 변호사가 이 날짜를 찾았

---

[13] 본 변호인이 국회에 [수원지검 검사 김영남, 박상용 탄핵소추에 관한 청원]을 제기하고 나서, 피고인의 아내 백정화 씨를 통해 이○○ 변호사에게 국회 탄핵심판절차에서 증인을 서줄 것을 부탁했습니다. 그러나 이 변호사는 제발 자신을 이 사건에서 빼달라고 울면서 부탁하였습니다. 20대 중반의 1년차 여자변호사가 세간의 관심이 집중된 사건의 중심에 서는 것이 너무나 두려웠던 것입니다. 아마도 그랬던 탓에 이재명 지사의 알리바이 날짜를 찾은 사람이 자신이 아니라, 피고인 이화영이었다고 변명한 것으로 추측됩니다. 이 변명이 상식에 어긋나는 것임은 물론입니다.

는지 여부는 이 사건에서 전혀 중요하지 않습니다. '도지사 방북비용을 쌍방울이 대납하기로 했다고 2019. 7. 29. 아침 10시경에 피고인이 경기도청에서 이재명 경기도지사에게 보고했다'는 진술이 거짓이라는 사실이 이 사건의 핵심입니다. 5년 전 7월 29일 오전 10시에 이재명 지사가 여의도에서 일정이 있었다는 사실을 피고인이 기억하고 있었다는 이OO 변호사의 주장은 상식에 부합하지 않습니다. 어찌 되었든지 이 변호사의 변명이 옳은지 그른지를 떠나서 2019. 7. 29. 오전 10시에 이재명 도지사가 경기도청에 있었던 것이 아니고, 여의도 국회의원 회관에 있었다는 사실은 다툼의 여지가 없으며, **명백한 진실입니다.** 피고인이 이재명 지사의 알리바이가 있는 시기를 특정해서 방북비용 대납에 관해 보고했다고 진술한 것은 나중에 진실을 밝히고 싶었던 양심의 발로였습니다. 피고인은 '1980년 김대중 내란음모 조작사건'에서 김대중으로부터 데모자금을 받았다고 허위 진술한 유시민이 떠올라 너무나 고통스러웠다고 고백했습니다.

5

조선아태위가 금융제재대상자에 해당하는지 여부

가. 기획재정부 고시의 해석

기획재정부 고시 [국제평화 및 안전유지 등의 의무이행을 위한 지급 및 영수허가지침]의 문언 구조를 살필 때에, 금융제재 대상자에 관한 규정은 열거적 규정으로 해석해야 하며, 기획재정부도 마찬가지로 보고 있습니다(회신 6쪽). 따라서 제2016-46호 기재 '조선노동당'은 산하기관을 포함하지 않는 '협의의 개념'으로, 그러한 취지에서 '당 중앙군사위원회'와 '당 선전선동부'가 별도로 기재된 것으로 보아야 합니다. 또한 조선아태위도 기획재정부 고시에 명시적으로 기재되어 있지 않으므로 금융제재대상자라고 볼 수 없습니다.

나. 단체는 금융제재대상자가 아니지만
   단체의 대표자가 금융제재대상자인 경우의 문제

　　조선아태위는 금융제재대상자가 아니지만 그 대표자가 금융제재대상자라는 점에서 논란의 여지가 있으며, 이에 대해 기획재정부 담당자는 사전심사의 대상이 될 수 있다고 진술하였습니다. **이 문제는 한국은행과 기획재정부의 사전심사의 범위와 법원의 사후심사의 범위가 과연 일치하는지 여부로 살펴야 합니다.** 사전심사의 경우에는 위험을 방지하기 위해 최대한의 고려를 할 필요가 있다는 점에서 그 심사의 폭을 넓게 볼 수 있다고 해석할 수 있습니다. 반면에 법원의 사후심사는 당사자가 테러지원 자금으로 사용될 목적으로 금융제재대상자와 거래하였는지 여부로 심사의 폭을 엄격하게 해석해야 할 것입니다. 왜냐하면 죄형법정주의의 영역에 있기 때문입니다. 다만 쌍방울그룹의 800만불의 대북송금은 쌍방울그룹 자신의 사업을 위한 것으로, 피고인 이화영은 이 사건 재판 이전에는 쌍방울그룹의 대북송금 사실을 알지 못했다는 점을 주지해 주시기 바랍니다.

6
외국환거래법위반죄의 무죄

　외국환거래법 제29조제1항제4호 및 동법 제17조의 신고를 하지 아니하고 외국환을 지급한 점에 있어서, 쌍방울그룹이 지급한 500만불은 경기도의 스마트팜 사업과 관련이 없고 2019. 5. 12.자 쌍방울-민경련 합의서의 계약금에 해당하며, 300만불은 이재명의 방북비용이 아니라 김성태의 방북비용으로 피고인과 무관하므로, 형사소송법 제325조 소정의 '범죄사실의 증명이 없는 경우'에 해당하여 무죄로 선고되어야 할 것입니다.

제 3 부

[이화영 제1심 변론요지서]

특가법위반(뇌물)죄 및 정치자금법 위반죄 성립여부

1
뇌물죄의 공소요지

가. 경기도 평화부지사 재직 중의 뇌물죄(모사건 공소장 8~9쪽)

피고인은 2018. 7.경부터 2020. 1.경까지 경기도 평화부지사로서 평화협력국과 소통협치국을 관장하면서, 남북교류협력사업 총괄 기획 및 조정, 남북 경제협력사업 지원, 통일경제특구유치 및 개발, DMZ 보전개발 정책, DMZ 관련 관광활성화 등 경기도의 대북관련 업무를 총괄하는 지위에 있던 사람이다. 피고인은 **쌍방울 그룹이 향후 진행하려고 하는 대북사업의 원활한 추진에 도움을 주는 대가로**, 김성태와 방용철로부터 (주)쌍방울 법인카드를 제공받아 직접 사용하거나 문OO에게 사용하게 하였다.

나. (주)킨텍스 대표이사 재직 중의 뇌물죄(모사건 공소장 10쪽)

피고인은 2020. 9. 1.경 경기도 산하 공기업인 (주)킨텍스 대표이사로 취임하여 전시, 컨벤션 센터의 건립 및 운영 계획 수립, 관리 운영 및 임대, 국내외 전시회 및 회의 개최, 전시 컨벤션 센터 활성화를 위한 업무를 총괄하게 되었다. **쌍방울 그룹은 킨텍스 호텔 건립사업, 킨텍스 태양광 시설 건립사업, 남북교류사업 등과 관련하여 피고인으로부터 도움을 받고자**, 쌍방울 그룹이 사용대금을 지급하는 신용카드를 피고인이 계속해서 사용할 수 있도록 제공하고, 문OO을 (주)쌍방울에 직원으로 계속 허위 등재하여 급여를 지급하였다.

피고인과 문○○의 관계에 관한 공소사실의 문제점

가. 피고인과 문OO의 관계에 관한 검찰의 주장

검찰은 공소장에서 "문OO은 피고인과 1990년대 초반부터 이상수 의원 지역구 사무실에서 함께 근무하였고 그 이후 각종 선거캠프에서 함께 근무하였으며, 오랜기간 피고인의 정치활동에 대한 비서 업무를 맡아주고, 그에 대한 대가로 피고인으로부터 생활비 지원을 받아온 피고인과 밀접한 관계에 있는 사람이다"라고 적시했으며, 의견서나 신문과정에서는 문OO을 피고인의 '사적 수행비서'라고 표현했습니다. 검찰은 더 나아가 피고인과 문OO이 연인관계인 것 같은 오해를 불러일으키도록 증거를 편집하였습니다. 편향적인 증거 적시와 편집에 대해서는 뒤에서 상세하게 설명하겠습니다.

나. 김성태가 문OO에게 법인카드 및 급여를 지급한 이유

2018. 6.경 김성태가 피고인 이화영에게 정치권 인사들을 연결하고 대관업무를 담당할 실무자를 추천해달라고 해서, 피고인이 문OO을 추천했습니다. 문OO은 2006년 이광재 전 국회사무총장이 대표였던 의정연구센터의 총무간사였고, 2008년에는 안희정 전 충남도지사가 위원장이었던 참여정부평가포럼의 총무간사였으며, 2010년에는 한명숙 서울시장후보의 업무팀장, 2012년에는 제18대 대통령선거 민주당 문재인후보 경선캠프 재무팀장, 2017년에는 제19대 대통령선거 더불어민주당 문재인후보 교육특보를 역임했습니다(증34-①_문OO의 이력서). 더구나 2018년은 문재인이 대통령으로 청와대에 입성한 시기였으므로, 제18대 선거의 경선캠프 재무팀장, 제19대 선거에서 교육특보를 맡았던 문OO이 쓸모가 많을 것이라고, 김성태가 생각했던 것입니다.

문OO은 정치인도 아니고 공무원도 아니어서 법적으로 위험하지 않으면서, 안희정, 이광재 및 문재인 정부 청와대 주요 인사들과 두터운 인맥을 가지고 있는 실무자였기 때문에[14], 피고인이 김성태에게 소개했을 때에 김성태가 대단히 흡족해 했다고 합니다. **다만 문OO을 로비스트로 활용할 목적이었기 때문에 김성태가 방용철에게만**

---

14 안희정의 참여정부 평가포럼의 간사(증가34②), 18대 민주통합당 대통령후보 문재인 캠프의 재무회계팀장(증가34③), 19대 더불어민주당 대통령후보 문재인 캠프의 교육특보(증가34④) 등의 경력을 가지고 있었습니다.

"법인카드를 문○○에게 줘라"라고 말했을 뿐, 자세한 내막을 자신의 직원들에게 설명하지 않았던 것입니다. 결국 쌍방울 임직원들은 문○○을 '이화영의 지인 또는 이화영의 대리인'으로 오해할 수밖에 없었던 것입니다. 그러한 오해가 쌓여 문○○에게 지급된 법인카드와 급여를 쌍방울 임직원들이 '피고인 이화영에 대한 뇌물'로 오인하게 되었던 것입니다.

[2023. 3. 14.자 문○○ 증언녹취서] (21~22쪽)

> 검 사 : 피고인 방용철은 증인에게 법인카드를 건네준 사실이 없고, 피고인 이화영에게 직접 법인카드를 건네주었다고 진술하는데, 증인이 법인카드를 건네받은 것이 맞는가요?
> 문○○ : 맞습니다.
> 검 사 : 쌍방울그룹은 사기업으로 이윤추구가 목적인데, 증인에게 아무런 대가 없이 법인카드를 제공할 이유가 있는가요?
> 문○○ : 일을 한 것을 말씀하시면 제가 그렇게 얘기해야 되지만 그렇지 않습니다. 회사에서 정치 쪽에 있는 실무자, 아니면 연결될 사람들을 쌍방울에서 찾았고 원했다고 저는 그렇게 알고 있었습니다. 저를 소개해 줬다고 들었습니다.
> 검 사 : 누가 소개시켜주었다고 들었나요?
> 문○○ : 소개시켜 준 것은 이화영 피고인이 맞습니다.
> 검 사 : 피고인 이화영이 증인을 쌍방울그룹에 소개시켜주었다는 것인가요?
> 문○○ : 처음에는 그랬던 걸로 알고 있습니다. 쌍방울에서 그런 사람을 원해서 저에 대해서 말을 했는데, 그쪽에서 좋아했다고 들었습니다. 제가 그 얘기를 들었던 게 2017년인지 2018년인지 지금 기억이 안 나는데, 대선 끝나고 들었으니까 2018년이었던 것 같습니다. 제가 대선에 합류를 못했다는 것도 알고 계셨습니다. 그쪽에서 정치적 연결

> 고릴 원했는데, 저는 그 일을 10년 이상 하면서 안희정 지사를 모셨던 적도 있고, 실무를 계속 했기 때문에 그쪽에서 저를 좋아하셨습니다. 제 입장에서는 '일이 없다'라고 말할 건 아니라고 생각합니다. 충분히 제 경력으로도 가능한 부분이었다고 생각합니다.
>
> **검 사**: 정치적 영향력만 따지면 증인보다 피고인 이화영이 훨씬 더 정치적 영향력이 있는 사람 아닌가요? 피고인 이화영한테 주면 될 텐데, 굳이 증인한테 줄 이유가 있는가요?
>
> **문OO**: 그 이유를 저한테 물어보시는 건가요? 그런데 어느 기업이나 중간에 그런 실무자들을 찾는 곳은 많습니다.

문OO의 경력[15]으로 가능할 수 있듯이, 김성태는 당시 문재인 청와대 인사들을 연결하고 대관업무를 담당할 실무자로 문OO을 선택했으며, 그러한 목적으로 문OO에게 이 사건 법인카드와 급여를 지급했습니다.

다. '사적 수행비서 또는 연인관계'라는 검찰 주장에 대한 반박

(1) 휴리스틱의 편향과 인지적 오류

근대의 인식론은 인간이 어떤 대상을 인지하고 불확실한 상황에

---

[15] 선종업 명의의 제2카드를 받았던 2018년 당시에 문OO은 건국대학교 교육학 석사과정에 입학했고, 2021년에는 석사를 수료하고 박사과정을 시작하여 2024년 2월에는 박사과정을 수료하였습니다. 문OO이 피고인의 사자(使者)도 아니고 단순업무자도 아니었다는 사실을 증명하기 위해 각 학적증명서를 증거로 제출합니다(증가35-①~⑥).

서 판단할 때에 논리적인 알고리즘 과정을 거친다고 생각하였습니다. 즉 인간의 합리적 이성을 신뢰했던 것입니다. 그러나 현대의 인지과학이론에 의하면, 인간이 어떤 경우에는 논리적 알고리즘으로 인지하지만(시스템2), 어떤 경우에는 몇 가지의 단순화된 판단법칙에 의존해서 인지한다고 평가하고 있습니다(시스템1). 예를 들어 '23,459×4,768=?'라는 질문의 답을 찾기 위해서는 논리적이고 단계적인 사고과정을 거치는데 반하여, '2×3=?'이라는 질문에는 즉각적으로 답을 얻습니다. 전자의 사례가 [시스템2]의 영역이고, 후자가 [시스템1]의 영역입니다. 그러나 위 사례는 극단적으로 단순화시킨 예이고, 실제로 인간의 인지과정은 이러한 [시스템1]과 [시스템2]가 혼재된 상태로 진행된다는 것이 인지과학이론의 결론입니다. **즉각적인 판단을 하는 [시스템1]의 영역에서 사용되는 단순화된 판단법칙, 즉 '논리적 축약'을 휴리스틱$_{huristic}$이라고 부릅니다.** 따라서 이렇게 즉각적인 판단을 하는 영역에서의 단순화된 판단법칙, 즉 휴리스틱은 인지적 오류, 즉 편향$_{Bias}$을 발생시킬 가능성이 높습니다(증38-④).

(2) 휴리스틱 편향의 사례

그림 [시몬과 페로]를 보고 난 즉각적인 생각은 '야한 그림, 음란한 그림, 포르노그라피' 등입니다. 그러나 그림에 대한 설명을 듣게 되면, 앞서의 즉각적인 판단은 수정될 수밖에 없습니다. 이 작품은 폴 루벤스의 1630년 작 '시몬과 페로'입니다. 노인이 시몬이고, 노인에게 젖을 물리고 있는 여인이 노인의 딸 페로입니다. 시몬은 푸에르토리코의 독립을 위해 싸웠던 저항 운동가였는데, 제국에 체포되어 죽

[시몬과 페로] (1630, Peter Paul Rubens)

을 때까지 굶기는 아사형餓死刑의 벌을 받았습니다. 얼마 전 아이를 낳은 딸 페로가 아버지를 보러 왔다가 너무나 안타까워 간수들에게 부탁하고, 아비에게 젖을 물렸던 것입니다. 이 그림을 '음란한 그림'이라고 생각했던 즉각적 판단의 인지적 오류가 바로 휴리스틱 편향입니다. 인간은 무수한 영역에서 휴리스틱에 기초한 즉각적 판단을 내리며, **인지과학이론의 결론은 그러한 즉각적 판단이 옳지 않다고 말하는 것이 아니고, 다만 이러한 휴리스틱에 존재하는 편향의 가능성을 경계해야 한다는 점을 경고하는 것입니다.**

(3) 이 사건에서 검사가 이용한 편향적 휴리스틱

검찰은 아래 CCTV 캡쳐사진을 여러 증인들에 대한 증인신문, 증거의견 절차 및 피고인신문 절차에서 반복적으로 제시했고, 급기야 피고인신문에서도 다음과 같이 질문했습니다.

[모사건 순번415_2022. 9. 5.~9. 7. 문OO의 이화영 사택출입 장면]

[검찰의 2024. 4. 2.자 피고인신문]

246. 2022. 9. 6. 킨텍스 대표이사 사택의 CCTV를 확인한 결과, 피고인은 출근 전인 08:28경 문승욱과 함께 사택에 출입하고, 약 13분 후 문승욱이 슬리퍼를 신고 엘리베이터 앞까지 나와 피고인을 배웅하고, 피고인은 이런 문승욱에게 손을 흔들며 인사하는 장면이 확인되는데, 맞는가요.

246-1. 이러한 문승욱의 모습을 보면, 아침에 회사에 출근하는 남편을 배웅하는 아내의 모습 또는 두 사람이 특별한 관계에 있다고 오인될 수도 있어 보이는데, 어떤가요.

검찰은 246항은 질문하였으나, 246-1항은 질문하지 않았습니다. 당시 신문과정이 너무 길어져서 질문사항을 줄였던 것인지 아니면 246-1항의 내용이 너무 야비하다고 생각해서 질문하지 않은 것인지, 이유는 알 수 없습니다. 다만 246-1항은 위 CCTV 사진에 대한 검찰의 증거제출 의도를 그대로 드러내는 것이었습니다. 246-1항 질문의 속내는 "그 전날 밤에 함께 있었다가, 문OO이 아침에 피고인의 출근을 배웅한 것이 아니냐?"라는 것이며, 더 정확하게 표현하면 "너희들 불륜이지?"라고 묻고 싶었던 것입니다.

2022. 9. 6. 오전 8:41경 킨텍스 대표이사 관저 **엘리베이터에서 문OO이 피고인 이화영을 배웅하는 장면은 보는 이들로 하여금 마치 이들이 전날 밤 함께 있었다가 아침에 헤어지는 것 같은 휴리스틱 huristic 을 유발합니다.** 그러나 진실은 그렇지 않습니다. 추석선물로 들어온 냉장식품과 냉동식품이 너무 많아 피고인의 면목동 자택의 냉장고에 다 들어가지 않았습니다. 그래서 피고인은 2022. 9. 6. 아침에 면목동 자택에서 남는 식품들을 들고서 킨텍스 관저의 냉장고에 보관하기로 했습니다. 피고인이 비서 진연수에게 이렇게 부탁하자, 진연수가 문OO에게 도움을 청했고, 이들 셋이 함께 면목동 자택에서 킨텍스 관저로 갔던 것입니다. 그리고 진연수와 문OO이 물건을 정리하기로 하고, 피고인은 킨텍스로 출근하였고, 그 장면이 캡쳐된 것입니다. 그런데 엘리베이터에서 문OO이 피고인을 배웅했던 [모사건 순번415] CCTV 캡쳐사진의 시간인 08:41보다 14분 전인 08:27경에 피고인과 문OO이 카트를 끌고 지하주차장에서 엘리베이터에

[모사건 순번415] (9368쪽)

오르는 장면이 위 [모사건 순번415] 사진입니다.

킨텍스 관저 엘리베이터 캡쳐사진(모사건 순번415)에 의할 때에, 피고인과 문OO이 킨텍스 관저에서 전날 밤에 함께 있었던 것이 아니고, 아침에 관저에 들어갔다가 피고인은 14분 만에 다시 나왔다는 사실을 이 사건 검사들은 알고 있었습니다. 그럼에도 검찰은 피고인과 문OO이 전날 밤 함께 잠을 자고 헤어지는 연인과 같은 선입견을 유발할 장면만을 반복적으로 제시했습니다. 피고인은 킨텍스 대표 시절에 킨텍스 관저를 사용하지 않았고, 잠을 자지도 않았습니다. 피고인은 항상 면목동 사저에서 출퇴근을 했으며, 2022. 9. 6.은 추석을 나흘 앞둔 날로서 선물로 받았던 냉동식품을 날랐던 것뿐인데, 검찰은 마치 '불륜 상황'인 것처럼 상황을 왜곡했던 것입니다.

[2022년 9월 달력]

일	월	화	수	목	금	토
28	29	30	31	1	2	3
4	5	6	7	8	9	10 음 8.15 추석
11	12 대체 휴일	13	14	15	16	17
18	19	20	21	22	23	24

한편 아래 조서의 유제민은 피고인이 쌍방울의 사외이사였던 2018. 6.경 경기도 선거기간에 한달반 정도 운전했던 사람입니다. 당시 선거기간이라는 특수성 때문에 피고인과 문OO이 함께 있었던 시간이 많

[모사건 순번1342_유제민 진술조서]

> 검　　사 : 진술인은 문OO옥을 아는가요?
> 유제민 : 네, 알고 있었습니다.
> 검　　사 : 이화영과 문OO의 관계는 어떠하였는가요?
> 유제민 : 문OO을 이화영의 보좌관으로 알고 있었습니다. 굉장히 친분이 두터워 보였습니다. 이화영은 문OO에게 반존대로 편하게 얘기했고, 문OO은 이화영을 '의원님'이라며 존댓말을 사용했습니다.
> 검　　사 : 이화영이 문OO을 자주 만났는가요?
> 유제민 : 네, 앞서 말씀드린대로 거의 매일 같이 활동하였습니다.

앉던 것인데, 이같은 조건을 빠뜨린 채 "거의 매일 같이 활동하였다"고 함으로써 둘 사이의 관계에 편향적인 선입견을 유발하였습니다.

[모사건 순번260_이화영, 문OO의 통화내역] (6429쪽~6449쪽)

이화영, 문○○의 통화내역

No.	자(실사용자)	발신자(전화번호)	통화일시	신자(실사용자)	착신자(전화번호)	통화시간	상세구분	기지국(발신자 주정위치)
565	문○○	010-	2021-09-04 20:19:02	진연수	010-	02:44	국내통화료	서울특별시 광진구 광장동 218-1
46,504	이화영1	010-	2021-09-01 10:14:25	진연수	010-	20	국내통화료	경기도 고양시 일산서구 대화동 2600-0
46,515	이화영1	010-	2021-09-01 15:24:56	진연수	010-	10	국내통화료	서울특별시 영등포구 여의도동 14-31
46,517	이화영1	010-	2021-09-01 16:45:43	진연수	010-	11	국내통화료	서울특별시 중구 중무로1가 25-13
46,899	이화영1	010-	2021-09-02 16:53:33	진연수	010-	11	국내통화료	서울특별시 영등포구 여의도동 13-28
46,903	이화영1	010-	2021-09-02 20:53:35	진연수	010-	10	국내통화료	서울특별시 영등포구 여의도동 15-24
46,918	이화영1	010-	2021-09-03 11:16:51	진연수	010-	14	국내통화료	경기도 고양시 일산서구 대화동 2600-0
567	문○○	010-	2021-09-04 20:23:46	진연수	010-	49	국내통화료	서울특별시 광진구 광장동 218-1
48,184	이화영1	010-	2021-09-07 05:35:51	진연수	010-	23	국내통화료	서울특별시 중랑구 면목동 666-53
39,079	진연수	010-	2021-09-07 07:16:46	이화영1	010-	07	VOLTE음성	서울특별시 중랑구 면목동 666-53
48,581	이화영1	010-	2021-09-07 20:28:56	진연수	010-	13	국내통화료	서울특별시 영등포구 여의도동 13-18
48,582	이화영1	010-	2021-09-07 20:30:15	진연수	010-	25	국내통화료	서울특별시 영등포구 여의도동 13-18
39,133	진연수	010-	2021-09-08 06:20:49	이화영1	010-	10	VOLTE음성	서울특별시 중랑구 면목동 666-53
48,603	이화영1	010-	2021-09-08 15:43:49	진연수	010-	12	국내통화료	경기도 고양시 일산서구 대화동 2600-0
39,168	진연수	010-	2021-09-09 06:20:35	이화영1	010-	09	VOLTE음성	서울특별시 동대문구 휘경동 49-5

위 증거는 [이화영, 문OO의 통화내역]이라는 제목의 2021. 9. 1.부터 2022. 9. 7.까지 1년간의 통화기록입니다. 검찰은 피고인과 문OO의 통화가 엄청나게 많은 것처럼 보이게 하여, 이 둘 사이가 연인관계 또는 대단히 긴밀한 사이인 것처럼 선입견을 유도했습니다. **그런데 위 기록을 살피면, 이화영-진연수 또는 진연수-문OO의 통화만 있고, 이화영과 문OO의 통화는 없습니다. 도대체 1년 동안 단 한 번도 통화를 하지 않는 연인은 존재할 수 없으며, 검찰이 주장하는 '사적 수행비서'라고 하더라도 1년 동안 전화를 한 번도 하지 않을 수 없습니다.** 위 기록을 보면 피고인이 진연수에게 전화하면, 진연수가 문OO에게 전화하고, 다시 문OO이 진연수에게 전화한 다음 진연수가 피고인에게 전화한 것처럼 편집했습니다. 마치 진연수를 전달자로 삼아 피고인과 문OO이 소통한 것처럼 구성했습니다. 그러나 이 시기는 피고인이 검찰로부터 수사를 받던 때가 아니므로, 이렇게

복잡한 방식으로 소통할 이유가 없습니다. 문제는 피고인과 문OO이 서로 전화통화를 한 적이 없다는 사실을 검찰이 알고 있었다는 점입니다. 검찰은 왜곡된 선입견을 유발할 여지가 있는 편향적인 증거편집을 자행했습니다. 게다가 원본 통화기록을 검찰이 자의적으로 편집한 것이므로, 증거라고 부를 수도 없습니다.

[모사건 순번515_제2회 이화영 피의자신문조서](12534쪽)

검 사 : 피의자와 문OO의 통화내역이 거의 없는데, 어떻게 통화하였는가요?
이화영 : 문자로 한 거 같습니다.[16]
검 사 : 피의자가 문OO과 통화를 하지 않았다는 것인가요?
이화영 : 통화를 한 기억은 없습니다.

간단히 정리하면, **피고인과 문OO은 서로 전화통화를 하지 않았고, 단지 문OO과 진연수가 아주 친한 사이였다는 것이 사태의 진실입니다.** 문OO이 진연수의 사이버대학 진학과 학사관리를 도왔던 이유로, 둘 사이에 통화가 많았고, 진연수가 문OO을 큰누나처럼 따랐습니다. 문OO이 암에 걸린 뒤 휴양을 하던 시기에 고양시 근처 카페에서 공부를 했었는데, 이에 대해 검찰은 피고인이 있었던 장소와

---

16 피고인은 문OO에게 문자도 보낸 기억이 없었는데, 혹시라도 검사가 트집을 잡을까봐 "문자로 한 것 같다"고 답변했습니다. 검찰의 증거목록에도 [피고인과 문OO의 문자메시지 내역]은 없습니다.

가까운 기지국에 문OO이 있었다는 사실을 근거로 문OO이 '사적 수행비서'로서 근처에 대기했었다고 주장하고 있습니다. **그런데 엄밀히 말하면, 문OO이 진연수와 친했던 탓에 진연수와 가까운 곳에 있었던 것입니다. 문OO이 누구와 전화통화를 하였는가라는 사실이 이를 증명합니다.** 그래서 피고인이 진연수에게 무언가를 지시하면, 진연수가 문OO에게 도움을 청하는 경우가 있었던 것입니다. 2022. 9. 6. 추석선물을 정리하기 위해 킨텍스 관저에 피고인, 진연수, 문OO이 함께 갔던 것도 이런 연유입니다.

1년 동안 단 한 번도 전화통화를 하지 않는 연인은 있을 수 없으며, 비서라고 하더라도 1년 동안 전화를 한 번도 안할 수는 없습니다. 피고인은 문OO에게 반말을 하지 않고 동지적인 관계로서 항상 존중을 하며, 가끔씩 문OO으로부터 업무적인 도움을 받았던 적이 있을 뿐입니다. 그 도움도 피고인이 직접 요청해서가 아니라, 진연수가 부탁해서 이루어졌던 것입니다. 그럼에도 검찰은 원본증거를 편향적으로 편집하여, 둘 사이가 마치 연인관계이거나 특별한 사이인 것처럼 선입견을 유도하여 사실을 왜곡했습니다.

[형법 제130조의 제3자뇌물죄]를 인정하려면 공무원과 제3자 사이에 특별한 관계가 필요하며, 이러한 제3자 뇌물제공을 [형법 제129조의 단순뇌물죄]로 구성하려면 둘 사이의 경제적 공동관계가 더욱 긴밀해야 합니다. 이 사건에서 쌍방울그룹이 문OO에게 지급한 이익을 피고인에 대한 뇌물로 평가하기에는 둘 사이의 관계를 긴밀하다고 볼 근거가 없습니다. 문제는 문OO이 쌍방울그룹으로부터

받은 법인카드를 이용하여 피고인을 위하여 일부 사용하였다는 점입니다. 그러나 이는 문○○이 자신을 쌍방울그룹에게 소개한 피고인에게 고마움을 표시한 것이며, 이에 대해서는 뒤에서 살피도록 하겠습니다.

3

법인카드 제공에 관한 사실관계 및 규범적 평가

가. 법인카드 제공에 관한 사실관계 분석

(1) '법인카드 제공'에 관한 공소요지

이 사건 공소장은 "피고인 이화영이 김성태와 방용철로부터 카드를 제공받았다"고 적시하였는데, 별지목록 대상카드를 끝 번호와 명의자로 정리하면, 제1카드(2112, ㈜쌍방울), 제2카드(5488, 선종업), 제3카드(0423, 선종업), 제4카드(4535, ㈜쌍방울), 제5카드(2656, 문OO)입니다. 공소장 별지목록은 2018. 7. 10.자 순번1번부터 2021. 10. 19.자 순번2972번까지 합계 199,509,544원으로, 각 죄명별로 다음과 같습니다.

① 특가법위반(뇌물)죄
- 경기도 평화부지사 : 순번1번~1432번 93,658,783원
- ㈜킨텍스 대표이사 : 순번2046번~2972번 67,130,874원

② 정치자금법위반죄 : 순번1번~2972번 199,509,544원

(2) 제1카드(2112)의 법률관계

피고인이 2018. 6. 30. ㈜쌍방울 사외이사를 그만두고 2018. 7. 10. 경기도 부지사에 선임되었는데, 제1카드를 곧바로 반납하지 못하고 2018. 7. 17.까지 사용한 뒤, 2018. 7. 18.에 비로소 반납하여 이 카드를 17일 동안 더 사용하였습니다. ㈜쌍방울이 피고인에게 제1카드를 지급할 당시에는 피고인이 사외이사였으므로 카드의 제공 자체는 형사법 상의 구성요건 해당성이 없습니다. 따라서 제1카드 자체는 뇌물 또는 정치자금에 해당되지 않으며, 2018. 7. 10.부터 2018. 7. 17.까지 사용부분에 대한 카드결제대금이 뇌물 또는 정치자금일 수 있습니다. 그러나 피고인이 경기도 부지사가 된 후 8일 동안 위 카드를 사용한 것은 부주의 때문이지 뇌물 또는 정치자금을 수령한다는 고의로써 사용한 것이 아닙니다.

그런데 2018. 7. 10.~2018. 7. 17.까지 사용된 제1카드에 관한 카드대금 결제는 카드회사인 ㈜하나카드가 ㈜쌍방울의 법인계좌에서 원천적으로 인출해 간 것입니다. 다시 말해서 **증뢰자 또는 정치자**

금 기부자로서의 쌍방울 임직원의 증뢰행위 또는 정치자금 기부행위가 존재하지 않는바, 카드대금 결제 행위에 사람의 의사와 행위가 개입되지 않았으므로, 뇌물죄 또는 정치자금법위반죄의 구성요건 해당성이 없습니다. 따라서 제1카드의 사용건수 29건, 사용금액 합계 469,450원에 대해서는 뇌물죄 또는 정치자금법위반죄가 성립할 수 없습니다.

(3) 제1카드(2112)와 제2카드(5488)가 동시에 사용된 사실

[2023. 3. 27.자 하나카드 사실조회회신]

433692******2112	2018 07 01	14 44 19	9000	GS25광장학산점	편의점
433692******2112	2018 07 01	17 20 43	4000	티머니 택시(Indiv)	택시
433692******2112	2018 07 01	18 40 49	50000	(주)제이앤이에너지동문B주	주유소
433692******2112	2018 07 01	19 08 51	14000	국수와 돈까스	일반음식점
433692******2112	2018 07 01	19 43 47	3500	팩다방광교월드스퀘어점	일반음식점
43369******55488	2018 07 02	09 15 35	19300	블레스물광교카페거리점	일반음식점
43369******55488	2018 07 02	12 26 36	4000	돌15	일반음식점
43369******55488	2018 07 02	14 31 08	23700	메콩타이	일반음식점
43369******55488	2018 07 02	16 39 59	184000	(주)컴퓨존	컴퓨터

검찰은 공소장에서 제2카드(5488)가 피고인에게 직접 제공되었다고 명시하고 있으며, 공소장의 별지목록에는 피고인이 경기도 평화부지사로 선임된 2018. 7. 10.부터의 카드사용이 기재되어 있습니다. 그런데 [2023. 3. 27.자 하나카드 사실조회회신]에 의하면, 제2카드는 2018. 7. 2.부터 사용되었습니다. 한편 문○○의 진술에 의하면, 문○○은 제2카드를 ㈜쌍방울의 신당동 사옥에서 방용철로부터 직접 건네받았다고 합니다.

[2023. 3. 14.자 문OO 증언녹취서](19쪽)

[증거순번 81번 정■■제출자료(4권 제2305쪽)를 정리한 법인카드 내역을 제시하고]
문 쌍방울 재경팀 직원이 피고인 이화영에게 제공되었다고 기재한 자료를 정리한 표입니다. 위 표에는 총 6개의 법인카드가 확인되는데, 이 중 증인이 공여 받은 카드가 무엇인지 아는가요.
답 예. 선■■명의 법인카드, 쌍방울 명의 법인카드, 문■■명의 법인카드입니다.
문 끝자리 5488, 0423, 4535, 2656 4장의 카드가 맞는가요.
답 예. 맞습니다.
문 증인은 앞서 오전에 '쌍방울의 법인카드를 피고인 방■■로부터 직접 건네받았다'고 하였는데, 증인은 언제, 어디에서 위 법인카드를 건네받은 것인가요.
답 끝자리 5488 카드는 신당동 사옥에서 받았습니다.

문OO이 방용철로부터 제2카드를 받자마자 사용했다고 하므로, 문OO이 제2카드를 수령한 일시는 2018. 7. 2.로 보입니다. 한편 피고인이 2018. 7. 2. 방용철로부터 제2카드를 직접 받았다면, 당연히 제1카드를 그 자리에서 반환했을 것입니다. 따라서 **제1카드가 반환된 시점이 2018. 7. 18.이라는 사실은 2018. 7. 2. 방용철로부터 제2카드를 제공받은 사람이 피고인이 아니라는 사실을 의미합니다.** 이 사건 수사단계에서 방용철은 "김성태 회장의 지시로 문OO에게 카드를 지급했다"고 진술했다가, 법정에서 그 진술을 번복했습니다. 그랬다가 피고인의 제19회 허위 조서가 작성되자, 김성태가 법인카드 수령자를 번복하려고 했음은 주지의 사실입니다.

[공소장 별지목록 34~44번](제1카드/제2카드가 동시에 사용된 사실)
2018. 7. 17. 제1카드는 수원 영통구 도청로, 즉 경기도청 근처에

[2023. 3. 14.자 문OO 증언녹취서](19쪽)

34	20180717	티머니 택시(Indiv)	서울 중구 후암로	3000	주식회사쌍방울	4336927067772112
35	20180717	풀링핀광교점	경기 수원시 영통구 센트럴타운로	8000	주식회사쌍방울	4336927067772112
36	20180717	풀링핀광교점	경기 수원시 영통구 센트럴타운로	12600	주식회사쌍방울	4336927067772112
37	20180717	롯데아울렛광교점(매장)	경기 수원시 영통구 도청로	19000	주식회사쌍방울	4336927067772112
38	20180717	롯데아울렛광교점(매장)	경기 수원시 영통구 도청로	24000	주식회사쌍방울	4336927067772112
39	20180717	롯데아울렛광교점(매장)	경기 수원시 영통구 도청로	19800	주식회사쌍방울	4336927067772112
40	20180717	롯데아울렛광교점(매장)	경기 수원시 영통구 도청로	21800	주식회사쌍방울	4336927067772112
41		(주)현대백화점신촌점	서울 서대문구 신촌로	26000	선종업	4336920001055488
42	20180717	(주)현대백화점신촌점	서울 서대문구 신촌로	156000	선종업	4336920001055488
43	20180717	(주)현대백화점신촌점	서울 서대문구 신촌로	78000	선종업	4336920001055488
44	20180717	(주)현대백화점신촌점	서울 서대문구 신촌로	27000	선종업	4336920001055488

서 사용되었고, 제2카드는 서울 신촌에서 사용되었습니다. 요컨대 2018. 7. 2.부터 2018. 7. 17.까지 제1카드와 제2카드가 동시에 사용되었다는 점은 방용철로부터 제2카드를 수령한 사람이 피고인이 아니라는 사실을 뜻합니다. 제1카드 사용자는 당연히 피고인이고, 제2카드의 사용자는 피고인이 아닙니다. 검찰의 주장에 의하면 피고인이 제1카드를 반납하지 않고 제2카드를 동시에 사용했고, 근무지가 아닌 서울 신촌에서 제2카드를 사용했다는 것이 됩니다.

만약 방용철이 제2카드를 피고인 이화영에게 전달하라는 취지로 문OO에게 주었다면, 방용철은 문OO에게 피고인 이화영으로부터 제1카드를 회수해 달라고 함께 말했을 것이기 때문에, 제2카드가 지급된 2018. 7. 2. 방용철은 제1카드를 회수했어야만 합니다. 한편 방용철이 제2카드를 피고인 이화영에게 전달하라는 취지로 문OO에게 주었다면, 2018. 7. 2. 문OO이 방용철로부터 제2카드를 받자마자 사용할 수는 없습니다. 왜냐하면 피고인 이화영에게 전달하라는 제2카드를 전달자가 곧바로 사용하는 것은 일반적인 상식에 어긋나기 때문입니다. **요컨대 피고인이 사외이사 시절에 제1카드를 적법하**

게 수령하였다는 점에 기초하여, 제1카드의 반환시점과 제2카드의 전달시점이 다르다는 사실로써 제2카드의 수령자가 피고인이 아니라는 사실을 합리적으로 추론할 수 있습니다.

나. 법인카드 수령자에 관한 방용철 및 김성태의 진술 변천과정

[모사건 순번155_방용철 피의자신문조서]

(12쪽)
검 사 : 쌍방울그룹은 이화영이 경기도 평화부지사로 취임한 이후에 이화영에게 법인카드를 제공한 적이 있나요?
방용철 : 이화영에게 직접 준 적은 없습니다. 다만, 언젠가 김성태 회장이 어떤 여자의 연락처를 주면서 그 여자가 어려우니 법인카드도 하나 줘서 그 여자를 도와주라고 지시하여, 제가 그 지시대로 따른 적이 있습니다.
검 사 : 김성태가 도와달라고 한 여자는 누구인가요?
방용철 : 문OO입니다.

(14쪽)
검 사 : 문OO을 만나 카드를 직접 전다하라는 지시도 받은 것인가요, 아니면 피의자 스스로 잘 챙겨야 하는 사람이라고 판단하여 직접 만난 것인가요?
방용철 : 김성태 회장이 직접 얘기하였기 때문에, 잘 챙겨야 하는 사람이라고 판단하여 직접 전달을 하였습니다.

[모사건 순번557_제3회 방용철 피의자신문조서]

(6쪽)
검　사 : 문OO과 처음 만나서는 뭐라고 하면서 카드를 주었나요?
방용철 : 그 때 그냥 전화를 했고, "쌍방울입니다. 회장님이 카드 주라고 하시는데, 언제 오실 수 있으세요?" 정도로 얘기를 했습니다. 시간 약속 잡고 문OO씨에게 신당동 사옥 앞으로 오라고 해서 제가 카드를 주었습니다.
검　사 : 서서 만나서 준 것인가요 아니면 까페 등 장소에서 만나서 준 것인가요?
방용철 : 회사 입구에서 서서 만나서 주었습니다.

(8쪽)
검　사 : 이후 매번 카드를 바꿔줄 때마다 문OO에게 피의자가 직접 주었나요?
방용철 : 예, 그렇습니다.

그런데 김성태가 체포된 다음인 2023. 3.경 이 사건 법인카드 수령자에 관하여 방용철은 그 진술을 바꾸었습니다.

[2023. 3. 3.자 방용철 증언녹취서](12쪽)

검　사 : 법인카드는 증인이 피고인 이화영에게 직접 건네주었고, 문OO에게 건네준 것은 하나도 없다는 것이지요?
방용철 : 예.
검　사 : 증인은 법인카드를 피고인 이화영에게 사용하라고 건네준 것이고, 문승옥에게 사용하라고 건네준 것은 아니라는 것이지요?
방용철 : 예.

그 뒤에 피고인의 [2023. 6. 30.자 제19회 피의자신문조서]가 작성되고 나서, 김성태는 이 사건 법정에서 법인카드에 관하여 증언을 번복할 뜻을 비치며 진술을 유보했습니다.

[2023. 7. 11.자 김성태 증언녹취서]

(5쪽)

검　사 : 증인은 피고인 이화영에게 2018. 7.경부터 2021. 10.경까지 법인카드를, 2020. 3.경부터 2021. 7.경까지 법인차량을 공여한 사실이 있는가요?

김성태 : 뇌물 관련된 것은 제가 지금 다 기억을 더듬을 수 없어서 다음 기회에 진술하겠습니다.

검　사 : 증인은 문OO이라는 사람에 대해서 아는가요?

김성태 : 그 부분도 다음에 진술하겠습니다.

검　사 : 문OO이라는 사람을 아는지 모르는지는 증인의 뇌물 사건과 직접적으로 연결되는 것도 아니고 범죄사실도 아닌데 진술할 수 있는 것 아닌가요?

김성태 : **저도 좀 헷갈리고 … 다음에 기회 만들어서 다시 한 번 진술하겠습니다.**

(7쪽)

검　사 : 쌍방울그룹에서 피고인 이화영에게 법인카드를 공여한 사실이 있는가요?

김성태 : 2010년부터 쭉 쓴 걸로 알고 있는데… 자세하게 어떻게 썼는지는 잘 모르겠습니다.

검　사 : 증인은 모르는 것인가요, 아니면 진술을 거부하는 것인가요?

김성태 : 제가 진술하려고 왔던 게 아니기 때문에 제가 준비한 상태에서 다음 기회에 하겠습니다.

김성태가 법인카드에 대한 진술을 바꿀 수 있다는 가능성을 보인 것은 피고인 이화영이 이재명에게 방북비용을 보고했다는 허위의 피의자신문조서를 작성한 것에 대해 '검찰이 약속한 대가'였습니다. 2023. 7. 11. 법정에서 김성태는 "저도 좀 헷갈리고"라고 운을 떼어, 진술을 번복하기 위한 단초를 만들어 놓았습니다. 방용철이 검찰조사 때에는 법인카드를 문OO에게 주었다고 했다가, 이 법정에서는 이화영에게 줬다고 번복했기 때문에, 김성태가 다시 번복하기 위해 준비한 것입니다. 그러나 제11회 내지 제19회 피의자신문조서에 대해 피고인이 동의하지 않음으로써, 검찰이 약속한 '회유의 대가로서의 김성태의 진술번복'은 이루어지지 않았습니다. 다만 법인카드 수령자에 관한 방용철과 김성태의 진술 번복의 과정에 비추어, 그 신빙성은 당연히 의심되어야 합니다.

정리하면, 김성태는 정치권 인사들을 연결하고 대관업무를 담당할 실무자로 문OO을 선택하고, 그러한 목적으로 문OO에게 이 사건 법인카드를 제공하고 급여를 지급했던 것입니다. 문OO이 대통령으로 당선된 문재인의 후보시절의 재경팀장과 교육특보를 했다는 사실을 주목해야 합니다. **따라서 ① 제2카드가 2018. 7. 2.부터 사용된 사실, ② 제1카드가 2018. 7. 2.에 회수되지 않고 2018. 7. 18.에 회수된 사실, ③ 2018. 7. 2.부터 2018. 7. 17.까지 제1카드와 제2카드가 동시에 사용된 사실로부터 제2카드의 수령자가 피고인이 아니라는 사실을 추론할 수 있습니다.** 이로써 "법인카드를 문OO에게 직접 주었다"는 방용철의 최초 진술이 진실이라는 점이 증명됩니다. 요컨대 이 사건 법인카드 수령자에 관한 방용철과 김성태의 진술 번복의 과정 및 피고인의 일관된 진술을 살핀다면, 각 진술의 신빙성을 가늠할 수 있을 것입니다.

다. 법인카드 사용에 관한 규범적 평가

(1) 피고인을 위해 사용되었다고
   검찰이 특정한 제2~5카드의 건수 및 금액[17]

피고인 이화영이 자신을 쌍방울그룹에게 소개를 시켜 준 덕분에 법인카드를 받게 된 것에 대해, 문OO이 피고인에게 고맙다고 인사를 한 것이 이 사건 카드혜택입니다.

[제2~5카드의 사용건수 및 사용금액]
- 제2카드(5488) : 총 건수 319건, 총 금액 24,308,723원
  피고인을 위한 사용건수 18건, 사용금액 3,069,961원
  문OO 사용건수 301건, 사용금액 21,238,762원
- 제3카드(0423) : 총 건수 486건, 총 금액 32,874,865원
  피고인을 위한 사용건수 25건, 사용금액 5,624,333원
  문OO 사용건수 461건, 사용금액 27,250,532원

---

[17] 별지에 '법인카드 목록'이라는 제목으로 상세한 내역을 설명하였습니다.

- 제4카드(4535) : 총 건수 2,076건, 총 금액 139,583,908원
  피고인을 위한 사용건수 48건, 사용금액 12,813,142원
  문OO 사용건수 2,028건, 사용금액 126,770,766원
- 제5카드(2656) : 총 건수 62건, 총 금액 2,272,598원
  피고인을 위한 사용건수 0건, 사용금액 0원

[제2~5카드의 사용건수 및 사용금액]
- 제2~5카드의 사용건수 2,943건, 총 사용금액 199,040,094원
- 피고인 : 사용건수 91건, 사용금액 21,507,436원
- 문OO : 사용건수 2,852건, 사용금액 177,532,658원

(2) 제2~5카드 사용액 전부를 피고인에게 귀속시킬 수 있는지 여부

① 헤어숍 제오헤어 공덕역점 사용내역
- 제2카드 : 순번 20, 순번197, 순번292
- 제3카드 : 순번395, 순번515, 순번667
- 제4카드 : 순번1130, 순번1235, 순번1320

문OO의 진술에 의하면, 피고인이 마포 공덕역 근처에 왔을 때에, 자신이 헤어숍에 예약하고 결제했다고 합니다. 헤어숍 근무자의 증언도 문OO이 카드를 결제했다고 하므로, 위 카드를 소지하고 사용했던 사람은 문OO이었습니다. 위 카드의 결제시점에 의하면 한 달

반 간격으로 헤어숍을 간 것으로 보이는데, 만약 제2~5카드의 실사용자가 피고인이라면, 2018. 7.경부터 2021. 10.경까지 3년3개월 동안 25번의 헤어숍 결제내역이 존재해야 합니다. 결국 헤어숍 결제내역이 9번이라는 사실은 제2~5카드의 실사용자가 피고인이 아니라는 사실을 뒷받침하고 있습니다.

② 병원진료비 및 약제비 결제내역

제4카드 순번903(우리내과 5,200원), 904(조은약국 4,200원), 929(가든내과 65,400원), 962(분당서울대병원 67,600원), 1829(영동병원 12,800), 1830(우리약국 6,200원)이 이에 해당합니다. 그런데 만약 이 카드의 실제 소지자가 피고인이라면, 3년3개월 동안 진료비 및 약제비가 161,400원에 불과하다는 사실이 오히려 이례적입니다. 사건의 진실은 우연히 피고인과 문○○이 함께 있었던 기회에 병원과 약국을 동행하여 문○○이 결제했던 것에 불과합니다.

③ 통신비 결제내역

제4카드 순번1251, 1495, 1497, 1498, 1499, 1500, 1501이 이에 해당하는데, 만약 이 카드의 실제 소지자가 피고인이라면, 3년3개월 동안의 통신비 전부를 법인카드로 결제할 것이지 일부만 결제할 이유가 없습니다. 사건의 실체는 문○○이 자신의 통신비를 납부하면서 피고인의 통신비를 함께 결제했던 것입니다. 이외의 항변사항은 별지목록에서 설명하였습니다.

④ 소결

 제2~5카드 중 문OO이 자신을 위해 사용한 2,852건은 전체 카드사용 건수 2,943건의 96.90%에 해당하고, 카드사용금액 177,532,658원은 전체 금액 199,040,094원의 89.19%에 해당한다는 점에서, 이 사건 제2~5카드의 실제 소지자 및 사용자는 문OO입니다. 따라서 **피고인을 위해 사용되었다고 검찰이 특정한 제2~5카드의 사용건수 91건을 이유로 나머지 2,852건의 카드 사용을 피고인에게 귀속시킬 수 없습니다. 왜냐하면 범죄는 증명되어야 하지 추정할 수 없기 때문입니다.** 형사소송법은 제307조에서 '사실의 인정은 증거에 의하여야 한다'는 증거재판주의 원칙을 천명하고 있습니다. 오히려 대한민국헌법 제27조제4항에 따라 증명되지 않은 2,852건의 카드 사용에 대해서는 무죄가 추정된다고 보아야 합니다.

(3) 문OO이 피고인 이화영을 위해 사용한
    카드대금의 법률적 평가

 앞서 카드제공 및 사용 내역을 살폈듯이, 방용철이 문OO에게 이 사건 제2~5카드를 직접 주었고(모사건 순번557_제3회 방용철 피의자 신문조서), 방용철은 문OO에게 사용용도를 제한하지 않았습니다. 그런 연유로 이 사건 기소 전에 검찰이 문OO을 횡령, 배임 혐의로 구속영장을 청구했지만, 그 구속영장이 기각되었던 것입니다. 그런데 여기서 **방용철이 피고인에게 법인카드를 직접 제공했다고 주장하는 검찰이 문OO에게 횡령, 배임혐의로 구속영장을 청구한 사실은**

그 자체로 모순이며 이율배반=律背反**이 아닐 수 없습니다.** 검찰에 의하면 문OO에게 법인카드를 준 사람은 피고인이므로, 문OO이 쌍방울그룹에 대해 배임죄를 저지를 수 없습니다. 이 사건 수사 초기 단계의 검찰은 이 사건 제2~5카드가 문OO에게 제공된 사실을 인정하고 있었던 것입니다.

문OO이 피고인을 위해 사용한 제2~5카드의 대금 21,507,436원은 문OO과 피고인 사이에 뇌물을 수수할 직무관련성이나 대가관계가 없어 뇌물죄는 성립할 수 없습니다. 다만 문OO을 기부자로 한 정치자금법위반의 여지가 있습니다. 하지만 실제 기부자는 문OO인데 이 사건 정치자금법위반죄 공소사실의 기부자는 ㈜쌍방울이라는 점에서, 공소사실과 실제 범죄사실이 부합하지 않으므로 이 사건 정치자금법위반죄는 무죄에 해당한다고 할 것입니다.

4

문○○에 대한 급여지급의 규범적 평가

가. 문○○ 급여에 대한 공소요지

(1) 특가법위반(뇌물)죄에서의 문○○ 급여[18]

- 2019. 6. 25.~2019. 12. 24.까지(평화부지사 재직기간) 7회 합계 13,979,132원
- 2020. 9. 25.~2022. 8. 25.까지(킨텍스대표 재직기간) 24회 합계 71,127,486원

---

[18] 특가법위반(뇌물)죄의 공소장은 쌍방울그룹이 문○○에게 급여를 주어 피고인에게 이익을 주고 피고인은 쌍방울 그룹이 진행하거나 향후에 진행하고자 하는 대북사업의 원활한 추진에 도움을 주는 대가로 직무관련성 및 대가관계를 설명하고 있습니다.

(2) 정치자금법위반죄에서의 문OO 급여

• 2019. 6. 25.~2022. 8. 25.까지 39회 합계 101,393,415원

나. 문OO 급여를 피고인에 대한 뇌물로 귀속시킬 수 있는지 여부

대법원은 공무원이 직접 뇌물을 받지 않고 증뢰자로 하여금 다른 사람에게 뇌물을 공여하도록 한 경우, 형법 제130조의 제3자 뇌물제공죄가 아닌 형법 제129조제1항의 뇌물수수죄가 성립하려면 다음의 요건을 필요하다고 설시하였습니다(2003도8077). ① 그 사람이 공무원의 사자 또는 대리인으로서 뇌물을 받은 경우나 ② 평소 공무원이 그 다른 사람의 생활비 등을 부담하고 있었다거나 혹은 ③ 그 다른 사람에 대하여 채무를 부담하고 있었다는 등의 사정이 있어서 그 다른 사람이 뇌물을 받음으로써 **공무원이 그만큼 지출을 면하게 되는 경우 등 사회통념상 그 다른 사람이 뇌물을 받은 것을 공무원이 직접 받은 것과 같이 평가할 수 있는 관계가 있을 것을 요합니다.** 따라서 쌍방울의 문OO에 대한 급여를 피고인에 대한 뇌물로 보려면, 피고인 이화영이 직접 받은 것으로 평가할 만한 경제적 공동관계를 인정할 증거들이 있어야 합니다.

김성태는 문재인 청와대의 인사들을 연결하고 대관업무를 담당할 실무자로 문OO을 선택하고, 그 목적으로 법인카드와 급여를 지급했던 것이지, 피고인의 사자(使者)나 대리인으로 지급했던 것이 아닙

니다. 또한 피고인이 문OO에게 부정기적으로 생활비를 지원했던 적이 있지만, 그 이유는 문OO이 췌장암 선고를 받았기 때문으로, 함께 일했던 예전 동료가 '암(癌)'으로 인해 곤란한 처지에 있어서 약간의 도움을 주었던 것이었습니다. 이 정도의 사정을 경제적 공동관계라고 평가할 수는 없을 것입니다. 검찰은 피고인이 문OO을 '사적 수행비서'로 사용했기 때문에, 쌍방울로 하여금 그 대가를 지불하게 한 것이라고 주장합니다. **그러나 앞서 살핀 바처럼, 피고인의 2021. 9. 1.~2022. 9. 7.까지 1년간 통화기록에서 문OO과 한 번도 통화하지 않은 사실은 문OO이 피고인의 수행비서라는 검찰 주장이 진실이 아님을 반증하고 있습니다(모사건 순변260).** 오히려 김성태가 자신의 목적을 위해서 문OO에게 급여를 지급하였다는 사실에 비출 때에, 문OO의 급여를 피고인에 대한 뇌물로 보는 것은 옳지 않습니다.

5

쌍방울 법인차량 제공에 관한 공소의 문제점

가. 공소사실에서 쌍방울그룹이 제공하였다고 적시된 법인차량

- 2020. 3.경~2020. 4.말경까지 : 65너0909 렉서스
- 2020. 4.말경~2020. 7.말경까지 : 47고0679 카니발
- 2020. 8.말경~2021. 7.말경까지 : 51노1605 카니발

나. 법인차량 제공에 관한 공소의 문제점

(1) 피고인의 항변 요지

피고인은 '65너0909 렉서스'를 사용한 적이 없으며, 피고인 소유 차량이 렉서스이므로 렉서스를 받을 이유가 없습니다. 한편 피고인이 고속도로 전용도로를 이용하기 위해 '47고0679 카니발'과 '51노

1605 카니발'을 사용한 빌린 적이 있는데, 이 경우에 피고인이 자신의 차량을 방용철에게 주고 카니발을 사용한 것으로, 교환을 했던 것입니다. [모사건 순번155_방용철 피의자신문조서]에서, 검사가 '피고인의 카니발 승합차를 이용한 기간'을 묻자, 방용철이 "차량을 계속해서 빌려준 것이 아니고 이화영이 차를 빌려달라고 하면 잠깐씩 빌려 주었는데 구체적인 기간은 모르겠다"고 답했고, "제가 그 차량이 필요하면 이화영으로부터 카니발 차량을 돌려받았다"고 답했습니다.

(2) [모사건 순번180] (51노1605 카니발의 입출차 기록)

차량번호	주차구분	주차장명	입차일시	출차일시	주차시간
51노1605	시간주차	킨텍스	2020-08-03 15:08	2020-08-03 15:33	24분
51노1605	시간주차	킨텍스	2020-08-05 14:50	2020-08-05 15:29	38분
51노1605	시간주차	킨텍스	2020-08-19 14:29	2020-08-19 15:30	1시간 0분
51노1605	시간주차	킨텍스	2021-12-21 13:14	2021-12-21 13:29	15분
51노1605	시간주차	킨텍스	2022-03-23 14:26	2022-03-23 14:27	1분
51노1605	시간주차	킨텍스	2022-03-23 14:40	2022-03-23 14:41	1분

검찰은 51노1605 카니발이 ㈜킨텍스에 입출차한 기록에 관한 [모사건 순번180]을 증거로 제출했습니다. 그러나 피고인 이화영이 ㈜킨텍스 대표이사로 취임한 때는 2020. 9. 1.이므로, 2020. 8.경에 피고인이 킨텍스를 갈 이유가 없습니다. 따라서 위 기록에서 2020. 8.경에 킨텍스에 출입한 51노1605 차량의 운전자는 피고인이 될 수 없으므로, 위 기록은 이 사건 공소의 증거가 될 수 없습니다. 한편 위 증거 중에 2021. 12. 21.자 기록과 2022. 3. 23.자 기록은 다음과 같은 문제점이 있습니다.

[킨텍스 대표 관용차와 쌍방울 51노1605 차량의 입출차 기록 비교]

일시	관용차 160호4738 (2024.4.4.자 킨텍스회신)	쌍방울 카니발 51노1605 (모사건 순번180)
2021.12.21.	08:51 입차	
	10:32 출차	
	10:51 입차	
		13:14 입차
		13:29 출차
	15:19 출차	일시
2022.03.23.	08:46 입차	
	11:54 출차	
	13:51 입차	
		14:26 입차
		14:41 출차
	15:15 출차	

　킨텍스 대표이사의 관용차(160호4738)가 킨텍스에 입차한 뒤에 쌍방울 51노1605가 들어왔다는 것은 51노1605 카니발 사용자가 피고인이 아니라는 사실을 의미합니다. 검찰은 51노1605 카니발을 피고인의 비서 진연수가 운전한 것일 수도 있다고 반박했는데, 위 킨텍스 관용차를 운전한 사람이 진연수이므로 51노1605 카니발을 운전한 사람은 진연수일 수가 없습니다. 만약 피고인의 집에 있는 51노

1605 카니발을 가져온 것이라면, 진연수는 관용차를 운전해서 피고인의 집에 주차한 다음에 51노1605 카니발을 킨텍스로 가져와야 합니다. 그렇지 않고 진연수가 51노1605 카니발에 피고인을 태우고 출차했다면, 위 관용차가 같은 날 출차한 사실을 설명할 수 없습니다. 한편 킨텍스 대표이사 관용차도 카니발이라는 사실은 피고인의 항변이 진실임을 반증합니다. 주중에는 피고인이 킨텍스 관용차를 사용하였고, 주말에 장거리 주행을 할 때에 쌍방울 카니발을 빌렸던 것이므로, 정말 예외적으로 가끔 빌렸던 것입니다. 서로 친한 사람들끼리 차량을 교환한 것을 뇌물이나 정치자금이라고 부를 수는 없을 것입니다.

(3) 기타 쟁점

① 차량등록 사실

피고인이 쌍방울 카니발 차량의 아파트 출입편의를 위해 주거지 관리사무소에 등록을 했던 것입니다. 일시적 차량 교환의 경우에도 차량등록을 할 수 있는 것이므로, 차량등록 사실만으로 법인차량을 장기간 제공받았다는 사실이 증명되지는 못합니다.

② 카니발 수리내역

진연수가 47고0679 카니발을 수리한 것도 마찬가지입니다. 만약 피고인이 쌍방울 카니발을 제공받은 것이라면, 고장이 났을 때에 쌍방울에게 맡기지, 직접 고칠 이유가 없습니다. 피고인이 방용철에게 빌렸기 때문에 자신의 비용으로 고쳤던 것입니다.

③ 보험증서를 핸드폰에 저장한 사실

피고인이 빌린 차량을 운전하다가 사고가 날 때를 대비해서 51노1605 보험증서 사진파일을 핸드폰에 저장한 것입니다. 이는 일시적 차량 교환의 경우에도 양립할 수 있으므로, 이러한 사실만으로 법인 차량을 장기간 제공받았다는 사실이 증명되지는 못합니다.

6
뇌물죄의 무죄

가. 뇌물죄의 직무관련성

(1) 뇌물죄에서 직무의 범위

판례[19]는 뇌물죄의 직무를 "당해 공무원이 그 지위에 수반하여 공무로서 취급하는 일체의 직무를 말한다"고 정의하고, ① 법령상 관장하는 직무, ② 그 직무와 밀접한 관계가 있는 직무행위, ③ 관례상이나 사실상 처리하는 직무행위 및 ④ 결재권자를 보좌하거나 영향을 줄 수 있는 직무행위를 모두 직무개념에 포함시키고 있습니다.

---

19 96도582, 99도2530, 99도4022, 98도3697 등

(2) 직무관련성을 부정한 사례

[해양수산부 해운정책과 공무원에 대한 외국선박 청탁 사건]
해양수산부 해운정책과 공무원이 중국 국적선사의 선주로부터 선박에 대한 운항허가를 받아달라고 청탁을 받고 돈을 받은 사안에서, 관련 규정에 의하면 해운정책과 업무에 대한민국 국적 선박에 대한 행정처분만 포함되고 외국 국적 선박은 포함되어 있지 않아, 어떠한 영향력을 행사할 수 없다는 이유로 직무관련성을 부정한 사건 (2009도2453)

[관급공사 수주 청탁을 받은 광역시의회 의원 사건]
피고인이 광역시의회 의원으로서 시의회 건설환경위원회 상임위원의 직책을 맡아 광역시 도시건설국 및 도시개발공사의 사무에 관한 의안과 청원심사 등을 처리하며 그 소관 행정사무에 대한 감사와 조사업무를 담당하기는 하나, 더 많은 관급공사를 수주할 수 있도록 광역시 관련 공무원에게 영향력을 행사하는 것은 피고인의 직무내용에 속한다고 볼 수 없다는 이유로 직무관련성을 부정한 사건 (2002도5487)

[검정교과서 수정개편 청탁을 받은 문교부 편수국 교육연구관 사건]
교과서의 내용검토 및 개편수정은 발행자나 저작자의 책임에 속하는 것이고 이를 문교부 편수국 공무원인 피고인의 직무에 속한다고 할 수 없다는 이유로 직무관련성을 부정한 사건 (78도296)

나. 쌍방울의 대북사업에 관한 경기도 평화부지사의 직무관련성

(1) 경기도 평화부지사의 직무관련성에 관한 공소요지

뇌물죄의 직무관련성에 관한 이 사건 공소요지는 "피고인이 쌍방울그룹이 향후 진행하려고 하는 대북사업의 원활한 추진에 도움을 주는 대가로, 김성태와 방용철로부터 ㈜쌍방울의 법인카드를 제공받고, 문OO으로 하여금 급여를 받게 하였다"는 것이며, 이에 관하여 김성태는 "① 피고인 이화영이 쌍방울그룹에게 대북사업에 관한 우선적 기회를 부여하기로 약속하였고, ② 경기도의 남북교류협력기금 20%를 약속하는 등 쌍방울의 대북사업을 경기도가 지원하기로 하였고, ③ 북한 최고위층과 연결이 되어 쌍방울그룹이 대북사업을 할 수 있게 지원하겠다고 약속하였다"고 주장하고 있습니다.

(2) '법령상 관장하는 직무'에 해당하는지 여부-대북사업에 관한 우선적 기회부여

대북사업에 관하여 우선적 사업기회를 부여할 수 있는 기관은 통일부장관 밖에 없으며(남북교류협력법 제17조), **도지사나 부지사에게는 그러한 권한이 없습니다.** 2018. 10.경~2019. 5.경 당시에 경기도 평화부지사의 대북사업 권한은 중앙정부의 대북사업을 지원, 협조하는 것으로 국한되며, 민간기업에게 대북사업의 기회를 부여하거나 민간기업의 대북사업을 보증하거나 지원하는 등의 권한을 가지고 있지 않았습니다. (구)경기도 행정기구 및 정원 조례(조례 제5931호, 2018.08.01. 시행) 제22조에 의하면, 평화부지사 밑에 평화협력국과 소통협치국을 두고, 평화협력국이 남북협력사업에 관한 사항을(제23조), 소통협치국은 민관협치에 관한 사무(제24조)를 담당했습니다. (구)경기도 행정기구 및 정원조례 시행규칙(규칙 제3805호, 2018.08.01. 시행) 제24조에 의할 때에, 경기도 평화부지사의 대북사업 관련직무는 남북 SOC 등 기반시설 총괄 조정 및 관리, 남북 경제협력사업 지원 등을 포함하지만, 이는 중앙정부의 사업에 관한 지원, 협조 등에 불과해서, 경기도가 대북사업을 독자적으로 추진할 수 없었습니다.

피고인이 경기도 평화부지사를 사임한 이후인 2020. 12. 8.에서야 [남북교류협력에 관한 법률]이 개정되어 지방자치단체가 독자적으로 남북교류협력을 추진할 수 있게 되었습니다. 그러한 개정 후에도 지방자치단체가 추진하는 사업에 통일부장관의 승인이 선행되어야 하며(동법 제17조), 쌍방울과 같은 민간기업의 협력사업 승인의 과정은 전적으로 통일부장관 등 중앙정부의 직무권한에 속하는 것이었습니다.[20]

---

20 쌍방울그룹이 인도적 차원에서 1,000만 달러 상당의 내의류를 북한에 제공하고자 했는데, 이에 대해 통일부가 보류함으로써 중단되었던 것이 단적인 사례입니다(모사건 순번 1208, 19973쪽).

(3) '법령상 관장하는 직무'에 해당하는지 여부-남북교류협력기금 지원 주장의 당부

검찰은 쌍방울그룹의 PPT에 기재된 '남북교류협력기금 20%'라는 문구를 근거로, 피고인이 쌍방울로부터 받은 뇌물의 대가로 쌍방울에게 경기도의 남북교류협력기금을 지원하기로 약속했다고 주장하고 있습니다. 또 피고인이 남북교류협력위원회 위원장이므로 이 같이 남북교류협력기금을 제공하는 것이 가능하다고 주장합니다. 그러나 [경기도 남북교류협력의 증진에 관한 조례] 제3조(기금의 용도)[21] 규정에 의할 때에, 경기도가 민간기업의 이권사업에 남북교류협력기금을 사용하는 것이 원천적으로 불가능합니다. 설령 위원장이 독단을 부린다고 해도, 이는 불가능한 일입니다[22]. 검찰은 위 조례 제3조 제1호제가목 후단에 '경제 분야'라는 규정이 있으므로 가능하다고

---

[21] [경기도 남북교류협력의 증진에 관한 조례] (증가36)
제3조(기금의 용도)
1. 남북교류협력에 관한 다음 각 목의 사업
가. 도내 기관·단체의 인도적 지원 및 문화·학술·체육·경제 분야 등 남북교류협력 사업에 필요한 자금의 지원
나. 기금의 조성·운용 및 관리를 위한 경비의 지출
다. 남북 지방자치단체간의 교류협력을 증진하기 위한 사업의 지원
라. 남북교류협력 증진을 위하여 개최하는 국제 또는 국내회의와 학술 연구
마. 북한 재해·재난에 관한 사업의 지원
2. 「경기도 북한이탈주민의 정착지원에 관한 조례」 제5조제1항에 따라 경기도가 추진하는 북한이탈주민의 자립
3. 경기도가 추진하는 통일정책사업에 관한 다음 각목의 사업
[22] 2023. 2. 3.자 경기도의 사실조회회신, 2023. 2. 10.자 신명섭 증언녹취서 14~15쪽

주장합니다. 이러한 경제 분야의 대표적 사례가 이 사건의 농촌시범마을사업이 될 것입니다. 즉 경제 분야 역시도 인도적 지원 사업이어야 하는 것이지, 쌍방울이 아태위와 계약했던 농수축산협력사업처럼 쌍방울이 투자하고 그 농작물을 남한에 팔아 이윤을 창출하는 사업에 경기도 조례에 의한 남북교류협력기금을 사용할 수는 없습니다. 요컨대 위 조례 제3조제1호가목 후단의 '경제 분야'란 경제 분아의 남북교류협력 사업을 말하는 것이며, 민간기업의 이윤창출 사업은 여기에 포함될 수 없습니다. [경기도 남북교류협력의 증진에 관한 조례] 제3조를 살피건대, 피고인이 '쌍방울그룹에게 남북교류협력기금 20%를 지원하기로 했다'는 김성태의 주장은 그 자체로 법률을 모르는 자가 지어낸 허구입니다. 김성태는 투자자들로부터 투자를 유치하기 위해 경기도 및 통일부의 지원을 받고 있다고 기망을 했던 것입니다. 검찰은 이렇게 어설픈 김성태의 거짓말에 부화뇌동(附和雷同) 할 것이 아니라, 위와 같은 기망을 근거로 김성태의 투자자들에 대한 사기죄를 수사하고 기소했어야 했습니다.

(4) 직무와 밀접한 관계가 있거나 사실상 처리하는 직무에 해당하는지 여부

김성태는 '피고인이 자신에게 500만불을 대납해 주면 북한 최고위층과 연결이 되어 쌍방울 그룹이 대북사업을 할 수 있을 것'이라고 약속했다고 주장하였습니다(2023. 7. 11.자 김성태 증언녹취서 11쪽). 김성태의 주장이 진실이라면, 쌍방울의 대북사업에 관한 피고인의 직무관련성이 인정될 여지가 있습니다. 왜냐하면 북한 고위층은 아무나 연결할 수 있는 것이 아니고, 일정한 지위를 필요로 하기 때문입니다. 그러나 실제로 김성태에게 김성혜와 송명철을 소개한 사람은 피고인이 아니라 안부수였습니다. 그리고 2018. 11.경부터 2019. 5.경까지 이루어졌던 쌍방울 그룹의 조선아태위 및 민경련과의 계약 체결은 전적으로 안부수를 통해 성사되었습니다. 안부수가 김성태와 방용철을 북한 측 인사들에게 소개한 사실을 자랑하듯이 말하면서 "경기도도 똑같은 입장이었다"고 진술했던 사실을 상기해 주시기 바랍니다.

[모사건 순번1198_안부수 제8회 피의자신문조서](19818쪽)

문 쌍방울과 북한을 중국에서 처음 만나게 해준 것은 언제인가요
답 그때 방용철이 매일 저를 찾아왔습니다. 김성태가 시켰겠죠. 김성태가 북한에 관심이 정말 많았거든요. 경기도와 똑같은 입장이었습니다. 저한테 계속 상견례 좀 시켜달라고 그랬어요. 그래서 제가 방용철을 박희철과 먼저 연결시켜줬습니다. 그 뒤로도 김성태가 김성혜를 한 번 만나게 해달라고 계속 그러는거에요.

국정원직원 김OO의 증언처럼 "2018년~2019년 당시에 조선노동당 통일전선부의 김성혜 실장은 남북 및 북미관계에 있어서 굉장히 중요한 키플레이어였고, 김성혜한테 접근하는 것이 아주 어려운 상황이었는데, 안부수가 김성혜한테 접근할 수 있는 유일한 인물"이었습니다(녹취서 9쪽). 심지어 국정원도 안부수를 정보원으로 하여 대북정보를 수집했고, 피고인도 안부수를 통해서만 북측 인사들을 만

날 수 있었습니다.

한편 피고인이 김성태에게 안부수를 소개한 행위를 뇌물죄의 직무행위라고 검찰이 주장한다면, 이 또한 상식에 어긋납니다. 북한측 고위인사를 접촉하는 것은 어려운 일이므로 이를 소개하는 행위라면 사실상의 직무행위로 볼 수 있지만, 안부수를 소개한 행위는 그렇지 않기 때문입니다. 서울대학교 의과대학 교수 겸 서울대학교병원 의사가 구치소로 왕진을 나가 1,500만원을 받고 구속집행정지와 관련된 진단서 및 법원의 사실조회에 대한 회신서를 작성한 사건에서, 대법원은 의사로서의 업무이지 (공무원에 준하는) 서울대학교 의과대학 교수의 업무라 할 수 없다는 이유로 뇌물수수의 공소사실에 대해 무죄를 선고했습니다(2005도1420). **피고인이 김성태에게 안부수를 소개한 행위는 경기도 평화부지사의 지위에서만 가능한 일이 아니므로, 직무행위라고 할 수 없습니다.** 왜냐하면 북한 사람이 아닌 내국인을 누군가에게 소개하는 일은 통상적으로 이루어질 수 있기 때문입니다.

실제로 피고인이 김성태에게 안부수를 소개했다기보다 안부수가 적극적으로 김성태에게 접근한 것입니다. 2018. 10.경 안부수는 자신이 대표인 아태평화교류협회의 후원자를 찾고 있었습니다. 그 뒤 안부수는 쌍방울 그룹으로부터 거액의 후원을 받았고, 계열사인 ㈜나노스의 사외이사가 되었습니다.[23] 이는 안부수가 쌍방울 그룹과 조선아태위의 계약을 성사시킨 대가입니다. 이상과 같이 민간기업이 대북사업을 추진하는 데에 경기도 평화부지사가 도움을 줄 수 있는 사실상의 행위는 존재하지 않았습니다. 김성태에게 김성혜와 송명철을 소개한 사람은 피고인이 아니라 안부수였으며, 피고인이 안부수를 소개한 행위는 경기도 평화부지사 지위에서만 가능한 것이 아니므로 직무행위라고 평가할 수 없기 때문입니다.

(5) 전기바이크 사업과 경기도 평화부지사 직무의 관련성

이른바 '전기바이크 사업'에 관하여 공소사실에는 기재되어 있지 않으나, 제1병합사건 순번 407, 408, 409, 410에는 쌍방울그룹이 경기도에 '전기자동차 사업'을 제안한 것으로 되어 있으며, '부지사와의 미팅'이라는 기재도 있습니다. 이는 쌍방울의 사업에 피고인 이화영의 직무가 연결될 수도 있겠다는 추론을 유발하는 증거들입니다. 그러나 2024. 2. 23.자 경기도 사실조회 회신에 의하면, 피고인 이화영이 부지사로 재직했었던 2018. 7.경부터 2019. 12.경 사이에 경기도가 쌍방울 그룹으로부터 전기버스 또는 전기바이크 사업을 제안 받은 사실이 없다고 합니다(회신 21쪽).

---

23 (주)나노스의 2019. 2. 13.자 임시주주총회결과 및 2022. 3. 30.자 정기주주총회결과

다. 쌍방울의 대북사업에 관한 (주)킨텍스 대표이사의 직무관련성

(1) (주)킨텍스 대표이사의 직무관련성에 관한 공소요지

이 사건 공소장은 킨텍스 대표이사로서의 피고인에 대하여 "쌍방울 그룹이 킨텍스 호텔 건립사업, 킨텍스 태양광 시설 건립사업, 남북교류사업 등과 관련하여 피고인으로부터 도움을 받고자, 신용카드를 피고인이 계속해서 사용할 수 있도록 제공하고, 문OO을 (주)쌍방울에 직원으로 계속 허위 등재하여 급여를 지급하였다"고 적시하고 있습니다.

(2) 2024. 2. 7.자 킨텍스의 사실조회 회신

'2020. 9.경부터 2021. 7.경까지 쌍방울그룹이 (주)킨텍스에 행사대행업, 공연기획업, 문화이벤트 사업, 부동산임대업 및 전대업, 프랜차이즈 사업, 호텔건립사업, 태양광 시설 건립사업, 대북경제협력 등의 사업을 제안하고 진행한 사실이 있는지 여부'에 대하여, (주)킨텍스는 "해당사항이 없다"고 답했습니다(2024. 2. 7.자 킨텍스 회신). 검찰 주장과 달리 쌍방울 그룹과 (주)킨텍스 사이에는 어떤 사업도 진행된 바 없습니다.

(3) '킨텍스의 직무관련성'에 관한 검찰의 허위 증거

검찰은 쌍방울과 킨텍스의 직무관련성에 관한 증거로 [모사건 순번510, 순번511]을 제시했는데, [순번510]은 2018. 9. 6. 및 9. 19.경에 작성되었고, [순번511]은 2018. 8. 8.경에 작성된 것입니다.

[모사건 순번510_엄용수의 이메일]

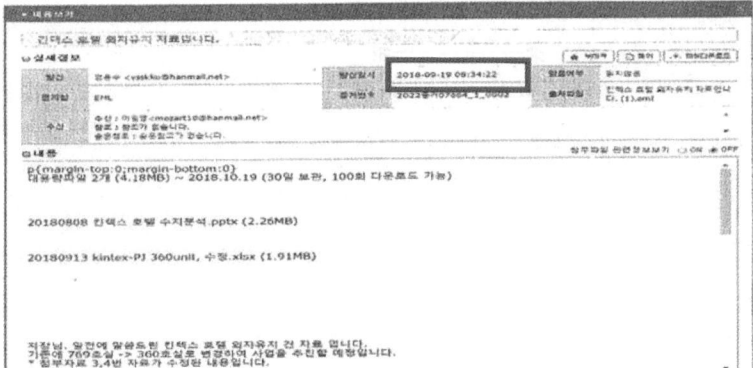

[모사건 순번511_킨텍스S2부지 호텔 프로젝트 수지분석(안)]

　피고인이 2020. 9. 1.에 킨텍스 대표이사에 취임했으므로, 위 증거들은 2년 전의 것들로 피고인과 아무런 관련이 없습니다. 결국 위 사업프로젝트는 제목 그대로 '안案'으로 끝났던 것입니다. 만약 이 기록들이 의미를 가지려면, 2020. 9. 1. 이후에 지속되었다는 후속 증거가 있어야 합니다. 2018. 8.~9.경에 작성된 위 기록들이 의미를 가지려면, 피고인이 킨텍스의 대표이사로 선임된 2020. 9. 1. 이후에도 위 사업이 지속되었다는 후속 증거가 있어야 하는데, 검찰은 이러한 후속 증거도 없이 증거의 작성일자 자체로 피고인과의 관련이 없다는 사실이 명백함에도 슬며시 증거에 편입시켰습니다. 검찰의 이 같은 행동은 단순한 실수로 보기 어려우며, 의도적으로 허위증거를 제출한 것으로 보아야 합니다. 왜냐하면 본건처럼 기록의 양이 많은 사

건에서는 기록의 일시와 사건의 상관관계를 꼼꼼히 살피는 것이 어려우므로, 킨텍스의 뇌물죄 직무관련성에 관한 증거로 [모사건 순번 510, 순번511]이 존재한다는 사실만으로, 법관에게 유죄의 선입견을 주기 충분하기 때문입니다.

라. 소결 : 특가법위반(뇌물)죄의 무죄

민간기업의 대북사업에 대한 우선적 기회의 부여 또는 대북사업을 보증하고 지원하는 행위 등은 경기도 평화부지사가 법령상 관장하는 직무에 해당하지 않습니다. 또한 민간기업이 대북사업을 추진하는 데에 경기도 평화부지사가 도움을 줄 사실상의 직무도 존재하지 않습니다. **실제로 김성태에게 김성혜와 송명철을 소개한 사람은 피고인이 아니라 안부수였으며, 2018. 11.경부터 2019. 5.경까지의 쌍방울그룹의 조선아태위와의 계약은 전적으로 '안부수를 통해' 성사되었습니다(국정원 문건 참고).**[24] 요컨대 피고인은 경기도 부지사로서 쌍방울의 대북사업에 관하여 법령상의 직무 또는 사실상의 직무 관련성을 가지지 않았고, 킨텍스 대표이사로서도 쌍방울과 아무런 직무 관련성을 가지지 않았습니다. 그러므로 이 사건 특가법위반(뇌물)죄는 형사소송법 제325조 소정의 '범죄사실의 증명이 없는 경우'에 해당하여 무죄로 선고되어야 할 것입니다.

---

24 [모사건 순번1545_쌍방울의 대북접촉 진행 동향 확인결과] 및 [모사건 1468_北 이호남의 쌍방울 대북사업 이용 주가조작 시도] 등

7

외국환거래법위반죄와
특가법위반(뇌물)죄 공소사실의 관계

가. 외국환거래법위반 대북송금과 특가법위반 뇌물의 조건적 논리구조

지금까지 재판장께서 제1병합사건에서는 피고인에게 유리한 증거가 많다는 발언을 반복함으로써, 피고인을 격려하듯 표현했습니다. 그런데 이 말은 그 이외의 사건에서는 피고인에게 불리한 증거가 많다는 상대적 표현이기도 합니다. **그러나 이 사건은 김성태의 진술을 바탕으로 그 전체가 통일된 구조로 짜여 있어서, 어떤 사건에서는 피고인에게 유리한 증거가 많고, 어떤 사건에서는 피고인에게 불리한 증거가 많다는 판단은 옳지 않습니다.**

특히나 모사건 특가법위반(뇌물)죄와 제1병합사건 외국환거래법위반죄의 논리구조가 동일하기 때문에 더욱 그러합니다. 쌍방울의 대북송금에 기초한 피고인의 외국환거래법위반죄와 쌍방울의 법인카

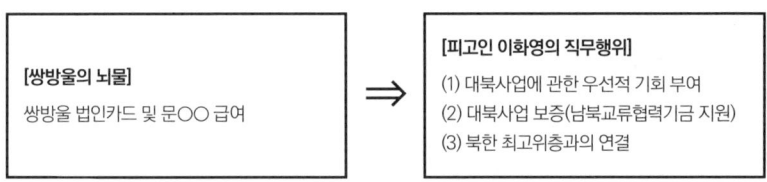

[외국환거래법위반죄 공소사실의 논리구조]

[쌍방울의 조건적 행위]
스마트팜 비용 500만 불 및 이재명 방북비용 300만 불의 대납(代納)

⇒

[피고인 이화영의 조건수락 행위]
(1) 대북사업에 관한 우선적 기회 부여
(2) 대북사업 보증(남북교류협력기금 지원)
(3) 북한 최고위층과의 연결

[특가법위반(뇌물)죄 공소사실의 논리구조]

[쌍방울의 뇌물]
쌍방울 법인카드 및 문OO 급여

⇒

[피고인 이화영의 직무행위]
(1) 대북사업에 관한 우선적 기회 부여
(2) 대북사업 보증(남북교류협력기금 지원)
(3) 북한 최고위층과의 연결

드 및 문OO 급여에 기초한 피고인의 특가법위반(뇌물)죄의 공소사실은 다음의 조건관계에 있습니다.

외국환거래법위반죄에서 '쌍방울의 조건적 행위'에 상응하는 '피고인의 조건수락행위'와 특가법위반(뇌물)죄에서 '쌍방울의 뇌물'에 상응하는 '피고인의 직무행위'가 실질적으로 같습니다. 따라서 외국환거래법위반죄에 관하여 피고인이 무죄가 된다면, 특가법위반(뇌물)죄에 대해서도 무죄가 되어야 합니다. **피고인이 쌍방울에게 대북사업의 우선적 기회를 부여하는 것, 남북교류협력기금을 지원하는 것이 법률적으로 불가능하고, 북한 최고위층과의 연결을 피고인이 아닌 안부수가 수행했다고 판단하여 피고인의 외국환거래법위죄가 무죄가 된다면, 뇌물죄도 당연히 무죄가 되어야하기 때문입니다.** 나아가 김성태의 진술이 이 사건 전체 공소사실을 지탱하고 있다는 점에서, 만약 피고인의 외국환거래법위반죄가 무죄가 된다면, 대북송금 사건에 대해서만 김성태의 진술을 탄핵할 것이 아니라 이 사건 전체에 걸쳐져 있는 김성태의 진술을 의심해야만 할 것입니다.

나. 이재명 지사의 무죄가 피고인 이화영에게 미치는 영향

최후 변론에서 "본 변호인이 민주당원도 아니고, 이재명 지지자도 아님에도 이재명의 무죄를 주장한다"고 말씀드린 것은, 본 변호인이 정치적 당파성에 의해 이 사건을 접한 것이 아니라 상식과 논리로 본 건을 변론하고 있다는 점을 강조하기 위함이었습니다. 또한 **이재명 지사의 무죄가 대북송금 및 특가법위반(뇌물)죄에 대한 피고인 이화영의 무죄를 의미하기 때문이었습니다.** 이 사건은 전체가 하나로 짜인 건물과 같으며, 결코 분리될 수 없는 구조입니다. 이재명 지사의 무죄가 인정된다면, 김성태의 진술 중 방북비용에 관해서만 탄핵되는 것이 아니라, 김성태 진술 전체의 신빙성이 의심되어야 합니다.

2019년 당시의 김성태는 투자자들과 임직원들에게 쌍방울의 대북사업을 경기도가 함께 진행한다고 기망하였습니다. 이는 투자자들의 신임를 확보하여 투자를 유치하고, 임직원들에게도 신뢰를 얻어 주가부양을 도모하려고 한 것입니다. **2019년 당시에 김성태는 스마트팜 비용에 대해서만 거짓말을 하였고, 이재명 방북비용은 2023. 1. 중순경 김성태가 체포된 이후에 검찰에 의해 조작되었습니**

다. 배상윤은 진술서에서 스마트팜 비용에 대해서만 쓰고 있고, 이재명의 방북비용을 전혀 알고 있지 못했습니다. 심지어 검찰과 김성태가 '이재명 방북비용'으로 주장하는 2019. 12. 1.자 300만불에 대해, 배상윤은 전혀 다르게 말하였습니다. 김성태가 300만불을 주고 나서 한 달 뒤인 2020. 1.경 배상윤에게 "저번에 북측이 요구한 300만불을 지난 달에 직원들 동원해서 간신히 전달했어요. 북측에 약속만 하고 못 주고 있어서 힘들었는데 주고 나니 후련합니다"라고 말했다고 합니다. **'저번에 북측이 요구한 300만불'이란 2019. 5.경 김성태가 대북사업의 기회를 선점할 수 있다고 하면서 배상윤에게 부탁했던 300만불을 말합니다.** 결국 2019. 12. 1.자 300만불은 이재명의 방북비용이 아니라, 애초부터 김성태가 북한에 약속한 2019. 5. 12.자 합의서를 위한 계약금의 한 부분이었던 것입니다.

검찰이 김성태에게 선처를 조건으로 '이재명 방북비용'이라는 허위사실을 진술하게 함으로써 사건조작을 하면서, 이들은 2019. 10.~12.경 당시에 이재명이 도지사직을 박탈당하고 향후 5년간 피선거권이 박탈될 수도 있는 상황에 있었다는 사실 자체를 망각하고 있었습니다. 이재명 지사가 2020. 7.경에 대법원에서 무죄 취지의 파기판결을 받고, 그 뒤 2021. 10.경 민주당 대통령후보로 선정된 사실로 인하여, 2019. 9. 6. 공직선거법 허위사실공표죄 항소심 판결에서 300만원의 벌금형을 선고받은 사실을 잊었던 것입니다. 이른바 '후견편향에 의한 인지적 오류'의 전형적 사례입니다.

만약 이러한 객관적 사실에도 불구하고 귀 재판부께서 '이재명 방북비용'이라는 공소사실을 인정하려면, 김성태의 진술만으로는 턱 없이 부족합니다. 오히려 이재명의 정치생명이 끝났다는 2019. 12.경의 세평世評에 굴하지 않고, 김성태가 이재명으로부터 경제적 보상도 확정 받지 못한 상태에서 이재명을 위해 300만불이라는 거금을 지불한 이유가 반드시 설명되어야 합니다. 또한 허위사실공표죄로 피선거권을 박탈당할 위기의 이재명이 '그보다 훨씬 위태로운' 대북송금이라는 불법적 방법으로 굳이 방북을 하려고 했다는 그 이유도 설명되어야 합니다. 게다가 검찰의 회유로 '이재명 방북비용'에 관하여 허위조서를 썼다고 주장하는 피고인이, 나중에 진실을 밝히기 위해 이재명의 알리바이가 존재하는 '2019. 7. 29. 10시'라는 시점을 조서에 기재했다는 사실을 반박할 수 있어야 합니다. 단지 이화영이 이재명에 대한 보고일시를 잘못 기억하는 것이라고 얼렁뚱땅 넘어갈 수 없습니다. 이는 나중에 개시될 이재명의 재판에서 이재명의 현장부재증명에 해당하는 것이어서 중대한 의미를 갖기 때문입니다.

다. 이재명의 알리바이에 관한 검찰과 이○○ 변호사의 허황된 주장

피고인 이화영이 검찰로부터 압박과 회유를 받아 거짓 조서를 작성하였는데, 그 와중에 나중에 진실을 밝히기 위해 제19회 조서에서의 방북비용 보고일시를 '이재명의 알리바이'가 있는 날짜로 진술했습니다. 이것이야말로 이 사건의 진실을 밝힐 수 있는 계기인데, 본 변호인이 '수사검사들에 대한 탄핵심판을 위한 국회청원'에서 이 같은 사실을 밝혔고, 화들짝 놀란 검찰은 이에 대해 이OO 변호사를 겁박했던 것으로 보입니다.

[2024. 4. 4.자 검찰의 피고인신문 중 재신문사항]

> 43. 검찰에서 확인한 바로는, 이OO 변호사는 피고인으로부터 이재명 지사 일정을 확인해 달라는 요청을 받은 사실이 없다고 말하였는데, 피고인이 정말로 이OO 변호사에게 먼저 요청한 것이 맞는가요?
> 44. 검찰에서 확인한 바로는, 이OO 변호사는 피고인이 평소 날짜를 제대로 기억하지 못하는데, 검찰조사 과정에서 이재명 지사에게 보고한 날짜를 2019. 7. 29.이라고 특정해서 말하자, 스스로 걱정되어 인터넷 검색을 통해 이재명의 외부일정을 확인한 후 휴식시간에 피고인에게 따로 "2019. 7. 29. 이재명 지사의 다른 일정이 있다. 날짜를 착각한 것 같은데 수정해야 하는 것 아니냐?라고 물어보았고, 그 때 피고인이 "그 날짜에 보고한 게 맞는 것 같습니다. 정확히 확인해서 만약 다른 날짜라면 나중에 바꾸면 될 것 같습니다"라고 말하여 날짜를 수정하지 않은 채 조사가 마무리한 것으로 확인되었는데, 이게 맞지 않나요? 여기서 틀린 부분이 있나요?

검찰이 확인하였다는 이OO 변호사의 주장에 의하면, '2019. 7. 29.이라는 보고일시'를 피고인이 특정해서 진술했고, 이OO 변호사는 스스로 걱정이 되어 인터넷 검색을 하여 피고인에게 "2019. 7. 29. 이재명 지사의 다른 일정이 있다. 날짜를 착각한 것 같은데 수정해야 하는 것 아니냐"라고 물었다는 것입니다. 그러자 피고인이 "그 날짜에 보고한 게 맞는 것 같습니다. 만약 다른 날짜라면 나중에 바꾸면 될 것 같습니다"라고 말했다고 합니다. 검찰은 '피고인 이화영이 쌍방울의 방북비용 문제를 이재명 지사에게 보고한 것은 진실이며, 다만 보고한 날짜는 기억을 잘 못한 것'이라고 주장하고 있습니다.

검찰이 득달같이 추궁하자, 겁을 먹은 이OO 변호사는 이재명 지사의 일정을 자신이 먼저 찾은 게 아니라고 변명했던 모양입니다. 하지만 '5년 전 7월 29일 오전 10시'에 이재명 지사에게 여의도 일정이 있었다는 사실을 피고인이 기억하고 있었다는 이OO 변호사의 주장은 상식에 맞지 않습니다. 그러나 2019. 7. 29.자 이재명 지사의 여의도 일정이 있다는 사실을 피고인이 미리 알고 있었는지 아니면 이OO 변호사가 이 날짜를 찾았는지 여부는 이 사건에서 전혀 중요하지 않습니다. **여기서의 핵심은 결국 이OO 변호사가 이재명 지사의 일정을 검색했다는 사실을 자인하였고, 이러한 사실을 검찰도 인용하고 있다는 점입니다.** 이OO 변호사는 이재명의 2019. 7. 29.자 일정을 피고인 진술 뒤에 찾았다고 하는데, 그 진위는 둘째 치고, 이재명 지사의 일정을 찾은 다음에 피고인에게 이를 알려줬다는 대목이 중요합니다. 만약 '이재명의 방북비용'을 쌍방울이 대납하기로 한 사실을 피고인이 이재명에게 보고한 사실이 진실이라면, 이OO 변호사의 말을 듣고 피고인은 그 날짜를 곧바로 정정했어야 합니다. 이것이 상식입니다. 그러나 이OO 변호사의 말을 듣고서도 날짜를 정정하지 않은 것은 피고인이 이재명의 알리바이가 있는 날짜로 보고일시를 진술할 의도였던 것입니다.

'방북비용 300만불'에 관한 이재명의 범죄사실은 무죄이며, 이러한 무죄를 바탕으로 대북송금에 관한 김성태의 진술은 의심되어야 합니다. 나아가 '스마트팜 비용 500만불'에 대한 조건으로서 검찰이 주장하는 피고인의 행위(①대북사업의 우선적 기회 부여, ② 남북교류협력기금의 지원, ③ 북한 최고위층 연결)를 인정할 수 없으므로, 대북송금에 관한 외국환거래법위반죄 및 특가법위반(뇌물)죄에 관하여 피고인의 무죄가 선고되어야 할 것입니다.

8
정치자금법위반죄의 무죄

　방용철이 문OO에게 제2~5카드를 직접 주었고(모사건 순번557), 문OO이 피고인을 위해 제2~5카드의 대금 21,507,436원 상당액을 사용하였습니다. 문OO이 피고인 이화영을 위해 사용한 위 21,507,436원에 관하여 문OO을 기부자로 한 청탁금지법위반 또는 정치자금법위반의 여지가 있습니다. 그런데 피고인 이화영에 대한 실제 기부자는 문OO임에도, 이 사건 공소사실의 정치자금 기부자는 ㈜쌍방울이라는 점에서, 공소사실과 실제 범죄사실이 부합하지 않으므로 본죄는 성립하지 않습니다. 따라서 이 사건 정치자금법위반죄는 형사소송법 제325조 소정의 '범죄사실의 증명이 없는 경우'에 해당하여 무죄로 선고되어야 할 것입니다.

제 4 부

[이화영 제1심 변론요지서]
증거인멸 교사죄의 성립여부

제2병합사건 [가]
범죄사실에 관한 공소장 변경

가. 변경 전 공소사실의 요지

제2병합사건 [가] 범죄사실 증거인멸교사죄의 요지는 2021. 11. 10.자 단독보도를 했던 TV조선 이채현 기자가 취재를 위하여 그 보

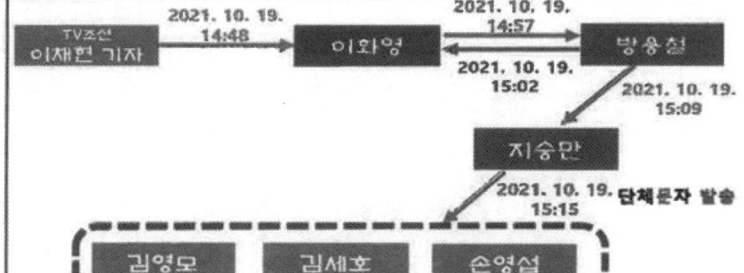

[제2병합사건 순번53 2377쪽]

다 한 달 전인 2021. 10. 19. 14:48경에 피고인 이화영에게 전화를 하였고, 피고인 이화영이 그 전화를 받고서 같은 날 14:57경에 방용철에게 전화하여 방용철로 하여금 쌍방울그룹의 직원들에게 지시함으로써 하드디스크를 교체, 파쇄 시켰다는 것입니다.

나. 공소장이 변경된 이유

종전 공소사실에서 피고인 이화영의 피교사자는 방용철이었고, 그 일시는 2021. 10. 19.이었던데 반하여, 변경된 공소사실에서의 피

[제2병합사건 순번32_하드디스크 주문내역(1610쪽)]

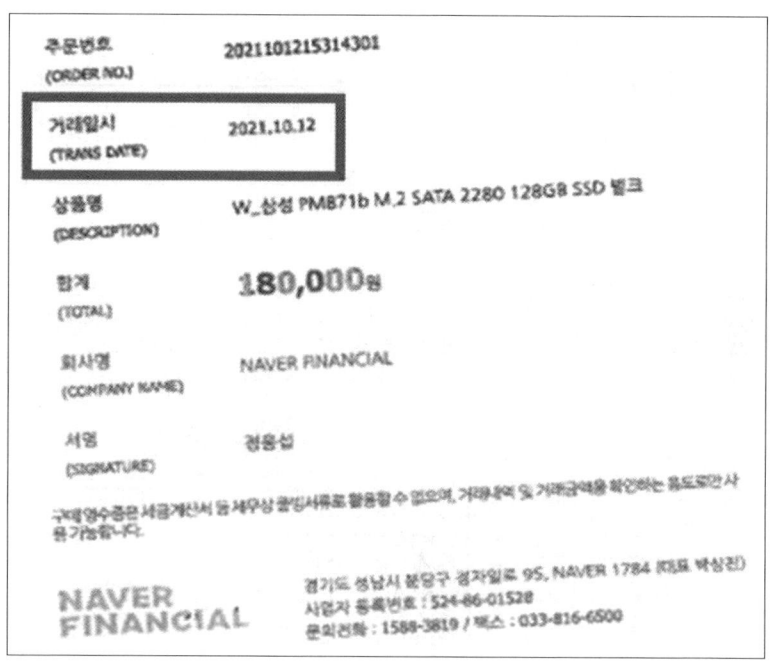

[제2병합사건 순번36_주문상세정보(1646쪽)]

교사자는 김성태와 방용철이고, 일시는 2021. 10. 초순경으로 바뀌었습니다. **이렇게 공소장이 변경된 이유는 쌍방울그룹이 새로운 하드디스크를 주문한 날짜가 2021. 10. 12.이라는 사실이 공판 도중에 드러났기 때문이었습니다**(제2병합사건 순번32, 36).

2

제2병합사건의 무죄

가. 사건의 실체

(1) 2021년 10월 언론의 주요 이슈

2021. 10. 7. 한 시민단체가 이재명 후보의 변호사비를 쌍방울그룹이 대납했다는 의혹으로 대검찰청에 고발장을 제출했고, 대검이 서울중앙지검으로 사건을 보냈으며, 이에 관하여 TV조선이 2021. 10. 8.과 10. 9.에 아래 뉴스를 보도했습니다(증20①②).

2021. 10. 12. 쌍방울그룹은 이 같은 의혹이 명백한 허위사실이라면서 보도 자료를 냈고, 이에 관한 기사가 [증19호증의 검색결과]입니다. 같은 날 쌍방울그룹은 새로운 하드디스크를 주문했으며(제2병합사건 순번32, 36), 이 때는 피고인 이화영이 방용철에게 전화했던

[증20①②_2021. 10. 8.자 및 10. 9.자 TV조선 뉴스]

정치 뉴스9

이재명 '23억 변호사비' 고발로 대납 의혹 가열

등록 2021.10.08 21:12 / 수정 2021.10.08 21:15

정치 뉴스7

[뉴스야?!] 이재명, 변호사 비용은 누가?

등록 2021.10.09 19:26 / 수정 2021.10.09 20:59

─ 뉴스1 PICK 2021.10.12. 네이버뉴스
쌍방울그룹, 이재명 변호사비 대납 의혹에 "명백한 허위사실"
쌍방울 관계자는 "최근 이슈가 된 변호사비 대납설은 그야말로 허무맹랑한 명백한 허위사실"이라며 "무엇을 근거로 그런 의혹을 제기했는지 우리도 궁금한 상황"이...
(주)쌍방울

24 아이뉴스24 2021.10.12. 네이버뉴스
쌍방울 "이재명 변호사비 대납 의혹, 명백한 허위사실...법적 대응...
쌍방울 관계자는 "최근 이슈가 된 변호사비 대납설은 그야말로 명백한 허위사실"이라며 "무엇을 근거로 그런 의혹을 제기했는지 우리도 궁금한 상황"이라고...
쌍방울

N 뉴데일리 2021.10.12.
이재명 변호사비 대납?... 쌍방울 "사실 무근"
쌍방울 관계자는 "최근 이슈가 된 변호사비 대납설은 그야말로 허무맹랑한 명백한 허위사실"이라며 "무엇을 근거로 그런 의혹을 제기했는지 우리도 궁금한 상황"이...
(주)쌍방울

더데일리한국 2021.10.12.
쌍방울그룹 "이재명 지사 변호사비 대납?...명백한 허위사실"
쌍방울 관계자는 "최근 이슈가 된 변호사비 대납설은 그야말로 허무맹랑한 명백한 허위사실이다"라며 "무엇을 근거로 그런 의혹을 제기했는지 우리도 궁금한 상황이다"고 말했다. 그는 이어 "아무 근거도 없는 이런 의혹 ...

2021. 10. 19.보다 1주일 전이었습니다.

 그 뒤 2021. 10. 13. '이재명 변호사비 대납 의혹 사건'은 서울중앙지검에서 수원지검으로 넘어갔고, '이재명 변호사비 대납 의혹'이라는 뉴스는 2021. 10.말경까지 지속되었고(증20③~⑤), 피고인에 관한 쌍방울 법인카드 의혹은 제기된바 없습니다.

[증20③~⑤_2021. 10. 중순경~10. 말경까지의 TV조선 뉴스]

| 사회 | 뉴스9 |

檢, '이재명 변호사비 대납 의혹' 수사 착수…대장동 관련 여부 촉긱
등록 2021.10.13 21:15 / 수정 2021.10.13 21:19

| 사회 | 뉴스7 |

'이재명 변호사비 대납 의혹' 중앙지검서 수원으로 재배당
등록 2021.10.16 18:59 / 수정 2021.10.16 20:06

| 정치 | 뉴스7 |

[단독] 천화동인, S사 前대표에 수십억 대여…'변호사비 대납' 의혹 새변수
등록 2021.10.26 21:14 / 수정 2021.10.26 21:28

2021년 10월 한 달 동안 언론의 관심은 절대적으로 이재명에게 있었고, 이 시기에 언론이 피고인에게 관심을 가질 아무런 이유가 없었습니다. 왜냐하면 2021. 10. 초순은 민주당의 대통령후보 경선 기간이었기 때문입니다. **이재명이 후보가 되는 것에 반대했던 한 단체가 2021. 10. 7. 이재명을 고발했고, TV조선이 10. 8.과 10. 9.에 '이재명 변호사비 대납 의혹'이라는 단독기사를 쏟아냈습니다.**

그 다음 날 2021. 10. 10. 이재명 후보는 경선에서 과반 득표를 하여 결선투표 없이 민주당 후보로 결정되었고, 10. 11. 이낙연 후보가 이의를 제기했으며, 10. 13. 민주당은 이를 기각했습니다. 즉 언론이 이 기간 동안에 피고인에게 관심을 가질 아무런 계기가 없었습니다.

[증21_2021.10.13.자 TV조선 뉴스(10월13일 '뉴스9' 헤드라인)]

> 10월 13일 '뉴스 9' 헤드라인
>
> 與, '이재명 후보' 최종 확정
> 이낙연 "정권 재창출 힘 보탤 것"

(2) 피고인이 관심을 받게 된 계기와 언론에 등장한 시기

김성태가 쌍방울 직원들에게 하드디스크 교체를 지시했던 2021. 10. 12.경, 언론의 초점은 이재명에게 있었고, 아직 피고인에게 관심을 가질 아무런 계기가 없었습니다. **피고인이 언론에 등장한 때는 한 달 뒤인 2021. 11. 10.로, TV조선의 'S사 법카, 수천만원 유용 정황'이라는 이채현 기자의 단독뉴스가 처음이었습니다**(증22). 이채현 기자가 피고인에게 취재를 요청하며 전화했던 때는 2021. 10. 19.이 처음이었고, 이채현 기자가 피고인에게 전화했던 것은 쌍방울의 사내 변호사 노OO의 제보에 기인한 것입니다.

(3) 2021. 10. 12. 쌍방울이 하드디스크를 주문한 이유

'이재명 변호사비 대납'에 대해 검찰은 범죄의 증거를 찾지 못해 기소하지 못했고, 결국 의혹으로 끝났습니다. 그렇다면 쌍방울이 이재명의 변호사비를 대납했던 것도 아니었는데, 김성태는 2021. 10.

12. 왜 하드디스크를 교체했는지 의문을 가지지 않을 수 없습니다.
2023. 9. 26.자 법정증언에서 김성태는 다음과 같이 진술했습니다.

[2023. 9. 26.자 김성태 증언녹취서 (15~16쪽)]

문	하드디스크의 구매시기와 변호사비 대납 사건의 언론 대응 시점이 동일하게 2021. 10. 12.인 점에 비추어 볼 때, 증인은 쌍방울의 변호사비 대납 사건을 대비하기 위하여 감사팀과 재경, 인사 총무팀의 하드디스크를 파쇄, 교체한 것은 아닌가요.
답	변호사비 대납을 했으면 그걸로 지금 온 나라가 난리 났을 건데, 그건 좀 아닌 것 같습니다.

이재명 변호사비 대납 고발과 TV조선의 의혹보도 뒤인 2021. 10. 12.에 쌍방울이 '이재명 변호사비 대납의혹'을 부인하는 보도자료를 냈다는 점에서, 바로 '이재명 변호사비 대납의혹' 때문에 하드디스크를 교체했던 것이 아니냐고 피고인의 변호인이 질문하자, 김성태는 자신 있게 변호사비 대납 같은 것은 하지도 않았다고 답변했습니다. 김성태는 줄곧 '피고인의 법인카드에 대한 언론의 의혹' 때문에 하드디스크를 교체했다고 말했는데, 이러한 진술이 [2021년 10월경 언론의 주요이슈]에 위배되는 것임은 물론입니다.

반복하면, 쌍방울은 이재명의 변호사비를 대납하지 않았음에도 왜 하드디스크를 교체했을까요? 그것은 변호사비 대납 의혹 사건이 쌍방울그룹에 대한 수사로 번질 경우에 '김성태의 나노스(現 SBW생명과학) 주가조작'에 관한 증거들이 드러날까 봐 이를 인멸하려는 목적이었다고 보는 것이 합리적인 추론입니다.

[증23_(주)나노스(SBW생명과학) 주가차트(네이버페이 증권)]

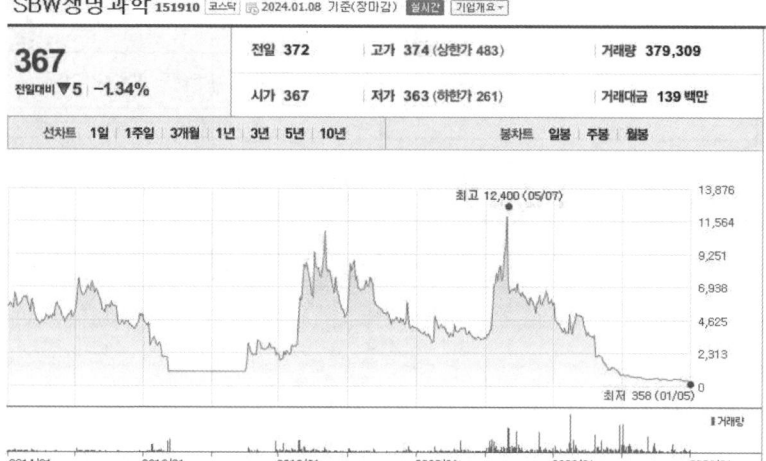

　　김성태가 인수하기 전까지 만년 적자였던 코스닥 상장사 나노스는 2018년 당시 대북 수혜주로 분류되면서, 2018. 4. 19. 3,590원이었다가 남북정상회담 3일 전이었던 2018. 4. 25. 6,320원으로 1주일 만에 76%가 상승했고, 그 뒤 2020. 5. 7. 12,400원의 최고점을 찍었습니다. 그리고 2024. 1. 8. 현재 367원으로 폭락했습니다. 나노스의 주가를 끌어올려 김성태가 이익을 취하는 방법은 CB를 발행하고, 낮은 가격으로 전환한 주식을 매각하는 것이었습니다. **나노스는 2017~2021년 사이 총 630억 원의 CB를 발행했는데, 2017~2021년 사이 나노스의 평균주가를 대략 5,000원 정도로 가정하면, 전환가액 456원으로 전환된 주식으로 얻게 된 수익은 투자금의 9배에 이르는 4,000억원에 달합니다**(증24). 예를 들어 2018. 11.경 평균주가가 5,000원 정도였는데, 2018. 11. 16.자 전환가액은 456원이

[증25_2018.11.16.자 전환가액의조정]

SBW생명과학 / 2018.11.16 전환가액의조정
전환가액의 조정

1. 조정에 관한 사항	회차	상장여부	조정전 전환가액 (원)	조정후 전환가액 (원)	
	3	비상장	100	456	
2. 전환가능주식수 변동	회차	미전환사채의 권면총액 (통화단위)		조정전 전환가능 주식수 (주)	조정후 전환가능 주식수 (주)
	3	30,000,000,000	KRW : South-Korean Won	300,000,000	65,789,473

었고, 바로 직전 전환가액은 심지어 100원이었습니다(증25).

　대부분 쌍방울과 광림이 이 CB를 인수했고, 이 중 100억원 어치 CB가 김성태 회장의 실소유로 알려졌는데(증24), 위 계산대로 하면 김성태의 이익은 약 1,000억원에 이르게 됩니다. 이 돈 중의 일부인 800만불, 약 100억원이 북한에 지급되었는데, 검찰은 스마트팜 비용과 이재명 방북비용이라고 주장하고 있습니다. **하지만 2019년 당시 이재명은 아직 대통령 후보도 아니었고, 설령 후보가 되더라도 대통령이 안 될지도 모르는데, 3년 후에 도움을 받기 위해, 김성태가 800만불이라는 큰 돈을 이재명과 이화영을 위해 북한에 주었다는 것은 너무나 비현실적인 가정입니다.** 오히려 쌍방울그룹의 계약서 및 각종 사업 준비서류에 드러나듯이, 조선아태위 및 민경련과의 희토류 채굴 계약의 계약금과 김성태의 방북비용으로 지급되었다고 보아야 합니다. 김성태는 800만불, 즉 100억원을 써서 평양에 방북해서 본계약을 체결하고, 이로써 나노스의 주가를 또다시 끌어올려 그 10

배가 넘는 이익을 얻으려고 했던 것이며, 이것이 현실적인 추론입니다. 요컨대 쌍방울그룹은 이재명의 변호사비를 대납하지 않았음에도 나노스의 주가조작 증거들이 드러나는 것을 염려해서, 2021. 10. 12. 하드디스크를 교체했던 것입니다.

나. 제2병합사건 [가] 공소사실의 무죄

(1) '2021. 10. 초순경에 일부 언론이 이화영과 쌍방울 법인카드 의혹에 대해 취재하고 있었다'는 변경된 공소장의 전제사실은 객관적 진실에 어긋남

검찰은 공소장 변경 이후에 '2021. 10. 초순경에 일부 언론이 이화영과 쌍방울 법인카드 의혹에 대해 취재하고 있었다'는 공소사실의 증거로 제2병합사건 [순번81~85]를 제출했습니다. [순번81_021. 9. 27.자 동아일보 기사와 [순번82_2021. 9. 28.자 조선일보 기사]는 피고인의 예전 보좌관 이한성이 천하동인 1호라는 의혹이 있다는 내용이었습니다. 이에 대해 피고인이 기자로부터 전화를 받은 사실이 있었지만, 이한성이 십몇 년 전의 보좌관이었고, 연락이 끊긴 지 3~4년이 넘었다고 답변했습니다. 기사의 내용도 이와 같습니다. 이 전화를 피고인이 받았다고 해서 쌍방울에게 전화를 할 이유가 없습니다. 한편 [순번83~85]도 언론기사인데, 피고인이 쌍방울 사외이사였다는 사실 외에 특별한 내용이 없으며, 피고인 외에도 여러 사람이 언급되고 있었으며, 이 기사를 쓴 기자들과 전화통화를 한 사

실도 없습니다. **요컨대 2021. 10. 초순경 언론의 주된 이슈는 '이재명 변호사비 대납 의혹'이었으며, '이화영의 법인카드 의혹'은 2021. 10. 19.에 비로소 취재가 시작되었습니다.** 2021. 10. 초순은 민주당의 대통령후보를 선정하는 기간이었고, 2021. 10. 12. 이재명이 대통령후보로 선정되었으며, 2021. 10. 13. 이낙연의 이의제기가 기각되어 이재명이 민주당의 대통령후보로 확정되었습니다. 즉 2021. 10. 12.의 관심의 대상은 이재명이지 피고인이 아니었습니다. 쌍방울 그룹은 '이재명 변호사비 대납 의혹'에 관한 수사가 시작되었기 때문에, 혹시라도 나노스 주가조작에 관한 증거가 노출될 것을 염려하여 2021. 10. 12.에 하드디스크를 교체했던 것입니다.

(2) 김성태 진술의 모순

2023. 9. 26. 김성태는 본 법정에서, **2021. 10.경 하드디스크 교체 건, 즉 제2병합사건 [가] 범죄사실을 '용산 건'이라고 부르고 [나] 범죄사실은 '신당동 건'이라고 지칭하고서, "용산에 있는 것을 할 때는 저희 쌍방울 감사팀이 제 사무실 바로 옆에 있어서 지승만한테 얘기를 했고, 신당동에 있는 것은 컴퓨터 20대를 교체하기 때문에 아마 그때 방용철 등 여러 사람들한테 얘기를 했던 것 같다"고 증언했습니다.** 그리고 같은 날 방용철 역시도 [가] 사실에 관여하지 않았다고 진술하였습니다. 나아가 김성태는 '쌍방울 법인카드 자료를 확인해 달라'는 피고인 이화영의 말을 전화로 들었다고 진술했습니다.

[2023.09.26.자 김성태 증언녹취서 17쪽]

변호인 : 증인은 지승만 감사 외에 방용철 피고인에게도 법인카드 관련자료를 정리하는 지시를 하였나요?
김성태 : 용산에 있는 것은 저하고 같은 층에 있으니까 지승만한테 시켜서 했고, 신당동에 있는 것은 방용철 피고인이나 여러 사람들한테 시켰죠.
변호인 : 10월 달에 신당동 사무실에 있는 인사총무팀의 하드디스크가 교체되기도 했고, 11월에는 PC 자체를 아예 교체한 게 있어요. 10월 달에 인사총무팀의 하드디스크 교체된 것도 방용철 피고인한테 당시 지시를 한 것인가요?
김성태 : 방용철 피고인한테는 그 당시에 얘기를 안 했습니다.
변호인 : 그렇다면 방용철 피고인은 2021년 10월경 증거인멸과 관련해서는 전혀 개입을 안 했다는 것인가요?
김성태 : 신당동하고 이쪽(용산)하고 헷갈리지만, 용산에 있는 것을 할 때는 저희 쌍방울 감사팀이 제 사무실 바로 옆에 있어서 지승만한테 얘기를 했고, 신당동에 있는 것은 컴퓨터 20대를 교체하기 때문에 아마 그 때 방용철 피고인 등 여러 사람들한테 얘기를 했던 것 같습니다.

따라서 김성태와 방용철의 증언에 의하면, 제2병합사건 [가] 사실의 피교사자는 김성태 혼자이므로, [2021. 10.경 이화영-방용철 통화내역]은 [가] 사실의 증거가 될 수 없습니다.

검찰의 제2병합사건 [순번19 통화내역 기록]에 '2021. 10. 초순경 이화영-김성태(차명폰)의 통화내역'이 존재하지 않습니다. **피고인의 변호인이 이러한 사실을 지적하자, 김성태는 "방용철과 같이 있으**

[2023.09.26.자 김성태 증언녹취서 16쪽]

변호인 : 검찰이 증거로 제출한 통화내역에는 2021. 10. 19. 이전에는 증인과 피고인 이화영이 통화한 기록이 없는데, 통화한 사실이 실제로 있었나요?
김성태 : 예.
변호인 : 당시 증인이 사용하였던 '이재식', '이학철' 명의의 차명폰으로는 10. 19. 이전에 통화한 기록이 전혀 없는데, 통화 안 한 것 아닌가요?
김성태 : 통화했어요. 방용철 피고인하고 같이 있으면서, 방용철 피고인 전화로 통화했을 수도…
변호인 : 방용철 피고인 전화로도 했다는 것인가요?
김성태 : 그렇게 할 수도 있고, 제가 쓰는 핸드폰으로도 아마 통화했을 것이고

면서, 방용철 전화로 통화했을 수도…"라고 얼버무렸습니다. 그러나 김성태의 이 진술은 "방용철이 2021. 10.경 용산 사무실 하드디스크 교체에 관여하지 않았다"는 진술(17쪽)과 모순됩니다. 만약 2021. 10. 초순경 김성태가 방용철 전화로 이화영의 증거인멸 교사를 받았다면, 바로 옆에서 전화를 바꿔 주었던 방용철에게 하드디스크 교체를 지시했을 것이고, 그랬다면 방용철은 '용산 건'도 참여했어야 했습니다.

다. 제2병합사건 [나] 공소사실의 무죄

(1) 피고인과 상관없이 쌍방울에게 하드디스크 및 PC를 교체할 필요가 존재했던 것

이 사건 [가] 사실의 무죄는 '피고인의 2021. 10. 19.자 교사'[25] 없이 그리고 피고인과 상관없이 쌍방울 임직원들이 하드디스크를 교체할 '독자적인 필요성'이 있었다는 사실을 의미하므로, 이는 2021. 11.경의 PC 교체, 즉 [나] 사실의 무죄까지도 함의하는 것입니다. 즉 쌍방울그룹과 김성태에게 2021. 11.경 PC를 교체할 독자적인 이유가 존재했다는 사실은 2021. 11. 10.에 피고인 이화영이 방용철에게 단지 전화를 했다는 사실만으로 'PC가 교체되었다'는 결과를 귀속시킬 수 없습니다(객관적 귀속의 문제).

(2) 김성태의 진술 번복과 피고인 이화영 진술의 일관성

피고인 이화영은 제2병합사건 [가] 범죄사실 공소에 대해, '① 2021. 10. 19. TV조선 이채현 기자의 취재전화를 받고 방용철에게 전화를 하였다. ② 쌍방울의 법인카드를 쓰고 있지 않아서, 자신의 법인카드가 관리되고 있다는 이채현 기자의 취재에 의아해했다.

---

[25] '피고인의 2021. 10. 19.자 교사'란 그 날 피고인이 증거인멸의 교사를 했다는 뜻이 아니고, 설령 교사라고 하더라도 범죄가 성립하지 않는다는 가정적 항변에 해당합니다.

③ 그래서 이화영 명의의 법인카드가 관리되고 있는지 확인해 달라고 방용철에게 말했다'고 일관되게 진술했습니다. 요컨대 201. 10. 12.에 하드디스크가 이미 교체되었고, 방용철 역시도 [가] 사실의 하드디스크 교체를 몰랐다고 하므로, 2021. 10. 19.자 피고인-방용철의 대화에 증거인멸의 내용이 있을 수 없습니다. **그런데 김성태는 지금까지 2021. 10. 19. 피고인으로부터 전화를 받고 나서 하드디스크를 교체했다고 진술했다가, 하드디스크를 주문한 날짜가 2021. 10. 12.이라는 사실이 공판 도중에 드러나자(제2병합사건 순번32, 36), 검찰의 공소장 변경과 동시에 갑자기 2021. 10. 초순경에 피고인으로부터 전화를 받았다고 진술을 번복했습니다.** 누구의 진술을 믿고, 누구 진술을 의심할 것인지 여부가 여실히 드러났다고 아니할 수 없습니다.

라. 소결 : 증거인멸교사죄의 무죄

이 사건 증거인멸교사죄는 본건의 수많은 죄명 중에 아주 작은 것에 불과하지만, 여기에도 이 사건 전체의 실체가 똑같이 담겨있습니다. 쌍방울그룹은 이재명의 변호사비를 대납하지 않았음에도 2021. 10. 12.경 하드디스크를 교체하고, 2021. 11.경 PC를 교체하였습니다. 김성태는 나노스의 주가조작 증거들이 드러나는 것을 염려했던 것입니다. **대북경협 이슈로 나노스의 주가를 폭등시켰던 김성태가 CB 전환으로 마련한 돈을 조선아태위에게 주었고, 다시 대북 이슈로 나노스의 주가를 부양하려고 했던 것이 이 사건의 실체입니다.**

[증24_2022. 10. 13.자 중앙일보 기사]

쌍방울 9배 이득 볼 때, 개미들은 떨었다…나노스CB 겨눈 검찰

중앙일보 입력 2022-10-13 05:00:00

　김성태는 이러한 사건의 전모가 드러나는 것을 염려해서 2021. 10. 12. 하드디스크를 교체했던 것이며, 이재명의 변호사비는 대납하지 않았기 때문에 이재명 변호사비 대납의혹을 두려워 할 이유가 없었습니다. 쌍방울에 대한 주가조작 사건으로 시작되었던 이 수사는 엉뚱하게도 피고인과 이재명으로 귀결되었고, 나노스 주가조작 사건은 자취를 감추었습니다. 그리고 검찰은 쌍방울이 자신의 사업계획에 따라 조선아태위에 준 돈을 피고인과 이재명을 위해 지급했다는 취지의 이 사건 공소에 이르게 되었습니다.

3

자기사건 증거인멸교사죄 처벌의 위헌성

가. 대법원 판례의 검토

(1) 자기사건 증거인멸교사죄 처벌사례

[대법원 1965.12.10.선고 65도826 판결]
　형법 제155조제1항의 증거인멸죄는 국가형벌권의 행사를 저해하는 일체의 행위를 처벌의 대상으로 하고 있으나 범인 자신이 한 증거인멸의 행위는 피고인의 형사소송에 있어서의 방어권을 인정하는 취지와 상충하므로 처벌의 대상이 되지 아니한다. 그러나 타인이 타인의 형사사건에 관한 증거를 그 이익을 위하여 인멸하는 행위를 하면 형법 제155조제1항의 증거인멸죄가 성립되므로 자기의 형사사건에 관한 증거를 인멸하기 위하여 타인을 교사하여 죄를 범하게 한 자에 대하여도 교사범의 죄책을 부담케 함이 상당할 것이다.

위 판결은 형법 제155조제1항이 자기 사건의 증거를 인멸하는 행위를 처벌하지 않는 것을 형사소송에 있어서의 방어권을 인정하는 취지에 따른 것이라 전제하고, 타인을 교사하는 것은 '방어권의 남용'이라고 해석하였습니다.

(2) 자기사건 증거인멸 공동정범 불처벌 사례

[대법원 2013. 11. 28. 선고 2011도5329 판결](공직윤리지원관 디가우징 사건)

국무총리실 공직윤리지원관실 기획총괄과장이 민간인을 불법사찰한 것이 문제되자 그 증거를 없애라고 부하직원 주무관에게 지시하여 컴퓨터 하드디스크를 디가우징하여 증거를 인멸한 사건에서, 상급자와 하급자를 공동정범으로 판단하고 지시를 내린 상급자에 대해 증거인멸죄를 인정한 원심을 파기하였습니다.

대법원은 위 사건에서 "증거인멸죄는 타인의 사건에 관한 증거를 인멸하는 경우에 성립한다"고 적시했는데, 이는 검사가 위 기획총괄과장을 증거인멸 교사죄로 기소하지 않고, 증거인멸죄 공동정범으로 기소했기 때문입니다.

[대법원 2018. 10. 25.선고 2015도1000 판결](당원정보 하드디스크 반출 사건)

피고인1이 피고인2에게 당원 정보가 기록되어 있는 하드디스크를 반출하라고 지시하여 피고인2가 정당사무실에서 공무원의 정당법 위반 사건의 증거인 하드디스크 2개를 가지고 나와 보관한 사건에서, 원심은 위 하드디스크가 피고인1 자신의 형사사건에 관한 증거라고 하더라도 증거은닉의 공동정범이 성립한다고 판단했습니다.

이에 대법원은 "증거인멸죄는 타인의 사건에 관한 증거를 인멸하는 경우에 성립한다"는 이유로 파기 환송하였고, [2011도5329 판결]을 선례로 표시했습니다. 위 사건에서 검사는 주위적으로 증거은닉 공동정범, 예비적으로 증거은닉 교사로 기소했고, 원심이 증거은닉 공동정범을 인정하였다가 대법원으로부터 파기된 것입니다.

나. 자기사건 증거인멸 공동정범 무죄와 교사범 처벌의 논리적 불균형의 문제

(1) 체계정당성의 문제

자기사건의 증거인멸에 관하여 교사범 유죄 판례와 공동정범 무죄 판례는 심각한 체계정당성의 모순에 빠져 있습니다. **범죄가담 정도가 큰 공동정범은 처벌하지 않으면서 가담 정도가 더 약한 형태인 교사범은 처벌하는 것은 헌법상 비례원칙에 어긋나는 것입니다.** 판례와 통설이 보편적으로 인정하는 행위지배이론에 의할 때에 실행에 가담하지 않은 배후자 또는 상위지시자를 공동정범으로 구성할 수 있다는 점에서, 면도날로 가르듯이 '공동정범과 교사범'을 구별하는 것은 논리적으로 불가능합니다.

 [2011도5329 사건]에서 공직윤리지원관이 부하직원에게 하드디스크의 디가우징을 지시한 것이나 [2015도1000 사건]에서 피고인1이 피고인2에게 하드디스크 반출을 지시한 것을 교사범으로 기소할 수도 있었기 때문입니다.

 공소장에 의하면, 피고인 이화영이 김성태와 방용철에게 법인카드에 대해 "만약 자료가 있다면 문제가 되지 않도록 처리해 달라"고 하였고 김성태와 방용철이 직원들에게 지시하여 증거를 인멸하였다고 하는바, 기능적 행위지배론에 따라 피고인 이화영을 증거인멸 사건의 공동정범으로 기소할 수도 있습니다. [2011도5329 사건]의 공직윤리지원관이나 [2015도1000 사건]의 피고인 모두가 증거인멸 행위를 직접 실행하지 않고 지시만을 하였기 때문입니다. 결국 현재의 대법원 판례에 의하면, 검사가 교사죄로 기소하는가 아니면 공동정범으로 기소하는가에 따라 그 결과가 달라질 수밖에 없습니다.

(2) 보호법익에 대한 인식의 오류

 자기사건 증거인멸 교사범과 공동정범 처벌에 대한 대법원의 체계정당성의 모순, 즉 논리적 일관성의 결여는 침해되는 보호법익에 대한 인식론적 오류에 기인합니다. [65도826 판결]은 형법이 자기 사건의 증거인멸을 처벌하지 않는 것을 형사소송에서 피고인에게 방어권을 인정하는 취지에 따른 것이라 전제하고, 타인을 교사하는 것은 '방어권의 남용'이라고 해석하였습니다.

하지만 방어권 이론의 시각에서 바라볼 때에, [2011도5329 사건]의 공직윤리지원관 역시 부하직원에게 디가우징을 지시함으로써 지시받은 부하직원을 타락시켰으므로, 이 또한 '방어권의 남용'이라고 해석해야 합니다. 요컨대 [65도826 판결]과 [2011도5329 판결]의 사안은 법리적으로 준별되지 않습니다.

애초에 자기사건의 증거를 스스로 인멸하는 행위는 방어권의 남용일 수밖에 없습니다. **왜냐하면 범죄자가 그 증거를 인멸하는 행위는 법률이 인정하는 형사소송에서의 정당한 방어권 행사라고 볼 수 없으므로, 형법이 이렇게 위법한 방어권까지 보호할 이유가 없기 때문입니다.** 오히려 형법 제155조제1항이 '자기 사건'을 제외한 이유는 그가 본죄로 처벌받을 것이기 때문으로 보아야 합니다. 즉 자기사건 증거인멸의 불법은 본죄를 저지른 뒤의 행위로 본죄의 불법에 포함된다고 평가해야 할 것입니다. **독일의 통설도 독일형법 제257조제3항에서 본범이 증거인멸죄의 주체로 인정되지 않는 이유를 '불가벌적 사후행위'(mitbestrafte Nacht)의 개념으로 설명하고 있습니다**(Reinhart Maurach, Friedrich-Christian Schroeder, Manfred Maiwald, "Strafrecht Besonderer Teil Band"(2005) §101 RN. 11).[26]

한편 본범이 증거인멸죄의 주체로 인정되지 않는 이유를 '적법행위 기대가능성의 부존재'로 보는 경우에도, 본범의 구성요건해당성

부존재와 교사범의 불처벌을 논리적으로 설명할 수 있습니다. 특히 '적법행위 기대가능성의 부존재'의 시각에 의하면, 스스로 증거인멸을 하는 경우와 교사를 하는 경우 모두 '동등한 행위가치'를 가진다는 점에서, 전자를 처벌하지 않고 후자를 처벌하는 현재 대법원 판례의 논리적 문제점을 타파할 수 있습니다(行爲의 同價性).

요컨대 자기사건 증거인멸의 교사에 관한 처벌은 법률에 정하지 않은 죄를 소추하는 것이고, 본죄를 처벌하고서 거듭 처벌하는 것이므로, 이는 대한민국헌법 제13조가 정하는 '죄형법정주의'와 '이중처벌금지 원칙'에 위배됩니다. 이러한 핵심을 외면한 바람에, 교사범은 처벌하면서 공동정범은 처벌하지 않는 기괴한 논리에 빠지게 된 것입니다.

(3) '당원정보 하드디스크 반출 사건'의 환송심 판결

[2015도1000 사건]에서 검찰은 주위적으로 증거은닉 공동정범, 예비적으로 증거은닉 교사로 기소했고, 원심이 증거은닉 공동정범을 인정했다가 대법원으로부터 파기되었습니다. 따라서 환송심에서는 예비적 죄명인 증거은닉 교사죄가 판단될 수밖에 없었습니다. [2018

---

26 [논문] 불법행위 증거전자기록에 대한 불법행위 공무원의 인멸행위의 처벌흠결(증거인멸죄의 주체와 공범)_김정환, 형사법연구 제27권 제2호, 186쪽 각주46 (2023. 9. 25.자 변호인의견서 첨부)

노2992 환송심]에서 서울고등법원은 "공동정범의 본질은 분업적 역할분담에 의한 기능적 행위지배에 있으므로 주관적으로 공동가공의 의사와 객관적으로 공동의 행위가 구비되어야 하는데 비해, 교사범은 주관적으로 피교사자의 범행결의에 대한 고의 및 정범의 범죄 실현에 대한 고의, 즉 이중의 고의와 객관적으로 교사자의 교사행위와 피교사자의 범죄 실행이 구비되어야 하는 것이므로, 공동정범과 교사범은 본질적으로 구별된다"고 전제하고, "당초 주위적으로 공동정범으로 기소한 이상, 교사한 부분만을 분리하여 교사범으로 처벌할 수 없다"고 판단했습니다.

그런데 기능적 행위지배론에 의해서 공동정범으로 인정되는 배후자가 부하직원에 대해 지시한 행위는 부하직원으로 하여금 범행을 결의하게 하려는 고의에 따른 교사행위로 해석할 수도 있어, 이러한 표지만으로 공동정범과 교사범을 준별하기는 어렵습니다. 형법 고전이론에서 교사범이 구성된 이유는 '실행하지 않은 배후자의 처벌'에 관한 형사정책상 필요로 인한 것이었습니다. 그렇지만 현대에 이르러 '실행하지 않은 배후자'를 정범으로 처벌할 수 있는 이론이 발전되었음은 물론입니다. 현재 판례와 통설이 수긍하고 있는 [기능적 행위지배론]에 의할 때에 교사범과 공동정범을 구별하는 본질적 표지는 '범죄가담 정도의 경중(輕重)'으로 보아야 합니다. 만약 [2015도1000 사건]에서 검찰이 처음부터 '증거은닉교사죄'로 기소했다면, 아마도 무난하게 유죄판결이 선고되었을 것입니다.

(4) 소결 : 자기사건 증거인멸교사죄 처벌의 위헌성

형법 제155조제1항의 범죄구성요건을 '타인의 사건'으로 제한한 이유를 살피면, ① **행위적 측면의 법리적 근거는 '적법행위의 기대불가능성'**에 있습니다. 따라서 자기사건 증거의 인멸을 교사하는 행위와 스스로 인멸하는 행위는 그 행위가치가 동등하기 때문에, 전자를 처벌하고 후자를 처벌하지 않는 것은 심각한 체계정당성의 모순이 아닐 수 없습니다. 한편 ② 형법 제155조제1항의 범죄구성요건을 '타인의 사건'으로 제한하는 **규범적 측면의 근거는 '불가벌적 사후행위'**mitbestrafte Nacht에 해당하기 때문입니다. 자기사건 증거인멸의 불법은 본죄를 저지른 뒤의 행위로 본죄의 불법에 포함된다고 평가해야 합니다. 따라서 자기사건 증거인멸의 교사에 관한 처벌은 법률에 정하지 않은 죄를 소추하는 것이고, 본죄를 처벌하고서 거듭 처벌하는 것이므로, 이는 대한민국헌법 제13조가 정하는 '죄형법정주의'와 '이중처벌금지 원칙'에 위배됩니다.

[대법원 1965. 12. 10.선고 65도826 판결]은 형법이 자기사건의 증거인멸을 처벌하지 않는 것을 형사소송에서 피고인에게 방어권을 인정하는 취지에 따른 것이라 전제하고, 타인을 교사하는 것은 '방어권의 남용'이라고 해석했습니다. 그러나 자기사건의 증거를 인멸한 것 자체가 방어권 남용일 수밖에 없습니다. 왜냐하면 범죄자가 그 증거를 인멸하는 행위는 적법행위를 기대할 수 없다고 평가할 수 있을지언정 정당한 방어권이라고 볼 수 없고, 형법이 이렇게 위법한 방어

권까지 보호할 이유가 없기 때문입니다. 일본최고재판소가 쇼와(昭和) 40년, 즉 1965년에 자기사건 증거인멸의 교사를 처벌하는 판결을 내리고, 우리 대법원이 이를 모방한 것인데, 이제라도 법리적 오류를 수정해야 합니다. 일본 내에서도 '정범으로 처벌되지 않는 자가 어떻게 교사범으로 처벌되는가?'라는 비판이 있습니다.

4

본죄 공범에 대한 증거인멸교사죄 처벌의 법리적 문제점

가. [65도826 판결]의 취지

[65도826 판결]이 '자기 형사사건의 증거인멸 교사죄'를 처벌하는 이유는 피고인의 교사행위로 인하여 본죄와 무관한 새로운 사람을 범죄로 끌어들여 타락시켰다는 사실에 주목해서 방어권 남용이라고 판단했던 것입니다.

나. 본죄 공범에 대한 증거인멸교사 행위의 평가

이 사건 공소사실을 수긍한다고 하더라도, 피고인으로부터 증거인멸을 교사 받았다고 검찰이 주장하는 자들은 이 사건 본죄인 특가법위반(뇌물)죄 및 정치자금법위반죄의 대향범인 김성태, 방용철로 본죄의 정범 지위에 있는 자들입니다. **다수자가 참가한 범죄의 공동**

정범들이 증거인멸을 모의한 것은 본죄가 단독범행인 피고인이 혼자서 자기 사건의 증거를 인멸할 계획을 세우는 것과 '동등한 행위가치'를 가집니다. 따라서 피고인이 자신이 저지른 본죄의 정범 지위에 있는 다른 공범에게 증거인멸을 교사한 것이라면, 결국 정범들끼리 자기사건의 증거인멸을 모의한 것에 불과합니다.

다. 소결 : 본죄 공범에 대한 증거인멸교사죄의 무죄

자기사건 증거인멸교사죄를 처벌한 [65도826 판결]의 방어권남용 이론은 새로운 사람을 범죄에 끌어들여 타락시켰다는 데에 가벌성의 핵심이 있습니다. 따라서 [65도826 판결]의 법리를 전제하더라도, 피고인 다른 공범에게 증거인멸을 교사한 것은 결국 본죄의 정범들끼리 자기사건의 증거를 인멸한 것으로, 범죄와 무관한 사람을 타락시킨 사례가 아닙니다. 왜냐하면 쌍방울 직원들을 이 사건 증거인멸에 끌어들인 자들은 김성태와 방용철이며, 피고인 이화영이 쌍방울 직원들을 끌어들이라고 김성태와 방용철에게 지시한 것도 아니기 때문입니다.

결국 이 사건 증거인멸교사의 공소사실을 인정한다고 해도, 본죄 정범 지위에 있는 김성태, 방용철에 대한 피고인의 교사는 공동정범들이 자기 형사사건의 증거를 인멸할 것을 모의한 것에 지나지 않으므로, 형법 제155조 제1항이 처벌하는 '타인의 형사사건의 증거를 인멸하는 행위'에 해당하지 않는다고 할 것입니다. 따라서 피고인 이화영에 대한 이 사건 증거인멸교사의 점은 형사소송법 제325조 소정의 '피고사건이 범죄로 되지 아니하는 경우'에 해당하여 무죄로 선고되어야 할 것입니다.

제 5 부

[이화영 제1심 변론요지서]
결어

1
이 사건은 후대에 '이화영 대북송금 조작사건'으로 기록될 것

피고인이 문OO으로부터 받은 약 2,100만원 상당의 카드 혜택만큼 정치자금법위반의 죄가 성립합니다. 그런데 검찰은 존재하지 않았던 사실을 조작하여 피고인이 범하지 않은 죄를 기소했습니다. 쌍방울과 조선아태위, 민경련의 계약서가 엄연히 존재함에도, "계약할 게 없었다"는 김성태의 증언이 이 법정의 문헌에 뻔뻔하게 기재되어 있습니다. 더군다나 그 답변 앞에는 "계약금의 성격으로 보기 어려운데"라는 검사의 유도신문이 기록되어 있습니다. 김성태가 북한에 300만불을 지급했던 2019. 12. 1.이라는 시기는 이재명 지사가 도지사직을 잃고 향후 대통령 선거의 피선거권을 박탈당할 수 있는 판결을 받은 지 석 달이 채 되지 않은 때입니다. 김성태는 이재명의 얼굴도 본 적 없고, 이재명으로부터 아무런 보상도 약속 받지 못한 상태였습니다. 이재명의 정치생명이 사실상 끝났다고 평가하던 시기에, 위대한(?) 선견지명을 가진 김성태는 어떤 약속도 없이 이재명을 위해 300만불을 북한에 대신 납부했다는 것이 대북송금 사건의 요지입니다. 이렇게 비상식적인 줄거리로 공소가 이루어진 이유는 '후견편향' 때문입니다. 즉 이재명 지사에 대한 '**대법원의 무죄판결**'과 '**대통령 후보 선정**'이라는 사후정보가 널리 알려진 정보였기 때문에, 이로 인하여 2019. 9. 6. **이재명이 도지사직을 상실하고 피선거권을 박탈당할 처지에 있었다는 정보 자체를 검사들이 망각한 것입니다.**

이 사건 재판과정에서 피고인 이화영은 숱한 고난을 겪었습니다. 검찰은 피고인을 압박하고 회유했습니다. 피고인이 이재명에게 방북비용을 보고했다고 진술하면, 김성태로 하여금 법인카드를 문OO에게 지급했다고 진술을 번복하게 해주겠다고 박상용 검사와 김영남 부장검사는 피고인에게 약속했습니다. 그래서 뇌물죄와 정치자금법위반죄로부터 벗어나고, 외국환거래법위반죄만 공범으로 처벌받도록 해주겠다고 하였습니다.

본 변호인은 민주당원도 아니고, 이재명 지지자도 아닙니다. 그럼에도 이재명의 무죄를 주장합니다. 왜냐하면 이재명의 무죄가 대북송금에 관한 피고인 이화영의 무죄를 의미하기 때문입니다. 검찰은 이재명을 정치적으로 제거하기 위해 피고인 이화영을 도구로 삼아 대북송금 사건을 조작했습니다. 피고인이 문OO으로부터 2,100만 원 상당의 카드혜택을 받았던 약점을 이용하여, 피고인을 대북송금 사건의 주범으로 몰았습니다. 그랬다가 이재명에게 대북송금을 보고했다고 진술하면, 카드에 관하여 처벌받지 않게 하고 대북송금도

약하게 처벌하게 해주겠다고 회유했습니다.

결국 피고인은 거짓된 조서를 작성했다가, 양심의 가책으로 견딜 수 없었습니다. 결국 제19회 조서에서 입회한 변호인의 도움으로 이재명의 알리바이가 있는 날짜로, 보고일자를 특정했습니다. 나중에 진실을 밝혀야 한다는 양심의 명령이었습니다.

이 사건에서 피고인 이화영이 '실제로 행한 것'과 '행하지 않은 것'을 상식과 논리로써 규명해 주시기 바랍니다. '2019년 쌍방울의 대북송금'은 진실입니다. 그러나 '이화영과 이재명의 대북송금'은 거짓입니다. 1980년 신군부의 '김대중 내란음모 조작사건'처럼, 이 사건은 후대에 '이화영 대북송금 조작사건'으로 기록될 것입니다. 인권의 마지막 보루로서의 대한민국 법원이 이 사건의 진실을 밝혀 주시길 간절히 부탁드립니다.

제 6 부

제1심 판결에 대한 비판

제1심 판결 주문 중 주요 부분

1. 피고인 이화영을 판시 [2022고합733] 사건의 제1의 다항 죄(정치자금법위반죄)에 대하여 징역 1년 6월에, 판시 나머지 각 죄에 대하여 징역 8년 및 벌금 2억 5,000만원에 각 처한다.

2. 이 사건 공소사실 중 스마트팜 비용 대납 관련 무허가 지급으로 인한 외국환거래법위반의 점은 무죄

제1심 판결은 '김성태, 방용철, 안부수의 진술'을 증거로, 이화영의 스마트팜 비용 500만불과 이재명의 방북비용 300만불을 쌍방울그룹이 대납했다는 범죄사실을 모두 인정했습니다. 또한 문○○이 방

---

27 이 사건 제1심 판결은 외국환거래법위반의 점에 관하여 일부 무죄를 판시했는데, 사소한 법리에 불과하여 이에 대해서는 다루지 않겠습니다.

용철로부터 받아 사용했던 법인카드의 사용대금과 급여를 모두 이화영에 대한 뇌물과 정치자금으로 인정했습니다. 제6부에서는 주요 쟁점들에 관하여 이 사건 제1심 판결을 비판하겠습니다.[27]

2

김태균 회의록[28]의 재조명

가. 제1심 판결이 '김태균 회의록'을 주요 증거로 설시함

제1심 판결은 '김태균 회의록'의 전문을 인용하고, 이를 피고인 이화영의 범죄사실에 관한 주요 증거로 거시하였습니다(184~187쪽).

> [2019.01.02.~03.자 회의록](제1병합사건 순번937)
> 대북사업 배경설명(김회장)
> - 농업지원, 내의 지원 등 인도적 지원을 통해 북한 개방에 대비
> - 북한 개방시 사업기회 우선권 확보
> - 미북 관계 긍정적이면 농업지원 등 인도적 지원사업 성과가 사업기회가 되는 것

---

28 쌍방울그룹이 투자를 유치하기 위해 외국계 헤지펀드에게 대북사업을 설명했던 2019. 1.~3.경까지의 문서(제1병합사건 순번 937~940)

김회장 요청사항
- 해외 기관투자가 유치를 통해 그룹 도약의 계기
- 그룹사 전반에 걸친 해외 자금 조달

질의 및 답변
- 인도적 지원?→농업 지원 및 내의 등 대북제재 상황을 고려
- 인도적 지원을 일반기업이 할 수 있나?→경기도와 공동으로 추진하며, 경기부지사의 전폭적인 지원이 있음
- 인도적 지원을 했는데 사업기회를 못 갖는다면?→경기도가 보증하고, 전폭적인 지원을 하고 있다. 기사 참고
- 인도적 지원 통해 사업기회 획득 시 예상되는 사업분야는?→아직 확정되지는 않았으나, 실무자 연결 후 자료 제공
- 선호하는 투자 유치 방식?→전환사채 포함 모든 방법 강구
- 유치 규모는?→오픈

[2019.01.26.~27.자 회의록](제1병합사건 순번938)
대북사업 추가설명(김회장)
- 농업지원, 내의 지원 등 인도적 지원 본격화
- 사업기회 우선권 확보를 위한 포괄적 합의
- 미북 관계 불확실하나, 경기도와 하는 인도적 지원은 향후 사업기회 확보의 발판

질의 및 답변
- 헤지펀드가 정부지원 없는 인도적 지원 및 협력사업이 가능한지 의구심을 갖고 있음→경기도/통일부의 지원이 있음
- 협력사업 분야의 우선권이 확보되면, 매우 매력적이나 솔직히 반신반의하는데 어떤 내용으로?→단순한 협력관계가 아님. 경기도 부지사는 그룹의 리더로 봐도 됨. 컨퍼런스 콜 요청하면 확인
- 어떤 분들이 인도적 지원의 창구를 하는지 펀드에 공개해도 되나?→경기도 부지사 및 과거 통일부 출신이 그룹에 초빙될 것임. 공개여부는 추후 이야

기 해주기로 함
- 특히 에비던스 공개여부?→진행과정의 합의서, 회의록은 비밀준수 약정 후 공개함

[2019.02.23.자 회의록](제1병합사건 순번939)
대북사업 추가설명(방용철)
- 약속된 인도적 지원 집행
- 협력분야가 구체화되어, 예정대로 확정될 것

질의 및 답변
- 헤지펀드 미팅 때 책임있는 관료가 콜을 받을 수 있나?→북미 회담이 잘되면, 바로 부지사 참여 가능
- 협력사업 분야에 대한 에비던스 요청?→가능
- 헤지펀드 요구사항 재확인?→인도적 지원은 민관 합동이고, 사업기회에 대한 우선권은 그룹
- 헤지펀드는 해당 투자금일 협력분야에 에스크로되어, 집행되기를 요구할 것?→당연하나, 회장과 협의 필요
- 인도적 지원에 너무 많은 예산?→회장도 걱정. 그러나 경기부지사 등 요청이 전제되어, 다른 옵션이 없음
- 회사 IR에 인도적 지원을 담기 어려운데 회사계획?→경기도에서 스마트팜 같은 미래지향형 개념으로 연계 제안
- 스마트팜 관련 전문인력을 통해 구체적인 내용?→가능함

[2019.03.07.자 회의록](제1병합사건 순번940)
대북사업 추가설명(김회장)
- 약속된 인도적 지원 집행을 계속할 예정
- 걱정되나, 사업우선권 확보

> 대북사업 추가설명(방용철)
> - 사업분야 중 희토류 등 상세검토 요청
> - 광물자원 분야 진행 요청
> 질의 및 답변
> - 미국계 헤지펀드 들은 식었는데?→일본, 홍콩, 중국 모두 검토
> - 경기도 계속 지원여부?→변함 없음
> - 대북제재가 지속될 텐데, 안전판 차원에서 경기도의 확인을 받아놓는 에비던스를 투자자들이 요구?→인도적 지원은 민관, 사업기회는 그룹
> - IR을 하면 오히려 불리할 수 있을 텐데?→인도적 지원 실행 약속, 미래사업은 몇 년이 걸리더라도 약속
> - 스마트팜 등 내용?→경기도에서 알아서 함. 다른 협력분야 집중

2019. 1. 2.자 회의록의 "경기부지사의 전폭적 지원 있음"이라는 기재, 2019. 1. 26.자 회의록의 "경기도/통일부의 지원 있음. 경기도 부지사는 그룹의 리더로 봐도 됨"이라는 기재, 2019. 2. 23.자 회의록의 "인도적 지원은 민관 합동, 경기도에서 스마트팜 같은 미래지향형 개념으로 연계 제안"이라는 기재, 2019. 3. 7.자 회의록의 "경기도 계속 지원 여부?→변함 없음"이라는 기재가 피고인 이화영에 대한 이 사건 유죄 인정의 근거로 제시되었습니다.

나. 북한이 김성태에게 계약금이 아닌 스마트팜 비용의 납부(인도적 지원)를 요구한 이유 및 경기도가 대북사업을 함께 한다고 김성태가 거짓말을 한 이유

북한이 쌍방울그룹과 1억 불짜리 계약(2019. 5. 12.자 쌍방울그룹-

민경련 합의서, 제1병합사건 순번233)을 체결하면서, 계약금이 아닌 인도적 지원, 즉 스마트팜 비용의 납부를 요구한 이유를 밝혀야 합니다. **그 이유는 이 계약이 파기되었을 때에 계약금을 반환하지 않기 위해서입니다. 이러한 북한의 목적은 달성되었습니다.** 그래서 김성혜 실장이 계약서에 계약금을 적지 않기 위해서 이화영을 들먹이면서 경기도가 약속을 이행하지 않는다고 엉뚱한 핑계를 댔던 것입니다. 한편 계약서에 계약금이 기재되지 않는 상황이기 때문에, 김성태의 입장에서는 투자자들을 설득하는 것이 궁색해질 수밖에 없었던 것입니다.

그래서 2019. 1. 2.자 회의에서 투자자들로부터 "인도적 지원을 일반기업이 할 수 있나?"라는 질의를 받았던 것입니다. 미국계 헤지펀드가 위 질문을 하자, 김성태는 인도적 지원사업을 경기도와 공동으로 추진하고 경기부지사의 전폭적 지원이 있다고 거짓말을 한 것입니다. 심지어 2019. 1. 26.자 회의에서는 '경기도 부지사가 그룹의 리더'라고 허풍을 떨기까지 했습니다. 이런 말만을 믿을 수 없었던 헤지펀드는 인도적 지원을 함께 하는 관료, 즉 경기부지사가 실제로 사업에 협력하는지에 대한 에비던스evidence를 공개해달라고 요구했습니다. 그리고 2019. 2. 23.자 회의에서도 헤지펀드는 쌍방울그룹에게 협력사업에 대한 에비던스를 요청했습니다.

[2019. 1. 26.자 회의록](순번938)

질의 및 답변:
- 헤지펀드가 정부지원 없는 인도적 지원 및 협력 사업이 가능한지 의구심을 갖고 있음 → 경기도/통일부의 지원이 있음
- 특히 에비던스 공개 여부? → 진행과정의 합의서, 회의록은 비밀준수 약정 후 공개함

[2019. 2. 23.자 회의록](순번939)

- 협력 사업 분야에 대한 에비던스 요청? → 가능
- 헤지펀드 요구 사항 재확인? → 인도적 지원은 민관 합동이고, 사업기회에 대한 우선권은 그룹

[2019. 3. 7.자 회의록](순번940)

질의 및 답변:
- 미국계 헤지펀드 들은 식었는데? → 일본, 홍콩, 중국 모두 검토

질의 및 답변:
- 헤지펀드가 정부지원 없는 인도적 지원 및 협력 사업이 가능한지 의구심을 갖고 있음 → 경기도/통일부의 지원이 있음

경기도의 책임 있는 관료가 인도적 지원사업에 참여하는지에 관해 헤지펀드가 에비던스를 요구했고, 2019. 3. 7.자 회의에서도 또 요구되었습니다. 그리고 이 회의에서 미국계 헤지펀드는 투자를 포기했습니다. 결국 '경기부지사가 그룹의 리더'라고까지 말했던 김성태의 설명에 대한 증거를 미국계 헤지펀드가 요구했는데, 김성태가 그

런 증거를 보여주지 못했던 것입니다. 그런 증거가 없기 때문입니다.

다. 소결 : [김태균 회의록]은 무죄 증거

"경기부지사의 전폭적 지원 있음", "경기도/통일부의 지원 있음. 경기도 부지사는 그룹의 리더로 봐도 됨", "인도적 지원은 민관 합동"이라는 **김성태의 말을 믿을 수 없어서 미국계 헤지펀드는 김태균을 통해 에비던스를 요구했고 증거가 제시되지 않자 투자를 포기했는데, 한국의 법원은 김성태의 말만을 그대로 믿고 판결을 선고했습니다.** 요컨대 제1심 법원이 유죄의 증거로 거시한 '김태균 회의록'은 오히려 피고인 이화영의 무죄를 증명하는 증거입니다.

그런데 이 사건 판사는 [김태균 회의록]의 전문을 인용하였으면서,

```
질의 및 답변:
● 헤지펀드 미팅 때 책임있는 관료가 콜을 받을 수 있나? → 북미 회담이
  잘되면, 바로 부지사 참여 가능
● 협력 사업 분야에 대한 에비던스 요청? → 가능
● 헤지펀드 요구 사항 재확인? → 인도적 지원은 민관 합동이고, 사업기회에
  대한 우선권은 그룹
● 헤지펀드는 해당 투자금이 협력분야에 에스크로되어, 집행되기를 요구할
  것임? → 당연하나, 회장과 협의 필요
● 인도적 지원에 너무 많은 예산? → 회장도 걱정. 그러나 경기부지사 등 요
  청이 전제되어, 다른 옵션이 없음
● 회사 IR에 인도적 지원을 담기는 어려운데 회사계획? → 경기도에서 스마
  트팜 같은 미래지향형 개념으로 연계 제안.
● 스마트팜 관련 전문인력을 통해 구체적인 내용? → 가능함
```

[2019. 2. 23.자 회의록](순번939)에 관해서는 "협력사업 분야에 대한 에비던스 요청?→가능"이라는 문구를 제외하였습니다.

[제1심 판결서 185쪽]

■ 질의 및 답변
○ 헤지펀드 미팅 때 책임있는 관료가 콜을 받을 수 있나? → 북미 회담이 잘되면, 바로 부지사 참여 가능
○ 헤지펀드 요구 사항 재확인? → 인도적 지원은 민관 합동이고, 사업기회에 대한 우선권은 그룹
○ 인도적 지원에 너무 많은 예산? → 회장도 걱정. 그러나 경기부지사 등 요청이 전제되어, 다른 옵션이 없음
○ 회사 IR에 인도적 지원을 담기는 어려운데 회사계획? → 경기도에서 스마트팜 같은 미래지향형 개념으로 연계 제안.
○ 스마트팜 관련 전문인력을 통해 구체적인 내용? → 가능함

[김태균 회의록]은 김성태의 진술에 부합하는 것처럼 보이는 유일한 비진술 증거였습니다. 따라서 유죄 판결을 설시할 때에 의미 있게 거시할 것으로 예상하고, 제1심 변론에서 아무런 반박을 하지 않았는데, 그물에 걸렸습니다. 이 사건 판사는 판결서에 이 증거를 인용하면서도, "협력사업 분야에 대한 에비던스 요청?→가능"이라는 문구가 자신의 판결논리와 충돌된다는 것을 인지했던 것입니다. '에비던스, 즉 '이화영이 사업에 협력한다는 사실을 증명하는 증거'를 계속 요구했던 미국계 헤지펀드가 그 다음 회의인 [2019. 3. 7.자 회의]에서는 투자의욕이 식었다고 표현되어 있습니다. 왜냐하면 이 증거가 제시되지 않았기 때문입니다. 더군다나 이 헤지펀드는 "대북제재 지속에 대한 안전판으로 경기도의 확인을 받는 에비던스"까지 요구했다고 [2019. 3. 7.자 회의록]에 기재되어 있습니다. [김태균 회의록]은

피고인 이화영의 무죄를 증명하는 증거인데, 그 중 무죄를 증명하는 문구를 이 사건 판사는 의도적으로 제외시켰던 것입니다.

3

이재명의 방북이 성사되어야 김성태의 계획이 실현된다는 제1심 판단의 당부

가. 판결의 요지

[제1심 판결서 233쪽] 물론, 김성태의 진술에 의하더라도 김성태는 자신의 경제적 이익을 위하여 이재명 경기도지사와 함께 북한을 방문하여 북한 측과의 경제협력사업의 성과를 공표하려는 의사가 있었던 것으로 보인다. 그러나 김성태의 위와 같은 계획은 이재명 경기도지사의 방북이 성사되어야만 실현가능한 것이고, 오로지 김성태만의 방북은 당시 한반도의 정세, 기존 방북 사례 등에 비추어 난망한 것으로 보일뿐 아니라, 지속적으로 경기도지사의 방북을 요청했던 경기도와 달리 쌍방울그룹 내부에서 그 당시 김성태 방북을 위하여 자체적으로 추진하였다고 볼 정황도 충분하지 않다.

나. '이재명 방북이 성사되어야 김성태의 계획이 실현된다'는 판단의 비논리성

2019. 2. 28.자 하노이 회담이 결렬되고 한반도 정세가 얼어붙어 2019. 12.경~2020. 1.경에 방북을 할 수 있을 것이라는 김성태의 생각이 허황된 꿈이었다는 것은 옳은 판단입니다. **그러나 김성태가 자신의 방북이 가능하다고 생각한 이유는 리호남과 김성혜가 김성태를 잘 속였기 때문이지, 이재명의 동행으로 방북이 가능하다고 생각했던 것이 아닙니다.** 왜냐하면 당시 이재명은 경기도지사에 불과했고, 한반도 정세를 바꿀 권한이 있는 대통령이 아니었기 때문입니다. 오히려 2019. 12.경 당시 이재명은 지위를 상실당하고, 향후 대통령 선거의 피선거권도 박탈당할지도 모르는 불안정한 처지에 있었던 지방자치단체장에 불과했습니다. '이재명의 방북이 성사되어야 김성태의 계획이 실현된다'는 제1심의 판단이 최소한의 인과율(因果律)을 갖추지 못했음은 물론입니다.

다. '쌍방울그룹 내부에서 김성태 방북을 위하여 자체적으로 추진하였다고 볼 정황이 충분하지 않다'는 판단의 당부

이 대목에서 이 사건 판사의 법관으로서의 자격을 더 이상 인정하기 어렵다는 결론에 이르렀습니다. 왜냐하면 쌍방울그룹이 김성태의 방북을 자체적으로 추진했던 2019년 하반기의 4건의 문서를 이 사건 변론에서 너무도 많이 강조했기 때문입니다. 이러한 증거가 존재한다는 사실을 실수로 놓친 것이 아니라, 의도적으로 외면한 것입니다.

[후속조치 (모사건 순번1209)] (2019. 6.경 작성된 것으로 추정)

□ 북측(아태, 민경련)과 논의 내용
- 남북경협협의사무소 구성(북측의 계획을 요구)
- 계열사와 민경련 산하 회사간의 구체적 계약내용에 대한 우리측 방안 마련, 이후 가능하면 북측과 협의

[방용철(190701) 출력물 (모사건 순번1210)](2019. 7. 1.경 작성)

3. 협의 안건
□ 최우선적으로 회장님의 방북 추진
- 내외지원 문제
- 회장님 방북문제(내외지원과 연계)
- 아태평화교류협회와 함께 3자 합의로 추진
□ 경협관련 협의
- 평양사업설명회(남북경협협의창구와 연계) 가능 여부 등 기 전달된 합의서 초안에 대한 북측의 입장
- 가능하면 평양방문에서 합의서를 체결할 수 있도록 조치

[협의자료(방사장 190926) 출력물 (모사건 순번1211)]

□ 회장님 방북과 관련해 기 제기한 '평양사업설명회' 개최 여부
□ 특히, 평양사업설명회에 대한 북측의 긍정적 입장이 확인되면, 통일부와 비공식 접촉을 통해 사업과 회장님 방북에 대한 입장 타진

[2019. 10. 2.자 송명철-방용철 회의록](제1병합사건 순번447)

1. **2019년 5월에 체결한 단동 합의서 후속 리행과 관련한 사업.**

    - 쌍방울과 아태는 5월 단동합의서 이행을 위한 준비를 위해 다음의 시기 (11월 15일부터 30일, 12월 15일부터 31일, 1월 15일부터 31일) 안에 만나 쌍방울그룹 회장 이하 계열사 사장단과 북측 민경련 회장 이하 계열사 사장단과의 협상을 통하여 5월 단동 합의서의 포괄적, 실행적 조치를 위한 협의를 가지는 것으로 협의 하였으며,

    - 장소는 평양에서 진행하는 것을 최우선으로 선택하되 불가능한 경우 제 3국(단동)에서 만나는 것으로 하였다.

    - 여기에 장원그룹(밀툭스, 산하 계열사)도 함께 참가할수 있으며, 장원그룹의 사업 추진 준비가 부족한 경우 최소 MOU를 체결할수 있으며.

    - 양측이 협의 및 체결한 내용에 대한 공개(언론 지원 및 인터뷰)는 쌍방울이 자체 상황 판단에 따르기로 하였다.

4

김성태가 방북비용 300만 불을 지급할 이유가 없었다는 제1심 판단의 당부

가. 판결의 요지

[제1심 판결서 229쪽] 쌍방울그룹은 2019. 1.경 및 같은 해 4.경 북한 측에 경기도의 스마트팜 비용 500만 달러를 대신 지급하고, 2019. 5. 12. 민경련과 지하자원 개발사업 등에 관하여 합의서를 작성하였다. 그런데 2019. 5.경 이후 쌍방울그룹과 북한 측 사이에는 대북사업에 관한 추가적인 논의가 존재하지 않았고, 쌍방울그룹은 위 합의서 작성 사실조차 대외적으로 공표하지 못하고 있었다. 그러한 상황에서 쌍방울그룹이 북한 측에 추가로 300만 달러를 지급할 합리적인 이유를 찾아볼 수 없다.

나. 김성태가 '공개 합의서 체결식'을 원했던 이유

아래 2019. 10. 29.자 국정원문건에 의하면, 쌍방울그룹과 북한 민경련은 2019. 5. 12.자 합의서를 체결한 이후에 '공개 합의서 체결식'을 개최하기로 합의했다고 합니다.

> **쌍방울 그룹의 대북경협사업 추진 경과**
>
> 2019.10.29.
>
> (중략)
> - (후속 접촉) 7.4.(3차), 9월말(4차) 접촉시 △대북사업 추진을 위한 남측기업 간 투자그룹 구성 △공식 합의서 체결식 일정 등 협의
> - 쌍방울그룹과 北 민경련은 대북사업권 및 사업권별 남북 사업주체 등을 명시한 '포괄적 합의서'에도 서명
> - "민경련으로부터 ○○○에 ○○ 권리금으로 1억불 지급" 약속
> - 협력사업 추진이 가능한 시점이 되면 공개적으로 합의서 체결식을 개최하기로 합의

김성태가 '공개 합의서 체결식'을 원했던 이유는 2019. 5. 12.자 합의서 제14조 제2항이 합의서 내용을 비밀로 정했기 때문입니다.

> [2019. 5. 12.자 쌍방울그룹-북한 민경련 합의서]
> 제14조 (기타)
> 2. 양측은 본 합의서 내용을 비밀로 하며, 법원이나 법규(남측의 증권거래소 관련규정 포함)에 따라 공개해야 하는 경우는 예외로 한다.
> 5. 본 합의서가 이행되는 시점에서 본 합의서는 계약서와 같은 효력을 가진다.

제14조 제5항에 규정된 '본 합의서가 이행되는 시점'이 바로 '공개합의서 체결식'을 뜻하는 것입니다. 북한이 돈을 더 뜯어내려는 수작이었고, 여기에 쌍방울은 그대로 당했던 것입니다. 2019. 6.경 방용철의 후속조치(모사건 순번1209), 2019. 7. 1.자 방용철 지시사항(모사건 순번1210), 2019. 9. 26.자 방사장 협의자료(모사건 순번1211), 2019. 10. 2.자 송명철-방용철 회의록(제1병합사건 순번447)이 [공개합의서 체결식]을 평양에서 개최하기 위한 김성태의 열렬한(?) 노력을 증명하는 문서들입니다. 김성태가 방북비용 300만 불을 지급할 이유가 없었다는 제1심 판단은 명백한 오류가 아닐 수 없습니다.

5

'이재명 항소심 유죄판결이 방북추진의 장애가 될 수 없다'는 제1심 판단의 당부

가. 판결의 요지

[제1심 판결서 231쪽] 나아가, 이재명 경기도지사에 대한 당선무효 형이 선고된 항소심 판결은 무죄가 선고된 제1심 판결을 파기하고 유죄로 판단한 것으로서, 상고심에서 유무죄 판단의 변경가능성도 충분히 예상할 수 있었다고 보아야 하므로, 위 항소심 판결이 선고되었다는 사정만으로 방북 추진의 현실적 장애가 발생하였다고 볼 수 없다.

나. 핵심의 오류

이 쟁점의 핵심은 2019. 9. 6. 벌금 300만원을 선고 받은 이재명이 방북 추진을 할 수 있었는가가 아니라, 이런 사람에게 과연 장사

꾼인 김성태가 투자를 하는 것이 가능한가라는 점입니다. 단지 당선 무효 형에 그치는 것이 아니라 향후 대통령선거의 피선거권을 박탈당할 상황이었다는 사실을 유념해야 합니다. 왜냐하면 선거범으로 100만 원 이상의 벌금형을 선고받고 그 형이 확정된 후 5년이 경과하지 아니한 자는 공직선거법 제18조제1항제3호 및 제19조제1호에 따라 선거권 및 피선거권이 없기 때문입니다.

[2020. 7. 16.자 경향신문]

경향신문

이재명 기사회생…대법원 '친형 강제입원 허위사실 공표' 무죄 취지 파기환송

이혜리·경태영·김형규 기자 lhr@kyunghyang.com
2020.07.16 20:54

"표현의 자유를 넓게 보장해야"
법관 12명 중 5명은 '유죄 의견'

2020. 7. 16. 법관 12명 중 7 : 5로 아슬아슬하게 무죄가 되었다는 점에서, 그 보다 7개월 전인 2019. 12.경에 이재명의 향후 대권가도를 긍정적으로 전망하면서, 김성태가 이재명을 위하여 북한에 방북비용 300만 불을 전달했다는 사실인정은 전혀 상식적이지 않습니다. 애초에 이러한 엉성한 시나리오로 사건이 조작된 이유는 이재명이 무죄판결을 받고 그 뒤에 대통령후보에 올랐던 사후정보가 너무나 강력했기 때문에, 2019. 12.경 당시에 이재명이 피선거권을 박탈당할 위기에 있었다는 사실을 검찰이 망각했던 것에 기인합니다.

6

'나노스의 주가조작을 인정할 수 없다'는 제1심 판단의 당부

가. '피고인 이화영으로부터 스마트팜 비용 대납 제안을 수락함으로써 비로소 대북사업을 추진하였다'는 판단의 당부

(1) 판결의 요지

[제1심 판결서 215~216쪽] 피고인 및 변호인은, 김성태가 2018. 4.경 쌍방울그룹 계열사인 나노스가 대북수혜주로 부상하여 주가가 급등한 경험이 있었기 때문에 대북사업을 통한 주가상승의 차익을 얻기 위하여 안부수를 통해 조선아태위, 민경련과 계약을 체결하고 그 사업권의 대가로 500만 달러를 지급했다는 취지로 주장한다. 그러나 이는 다음과 같은 이유로 받아들일 수 없다. (중략) ② 김성태, 방용철이 안부수의 주선으로 2018. 11.경 리호남을 만나고, 2018. 11. 29.부터 같은 해 12. 1.까지 김성혜 등을 만난 사실은 인정된다.

그러나 안부수는 2018년경 이전까지 유골봉환사업을 주로 추진해 왔고 2018년경에도 경기도와 북한 측의 소통 창구 내지 주선자로서의 역할만 하였을 뿐, 남북 경제협력사업이나 인도적 지원사업을 추진한 경험이 전혀 없었다. 또한 김성태는 2018. 10.말경 피고인으로부터 안부수를 처음 소개받아 알게 되었는데, 그로부터 약 1달가량 후인 2018. 12.경 안부수를 신뢰하여 대북사업을 전격적으로 추진하였다는 것은 쉽게 납득하기 어렵다. 오히려 대북전문가이자 2018. 10.경 두 차례 방북하였고 경기도 평화부지사의 지위에서 활발하게 경기도의 남북교류협력사업을 추진하고 있는 피고인으로부터 스마트팜 비용 대납관련 제안을 받고 이를 수락함으로써 대북사업을 비로소 추진하였다고 보는 것이 합리적이다.

(2) 2018~2019년 당시 김성혜 및 안부수의 위치와 관계

2023. 6. 20.자 국정원직원 김OO의 증언에 의하면, 2018년 당시에 김성혜는 '경기장에 나서고 경기를 만들어가는 두 가지 역할'을 다 했고, 사실상 남북관계, 북미관계, 북일관계의 직접적인 협상 실무팀의 헤드로, 2018년, 2019년에 굉장히 만나기 어려운 고위층이었다고 합니다(8쪽). 그리고 김성혜와 함께 교섭을 할 남한 측의 카운터 파트너가 사실상 없었는데, 안부수가 김성혜한테 유일하게 접근할 수 있어서 국정원이 안부수에게 협조를 구했다고 진술했습니다(9쪽).

그리고 국정원이 파악하기로도 쌍방울그룹의 대북사업이 안부수

아태협회장의 중재, 협조에 의해서 이루어졌다고 분석하고 있었습니다(모사건 순번1545_2019. 8. 14.자 쌍방울의 대북접촉 진행 동향 확인결과, 모사건 순번1424_2019. 10. 29.자 쌍방울그룹의 대북경협 사업 추진경과). 더구나 안부수 자신의 진술에 의하더라도 김성태가 시켜서 방용철이 매일 자신을 찾아왔었다고 하며, 경기도도 마찬가지로 김성혜를 만나게 해달라고 부탁했다고 진술하였습니다.

[모사건 순번1198_안부수 제8회 피의자신문조서 19818쪽]

문	쌍방울과 북한을 중국에서 처음 만나게 해준 것은 언제인가요
답	그때 방용철이 매일 저를 찾아왔습니다. 김성태가 시켰겠죠. 김성태가 북한에 관심이 정말 많았거든요. 경기도와 똑같은 입장이었습니다. 저한테 계속 상견례 좀 시켜달라고 그랬어요. 그래서 제가 방용철을 박희철과 먼저 연결시켜줬습니다. 그 뒤로도 김성태가 김성혜를 한 번 만나게 해달라고 계속 그러는거에요.

제1심 판결의 판단에는 위 증거들을 왜 배척하는지에 관한 아무런 이유가 없습니다. 과연 이러한 판결을 방지하려면 어떤 제도적 장치가 있어야 하는지 고민에 빠지지 않을 수 없습니다.

2018년~2019년 당시에 조선아태위와의 만남을 주선할 수 있는 사람은 안부수 밖에 없었습니다. 결국 안부수가 경기도와 쌍방울을 함께 초청했기 때문에 2019. 1. 17. 피고인 이화영이 쌍방울그룹의 사람들을 중국에서 만났던 것입니다. 당시 쌍방울그룹과 조선아태위의 회의가 끝날 무렵에 도착한 피고인 이화영이 쌍방울의 회의장에 들어갔다가 찍힌 사진이 이 사건 유죄의 증거가 되었습니다. 또한 함께 저녁을 먹자는 김성태의 초대에 응해 만찬장에 함께 있었다가 찍힌 사진과 동영상을 근거로 피고인이 쌍방울의 대북사업을 보증하고 함께 하는 것이라는 이 사건 기소에 이르게 된 것입니다. 그러나 경기도는 조선아태위에 대한 2019. 1. 11.자 공동협력사업(모사건 순번1063) 제안에 관하여 막상 북한과 합의서도 체결하지 못했습니다. 그에 반해 쌍방울그룹은 희토류 등의 지하자원 개발에 관한 2019. 1. 17.자 기본합의서를 작성했습니다. 이 문서는 2019. 5. 12.자 합의서의 양해각서에 해당합니다. 요컨대 안부수가 아닌 피고인 이화영을 통해 쌍방울그룹이 대북사업을 추진했다는 사실인정은 명백한 오류입니다.

나. '쌍방울그룹이 해외투자 유치과정에 거짓말을 하였다는 변호인의 주장은 기업집단을 운영하는 CEO가 오로지 주가상승을 위하여 해외투자자들을 기망하는 무모한 시도를 했다는 것으로 경험칙상 받아들일 여지가 없다'는 판단의 당부

(1) 판결의 요지

[제1심 판결서 217~218쪽] ④ 앞서 본 바와 같이 김성태는 2019. 1.경 김태균에게 대북사업을 추진하기 위한 자금 유치를 요청하면서 경기도와 인도적 지원을 함께 한다는 취지로 설명하였고, 김태균은 김성태의 위와 같은 부탁을 받아 2019. 1.경부터 같은 해 7.경까지

미국 헤지펀드, 일본, 홍콩 등에 자금 투자를 제안하였는데, 그 과정에서 정부 차원의 지원 내지 보증이 전제되어 있는지 여부를 문의하는 투자자들에게 경기도가 전폭적으로 지원해 주고 있다는 취지로 설명하는 것으로 보인다. 더욱이 이 사건 2019. 1. 17.자 및 2019. 5. 12.자 합의에 따른 경제협력사업은, 북한의 지하자원 개발 및 사회 기반 시설 건설 등과 관련된 대규모 개발사업의 사업권을 부여하는 것을 내용으로 하고 그 사업권 대가가 1억 달러에 달하는데, 만약 피고인의 주장처럼 경기도와 함께 인도적 지원을 하는 차원에서 500만 달러를 지급하는 것이 아니라 주가상승만을 목적으로 쌍방울그룹의 사업권을 확보하기 위한 계약금 차원에서 지급한 것이라면, 김성태는 처음부터 김태균을 통해 대규모 해외투자를 유치하는 과정에서 거짓말을 하였다는 것이 된다. 이는 결국 국내에서 기업집단을 운영하는 CEO가 오로지 주가상승을 위하여 해외투자자들을 기망하여 1억 달러 상당의 돈을 유치하려는 무모한 시도를 했다는 것으로 경험칙 상 받아들일 여지가 없다.

(2) 미국계 헤지펀드가 요구한 에비던스evidence를 쌍방울그룹이 제시하지 못한 사실

김성태가 '① 인도적 지원의 대가로 사업기회를 받는다, ② 경기도가 전폭적으로 지원하고 있다, ③ 경기부지사가 그룹의 리더다'라고 미국계 헤지펀드에게 말했다는 것은 진실입니다. 그러나 2019년 당시에 김성태가 말했다고 해서 그 말이 진실인 것은 아닙니다. 위와 같

은 김성태의 설명에 대해 미국계 헤지펀드는 계속해서 에비던스를 달라고 요구했고, 결국 [2019. 3. 7.자 회의]에서 미국계 헤지펀드는 투자에 소극적이라고 정리했습니다(제1병합사건 순번940). 그리고 나서 일본, 홍콩, 중국계 투자자를 모색하자고 했던 것입니다. 이 회의에서도 경기도의 확인을 받아놓는 에비던스를 투자자들이 요구한다는 질의가 있었고, 이에 대해서 김성태는 "인도적 지원은 민관, 사업기회는 그룹"이라는 말만 반복했습니다.

[모사건 순번1198_안부수 제8회 피의자신문조서 19818쪽]

질의 및 답변:
- 미국계 헤지펀드 들은 식었는데? → 일본, 홍콩, 중국 모두 검토
- 대북제재가 지속될 텐데, 안전판 차원에서 경기도의 확인을 받아놓는 에비던스를 투자자들이 요구? → 인도적 지원은 민관, 사업기회는 그룹

(3) 김성태를 건실한 CEO라고 인정한 제1심 판단의 오류

[스페셜리스트, 쌍방울① 경제권력 된 강남 사채업자]라는 제목의 2022. 11. 10.자 SBS뉴스 보도에 의하면, 다음과 같습니다. 2007년 김성태는 도쿄에셋이라는 불법대부업체를 운영했고, 도쿄에셋의 불법대출 누적 액수만 318억 원이고, 돈을 빌린 사람 중엔 범 LG가 3세, 상장사 대표 등을 비롯해 사회유력인사들도 있었다고 합니다. 당시 도쿄에셋의 자금이 금융범죄에 흘러 들어간 정황도 있는데, 이 자금으로 2010. 1.경에 쌍방울을 인수하였습니다. 김성태는 2010년

[스페셜리스트, 쌍방울① 경제권력 된 강남 사채업자]라는
제목의 2022. 11. 10.자 SBS뉴스 보도

1월부터 쌍방울 주가조작을 했고, 이듬해인 2011. 8.경에는 코스닥 시장으로 넘어가 유비컴이라는 회사의 주가를 조작했습니다.

검찰은 2013.경 김성태 친동생을 먼저 기소를 하는데, 동생은 형의 실체가 드러나는 걸 막기 위해 관련자들에 대해 입막음을 시도했고 이런 사실 또한 들통 났습니다. 1년 여 간 도피하던 김성태는 2014. 4.경 구속 기소됐습니다. 김성태 전 회장의 친동생은 김성태가 기소되긴 전에 1심에서 징역 5년의 실형을 선고받은 상태였는데, 김성태에 대한 1심 판결결과는 징역 3년에 집행유예 5년이었습니다. 주가조작의 수괴였고, 가장 많은 범죄수익을 얻었으며, 도주했던 경력이 있었음에도 편향된 판결이 내려졌습니다. 어찌 되었든지 김성태를 기업집단의 건실한 CEO라고 판시한 이 사건 제1심 법원의 사실인정은 사실관계에 어긋나는 판단이 아닐 수 없습니다.

(4) 안부수 사건의 범죄사실과의 논리적 충돌

이 사건 외국환거래법위반의 범죄사실과 동일한 안부수에 대한

[모사건 순번1474_안부수 판결문]

(3~4쪽)
그 후 피고인(안부수)은 위와 같은 인연을 계기로 평소 북한과의 대북사업에 우선적 참여 기회라는 이권뿐만 아니라 **계열사가 대북관련 테마주, 수혜주로서 주가 상승의 이익을 노리던 김성태, 방용철과 함께 본격적으로 대북사업을 추진하기로 마음먹고**, 아태협과 경기도가 공동으로 주최한 제1회 국제대회 기간 중 김성태, 방용철 등을 조선아태위 부실장 송명철 등에게 소개해 주는 등 북한의 주요인사들과 연결해 주었으며, 그 대가로 아래 제1항 기재와 같이 2018. 12. 12.경부터 씽빙울그룹 등으로부터 지속적으로 기부금을 받기 시작하였는데, 피고인, 김성태, 방용철 등은 **향후 북한으로부터 광물개발사업 등 쌍방울그룹의 주가부양에 도움이 될 만한 사업에 대하여** 우선적 협상권을 확보하기 위하여 쌍방울그룹 김성태가 마련한 자금을 환치기 방식이나 현금 소지 중국 출국 등 다양한 방법으로 밀반출한 다음 조선노동당이나 그 산하 기관인 조선아태위 및 소속 주요 간부들에게 조선노동당에 대한 대북사업 로비자금 또는 이행보증금 등 명목으로 지급하기로 계획하였다.

(9쪽)
나. 경기도 보조금으로 조성된 피해협회 자금 횡령
피고인은 2019. 6. 19.경 '북한 묘목 지원사업' 보조금 전용계좌인 피해협회 명의의 우리은행 계좌 OOOO에서 '북한 밀가루 지원사업' 보조금 전용계좌인 피해협회 명의의 우리은행 계좌 OOOO으로 335,069,975원을 이체한 다음, 2019. 11. 15.경 (중략) **각 이체한 금원으로 나노스㈜ 주식을 매수하도록 지시하여 피고인이 주식을 취득한 것을 비롯하여**, 2019. 5. 8.경부터 2019. 11. 15.경까지 경기도보조금 합계 762,708,350원을 그 정해진 용도와 무관하게 개인적으로 소비하여 횡령하였다. 이로써 피고인은 업무상 보관 중이던 피해협회 자금 합계 1,248,345,350원을 횡령하였다.

외국환거래법위반죄에 대한 수원지방법원 2022고합882 판결이 인정한 범죄사실에는 "피고인(안부수)은 … 계열사가 대북관련 테마

주·수혜주로서 주가상승의 이익을 노리던 김성태, 방용철과 함께 본격적으로 대북사업을 추진하기로 마음먹었다"고 판시하고 있습니다.

안부수에 관한 판결문의 범죄사실은 애초에 검찰의 공소사실을 그대로 인정한 것입니다. 즉 검찰은 안부수 사건에서는, 김성태가 주가상승의 이익을 위해 대북사업을 추진한 것이라고 기소했습니다. 주가상승의 이익을 위해 김성태가 이 사건 대북사업을 추진했다는 변호인의 주장은 안부수 사건 당시의 검찰과 법원의 인식과 같습니다. 그 사이에 도대체 무엇이 변했는지 검찰과 법원은 해명해야 합니다.

다. '리호남의 주가조작 시도가 자체적인 대남공작을 도모하였다고 볼 여지도 있으므로, 이러한 국정원 문건의 내용만으로 김성태 진술의 신빙성이 배척된다고 볼 여지는 없다'는 판단의 당부

(1) 판결의 요지

[제1심 판결서 218~219쪽] 2020. 1. 31.자 국정원 문건에는 "이호남이 지난해(2019년) 3월경 김한신에게 '대북사업으로 쌍방울 계열사 주가를 띄워주는 대가로 수익금 일부를 받기로 했다'며, '쌍방울이 수익금을 1주일에 50억 원씩 전달하도록 할 테니 국내 백화점 상품권을 구입해서 중국 선양으로 보내달라'고 요청했다"는 취지로 기

재되어 있다. 그러나 ㉠ 위 문건은 제보자인 김한신의 진술에 기초한 것으로 보이는데, 그 진술에 의하더라도 주가상승이나 수익금 조성 방법 등 그 내용이 구체적이지 않을 뿐 아니라, 김한신의 진술 내용을 검증하기 위하여 국가정보원에서 어떠한 노력을 기울였는지 불분명한 점, ㉡ 쌍방울그룹의 대북사업을 결정한 김성태가 당시 나노스 주식을 매각하여 이익을 실현하기로 시도하였다는 등 리호남의 계획에 참여하였거나 이를 인지하고 있었다고 의심할 사정이 엿보이지 않는 점, ㉢ 설령 위 문건의 내용과 같이 리호남이 쌍방울그룹의 주가상승으로 인한 이익을 얻어 이를 김한신을 통해 '자금세탁'하고자 계획하였다고 하더라도, 리호남이 (중략) 실제로 이를 활용하여 '대남공작금' 등을 마련하기 위한 자체적인 '대남공작'을 도모하였다고 볼 여지도 있으므로, 김성태 등이 진술하는 쌍방울그룹의 대북사업의 실체와 모순된다고 단정할 수 없어, 위 국가정보원 문건의 내용만으로 김성태 등 진술의 신빙성이 배척된다고 볼 여지는 없다.

(2) '김한신의 진술이 구체적이지 않고, 국정원이 검증하지 않았다'는 판단의 당부

마치 쌍방울그룹의 변호인이 작성한 것 같은 문장에, 놀라움을 금할 수 없습니다. 더구나 실력 있는 변호사라면, 저렇게 어처구니없는 논리를 전개하지는 않았을 것입니다. 애초에 '주가상승이나 수익금 조성 방법'은 리호남과 쌍방울그룹 사이에서 협의했을 사항이고, 리호남은 김한신에게 자금세탁에 대해서만 제안을 했습니다. 김한신에게 맡길 역할이 자금세탁이었기 때문에, 리호남이 쌍방울그룹과 협의한 '주가상승의 방법과 수익금 조성 방법'을 시시콜콜 말할 이유가 없습니다. 한편 국정원이 김한신의 진술내용을 검증하지 않은 사실을 비난한 부분은 정말 가관이 아닙니다. 미수에 그친 사실에 대해 국정원이 더 이상 어떤 검증을 할 수 있는지 묻지 않을 수 없습니다.

(3) '김성태가 리호남의 계획에 참여했다는 사정이 보이지 않고, 리호남의 자체적인 대남공작으로 볼 여지가 있다'는 판단의 당부

위 판결의 ⓒ부분 판시는 '김성태가 리호남의 계획에 참여했다는 사정이 보이지 않는다'는 것이고, ⓔ부분 판시는 '리호남의 자체적인 대남공작으로 볼 여지가 있다'는 것입니다. 쉽게 말해서 리호남이 쌍방울그룹과 협의를 한 것이 아니라, 자체적인 대남공작으로 주가조작을 시도했을 수도 있다는 판단입니다. 아마도 이런 판단은 아래 문건의 첫 부분 문장으로부터 기인한 것으로 보입니다.

北 이호남의 쌍방울 대북사업 이용 주가조작 시도 언급

2020. 1. 31.
O 北 정찰총국 이호남은 지난해 3월경 김한신(남북경협연구소 대표)에게 "대북사업으로 쌍방울 계열사 주가를 띄워주는 대가로 수익금 일부를 받기로 했다"며

아마도 이 사건 판사는 이 문건을 여기까지만 읽었던 것으로 보입니다. 왜냐하면 여기까지만 보면 주가상승으로 인한 수익금을 누구로부터 받기로 했는지 불분명하여, 위 판시가 일응 타당하다고 볼 수 있기 때문입니다. 그러나 그 다음 문장에 주가상승의 수익금을 지급하는 주체를 '쌍방울이'라고 명시하고 있습니다.

北 이호남의 쌍방울 대북사업 이용 주가조작 시도 언급

2020. 1. 31.

O 北 정찰총국 이호남은 지난해 3월경 김한신(남북경협연구소 대표)에게 "대북사업으로 쌍방울 계열사 주가를 띄워주는 대가로 수익금 일부를 받기로 했다"며
- "쌍방울이 수익금을 1주일에 50억원(총액 미상)씩 전달하도록 할 테니 국내 백화점 상품권을 구입해서 中 선양으로 보내 달라"고 요청
- 김한신은 "만약 이런 내용들이 알려지면 국내 민간단체들의 대북사업이 다 틀어질 수 있다"며 거절
* 김한신은 "北 이호남이 최근에도 자신에게 '대북사업 과정에서 돈이 부족하면「쌍방울」을 물주로 소개해 주겠다'고 언급했다"고 주장

'1주일에 50억 원'은 어마어마한 돈으로 쌍방울그룹에서 김성태 회장의 지시가 없다면, 마련할 수 없는 돈입니다. 더구나 위 문건 아래에서 "리호남이「쌍방울」을 물주로 소개해 주겠다"고 제안했다고 진술하고 있습니다. 김한신이 2020. 1.경에 아무 이유도 없이 존재하지도 않는 사실을 국정원과 통일부에 신고할 리 없다는 점에서, 충분히 그 진술의 신빙성을 신뢰할 수 있습니다. 오히려 김성태가 주가조작으로 쌍방울그룹을 인수했고, 유비컴 등의 주가조작에 따른 범죄

전과가 있다는 사실을 고려하면, 위 판결의 합리성을 인정하기 어렵습니다.

7
판결에 영향을 미친 중대한 절차적 위법

가. 검찰청법 제4조 제2항의 위반

검찰청법 제4조 제2항은 "검사는 자신이 수사 개시한 범죄에 대하여는 공소를 제기할 수 없다. 다만, 사법경찰관이 송치한 범죄에 대하여는 그러하지 아니하다."고 규정하고 있으며, 이 규정은 2022. 5. 9.에 신설되었습니다. 당시 법제사법위원회에 제출된 의안을 살펴도 위 규정 외에 더 상세한 제안이유가 설시되어 있지는 않습니다. 이 규정이 신설되기 이전에, 복잡한 사건에 대해 수사검사가 직접 공판에 참여했던 사례가 있었으며, 이를 직관直管 사건이라고 불렀습니다. 요컨대 검찰청법 제4조 제2항의 입법목적은 수사주체의 편향을 방지하기 위하여 수사검사가 공판에 관여하는 것을 방지하려는 것이라고 보아야 합니다. 즉 수사검사가 저지른 오류를 공판검사가 자체적으로 정정할 수 있는 기회를 가지기 위함입니다. 여기서 법문을 좀 더 상세하게 살피면, 사법경찰관이 송치한 범죄가 아닌 검사가 개시한 수사라면 이미 개시된 수사에 참여한 다른 검사도 위 조항에 해당된다고 해석해야 하며, 단지 공소만 제기할 수 없는 것이 아니라 공소의 유지도 담당할 수 없다고 해석해야 그 입법목적이 달성될 수 있을 것입니다.

그런데 이 사건 공판에는 이 사건 수사검사들이 대거 참여하였으며, 이들의 주도로 공판이 진행되었고, 이 사건 판사는 이를 용인했습니다. 이들은 검찰청법 제4조 제2항의 신설 자체를 무시했습니다. 그런데 이화영에 대한 제11회부터 제19회 피의자신문조서 작성에 검찰의 회유가 있었다는 피고인 이화영의 주장이 있었고, 이러한 주장을 뒷받침하는 증거가 제시되었습니다. 그것은 제19회 조서에 기재된 방북비용 보고 날짜인 '2019. 7. 29. 10시'에 이재명이 경기도청이 아닌 여의도 국회의원 회관에 있었다는 알리바이가 증명되었습니다. 이로써 이 조서 자체가 협박, 신체구속의 부당한 장기화 또는 기망 기타의 방법으로 진술된 것이라는 사실이 증명된 것으로, 형사소송법 제309조[29]에 따라 위법한 증거가 아닐 수 없습니다. **그렇다면 피고인 이화영의 제11회부터 제19회 피의자신문조서의 진술취지에 부합하는 김성태, 방용철, 안부수의 진술의 신빙성은 의심되어야**

---

29 형사소송법 제309조(강제 등 자백의 증거능력)
피고인의 자백이 고문, 폭행, 협박, 신체구속의 부당한 장기화 또는 기망 기타의 방법으로 임의로 진술한 것이 아니라고 의심할 만한 이유가 있는 때에는 이를 유죄의 증거로 하지 못한다.

마땅합니다. 그러나 이 사건 공판검사들은 바로 자신들이 위와 같은 위법한 증거를 작출한 수사검사인 탓에, 당시 입회했던 이OO 변호사로부터 비상식적인 진술을 받아내는 등 위법한 증거를 정당화하기에 급급했습니다. 요컨대 이 사건 공판절차에 관여할 수 없는 수사검사들의 참여는 검찰청법 제4조 제2항에 위반되는 것이고, 그에 따라 내려진 이 사건 판결에는 중대한 절차적 위법이 존재한다고 보아야 합니다.

나. 위법한 구속영장의 발부

검찰은 2023. 9. 18. 제2병합사건에 관한 추가구속영장의 발부를 구하면서, 제1병합사건에 관한 입증계획을 제출하였습니다(검찰의견서27). 이는 "구속의 효력은 원칙적으로 구속영장에 기재된 범죄사실에만 미치는 것"이라는 대법원의 판례이론(대법원 1996. 8. 12.자 96모46 결정, 대법원 2000. 11. 10.자 2000모134 결정 등)에 위배되는 것입니다. 왜냐하면 '증거인멸교사 사건'에 관해서는 2023. 9. 26.자 공판기일에 검찰 측 증인에 관한 신문으로 그 심리가 사실상 종결되었기 때문입니다. 따라서 외국환거래법위반죄를 입증하기 위해 이미 심리가 종결된 증거인멸교사죄의 범죄사실을 이유로 구속영장을 청구하는 것은 별건구속에 해당하며, 이러한 별건구속은 영장주의에 위배되는 위법한 결정입니다.[30]

---

30 배종대, 이상돈, 형사소송법(제3판, 1999) 230쪽

헌법재판소는 형사소송법 제92조제1항 위헌제청 사건에서 "사건 법률조항에서 말하는 '**구속기간**'은 '**법원이 피고인을 구속한 상태에서 재판할 수 있는 기간**'을 의미하는 것이지, '법원이 형사재판을 할 수 있는 기간' 내지 '법원이 구속사건을 심리할 수 있는 기간'을 의미한다고 볼 수 없다. 즉 이 사건 법률조항은 미결구금의 부당한 장기화로 인하여 피고인의 신체의 자유가 침해되는 것을 방지하기 위한 목적에서 미결구금기간의 한계를 설정하고 있는 것이지, 신속한 재판의 실현 등을 목적으로 법원의 재판기간 내지 심리기간 자체를 제한하려는 규정이라 할 수는 없다. 그러므로 구속사건을 심리하는 법원으로서는 만약 심리를 더 계속할 필요가 있다고 판단하는 경우에는 피고인의 구속을 해제한 다음 구속기간의 제한에 구애됨이 없이 재판을 계속할 수 있다"고 판시하였습니다(헌법재판소 2001. 6. 28. 99헌가14 결정).

또한 증거인멸교사죄 공소사실 가항에 관하여, 2021. 10. 12.에 하드디스크 주문내역이 변론에서 다투어져 2021. 10. 19.자 하드디스크 교체라는 공소사실이 무죄로 드러난 상황이었습니다. 원칙대로라면 피고인에 대한 3차 구속영장 청구를 기각하고, 불구속 상태에서 검찰의 공소장변경 절차와 변경된 공소사실에 부합하는 증거가 제출되었어야 했습니다. 그런데 아직 공소장이 변경되지도 않은 상태에서 2023. 9. 28. 이 사건 3차 구속영장이 발부되고, 그 뒤인 2023. 10. 4. 공소장변경 허가신청서가 제출되었으며, 2023. 10. 10. 변경된 공소사실을 뒷받침하기 위해 김성태가 종전 증거인멸교사죄 가항 공소사실에 관한 진술을 번복했습니다. 이는 소송절차의 중대한 하자가 아닐 수 없습니다.

여기서 증거인멸교사죄 중 나항 공소사실의 유죄가능성이 존재하므로 3차 구속영장의 발부가 정당할 수도 있지 않느냐는 의문이 있을 수 있습니다. 그러나 피고인 이화영이 방용철에게 전화했던 때 보다 1주일 전인 2021. 10. 12.경에 이미 하드디스크가 교체되었다는 사실은 쌍방울그룹 스스로 하드디스크를 교체할 독자적인 필요성이 존재했다는 사정을 뜻하므로, 이는 곧 나항의 공소사실도 무죄일 수 있다는 사정에 해당합니다. 당시에 관련자들의 진술 외에 피고인의 무죄가능성을 배척할 만한 확정적인 증거가 없는 상황이었으므로, 이 사건 3차 구속영장 발부는 위법하며, 위법한 구속 상태 아래에서 이 사건 판결이 내려진 것입니다.

다. 증거능력 없는 증언에 기초한 제1심 판결의 위법성

형사소송규칙 제75조 제2항은 주신문에 있어서 유도신문을 금지하고, 그 각호에서 5개의 예외사유를 인정하고 있습니다. 검찰은 이 사건 증인신문의 주신문에 있어서 형사소송규칙 제75조제2항 각호의 사유가 없음에도 노골적인 유도신문을 하였고, 이 사건 제1심 법관들은 이를 제지하지 않고 오히려 옹호했습니다.

쌍방울그룹의 계열사 나노스 IR에 '계약금(이행보증금)'이라고 명시되어 있고, 2019. 1. 24.자 200만불, 4. 6. 및 4. 11.자 각 150만불씩, 합계 500만불이 지급된 시점 전후로 2019. 1. 17.자 기본합의서, 2019. 5. 12.자 합의서가 작성되었습니다. 그리고 2019. 12.경 평양에서 공개합의서를 체결하기 위한 후속조치들이 2019년 하반기에 준비되었습니다.

이러한 증거가 있는데도, 검사는 "계약금 성격의 의미는 아닌 것으로 보이는데"라고 하면서, 증인석에 선 김성태에게 계약금이 아니라고 진술할 것을 유도했고, 그러자 증인 김성태가 "계약할 게 없는데 뭘 계약을"이라고 답변했습니다. 이 사건 법관들은 이에 대해 아무런 제지를 하지 않았습니다.

[2023. 7. 11.자 김성태 증인신문 녹취서 33쪽]

> 문 위 자료를 보면 배경으로 2019. 1. 17.자 쌍방울 그룹과 조선아태위 사이의 협약서가 첨부되어 있고, '계약금', '500만 달러(이행보증금)'이라고 기재되어 있는데, 계약금으로 500만 달러라고 기재한 이유는 외부 투자자들에게 스마트팜 사업 비용의 대납이라고 설명할 수 없기 때문에 계약금이라고 기재한 것으로 보이는데, 위 500만 달러가 실제 계약금 성격의 의미는 아닌 것으로 보이는데, 어떤가요.
> 답 그 당시에 계약할 게 없는데 뭘 계약을... 아마 거기에 '경기도 대납'이라고 넣을 수 없으니까 저렇게 표기를 해 놓은 것 같습니다.
> 문 증인이 보기에도 이건 계약금이 아니라는 것이지요.
> 답 계약할 게 없지 않습니까. 그 당시에 제가 500만 불을 지원해 주는 건데...

또한 안부수에 대한 2023. 8. 29.자 검찰주신문의 마지막 일부가 2023. 10. 10.자 공판기일에 진행이 되었는데, 앞서의 사태와 비슷한 신문이 또다시 이루어졌습니다.

[2023. 10. 10.자 안부수에 대한 검찰주신문사항]

> 112. 위 공문에는 2019. 6. 13.자 공문에 있던 쌀 10만톤 지원에 대한 언급이 사라졌는데, 그 이유에 대해 아는가요
>
> 113. 2019. 7.경 이재명 도지사에 대한 방북비용에 대한 협의가 끝났기 때문에 더 이상 쌀 10만 톤에 대한 언급이 사라진 것은 아닌가요

경기도의 2019. 6. 13.자 공문에 경기도가 북한에 쌀 10만 톤을 지원하겠다는 내용이 있었는데, 2019. 9.경 공문에는 이러한 내용이 왜 없어졌는지 그 이유를 아느냐고 검사가 안부수에게 주신문 112항에서 물었습니다.

그러나 경기도 공문의 작성자가 아닌 안부수는 당연히 "잘 모르겠다"고 대답했습니다. **그러자 검사가 그 다음 113항에서 "2019. 7.경 이재명 도지사에 대한 방북비용 협의가 끝났기 때문에 더 이상 쌀 10만 톤에 대한 언급이 사라진 것은 아닌가요?"라고 묻자, 안부수가 이번에는 "그런 것 같다"고 대답했습니다.**

이에 대해 제가 형사소송규칙 제75조 제2항[31]의 위반을 이유로 주신문 제113항에 관한 질문과 답변을 삭제할 것을 요구했습니다. 하지만 이 사건 재판장은 "안부수가 대북전문가이기 때문에 허용될 수 있다"고 하면서, 저의 이의신청을 기각했습니다.

그런데 위 사안은 형사소송규칙 제75조제2항이 정한 유도신문이 가능한 예외사유에 해당하지 않았습니다. 실질적인 신문에 앞선 준

비사항도 아니고(1호), 다툼이 없는 사항도 아니고(2호), 신문자에게 적의를 보인 경우도 아니며(3호), 종전 진술과 상반되는 진술을 하는 경우도 아니었으며(4호), 기타 유도신문을 필요로 하는 특별한 사정(5호)이 있다고 보기 어려웠습니다.

이러한 유도신문은 위법하다고 보아야 하는바 첫째, 주신문 제113항의 검사의 질문과 대답은 유도신문을 넘어서 검사가 진술하고 증인이 동의한 것으로 검사의 주장이지 증인의 증언이라고 볼 수 없기 때문입니다. 이러한 진술은 공판중심주의를 훼손한 위법하게 오염된 증거일 뿐입니다. 둘째, '쌀 10만톤'에 관한 경기도 공문의 삭제 이유는 오로지 공문을 작성한 경기도 공무원만이 답할 수 있는 것이므로 제3자의 답변은 '부지不知'일 수밖에 없고, 당연히 안부수는 "잘 모르겠다"고 대답했습니다. 만약 **'사실'에 관한 사항이라면 유도신문을 통해 기억이 떠오를 수 있지만, 113항에 관한 답변은 '의견'이기 때문에 잘 모르겠다고 했다가 다시 생각날 수 있는 것이 아닙니**

---

31 형사소송규칙 제75조(주신문)
① 주신문은 증명할 사항과 이에 관련된 사항에 관하여 한다.
② 주신문에 있어서는 유도신문을 하여서는 아니 된다. 다만 다음 각호의 1의 경우에는 그러하지 아니하다.
  1. 증인과 피고인과의 관계, 증인의 경력, 교유관계 등 실질적인 신문에 앞서 미리 밝혀둘 필요가 있는 준비적인 사항에 관한 신문의 경우
  2. 검사, 피고인 및 변호인 사이에 다툼이 없는 명백한 사항에 관한 신문의 경우
  3. 증인이 주신문을 하는 자에 대하여 적의 또는 반감을 보일 경우
  4. 증인이 종전의 진술과 상반되는 진술을 하는 때에 그 종전 진술에 관한 신문의 경우
  5. 기타 유도신문을 필요로 하는 특별한 사정이 있는 경우
③ 재판장은 제2항 단서의 각호에 해당하지 아니하는 경우의 유도신문은 이를 제지하여야 하고, 유도신문의 방법이 상당하지 아니하다고 인정할 때에는 이를 제한할 수 있다.

다. 결국 검사의 진술을 그대로 따라 한 것으로 이는 위법하게 '오염된 증거'에 해당합니다. 결국 이 사건 판사는 유도신문을 제지하여야 할 재판장의 의무를 규정한 형사소송규칙 제75조제3항에 위반하였습니다.

더구나 검사의 질문에 대해, 만약 안부수가 "2019. 7.경 이재명 도지사에 대한 방북비용 협의가 끝났기 때문에 더 이상 쌀 10만 톤에 대한 언급이 사라진 것으로 추측됩니다"라고 곧바로 대답했다면, "안부수가 대북전문가이기 때문에 이러한 평가적 진술이 허용될 수 있다"는 이 사건 재판장의 답변은 일응 합리적일 수 있습니다. 하지만 안부수는 검사의 첫 질문에 "잘 모르겠다"고 대답했고, 그 다음 검사의 장황한 주장에 대해 "그런 것 같다"고 답변했습니다. 이는 유도신문을 넘어서 검사의 주장에 그냥 동의한 것에 불과합니다.

변호인 측 증인신문을 제외하고, 검찰 측 증인신문은 모두 검사가 자신의 주장을 말한 다음에 "그런가요?"라고 물으면, 증인이 "네"라고 답변하는 방식으로 이루어졌습니다. 검사의 주장과 이에 대한 증인의 동의를 합체하여 '사건관계인의 증언'이라고 부르고 있으며, 이 진술들을 토대로 이 사건 제1심 판결이 선고되었습니다. 이러한 증인신문이 이루어진 이유는 김성태 등 사건관계인들이 조작된 사실을 다 외우지 못한 탓에, 혹시라도 '진술의 충돌'이 발생할 것을 염려한 때문입니다. 제가 이 사건 제1심 법관들에 대한 기피를 신청했을 당시에, 검찰은 "증인들의 생생한 증언을 들었던 법관들이 기피되면,

형사소송법이 규정한 직접심리주의가 침해된다"고 주장했습니다. 그러나 이 사건 증언녹취서를 살피면, 무엇이 진실인지를 쉽게 알 수 있습니다. 이 사건 증인들은 아주 생생하게 "네"라고 대답했을 뿐이고, 오로지 '검사의 생생한 주장'이 있었을 뿐입니다.

서울고등법원의 선례에 의하면, 원심에서 검사의 유도신문에 의해 이루어진 증언의 증거능력을 배척한바(서울고등법원 2012. 2. 10. 선고 2010노2144 판결, 서울고등법원 2012. 12. 20. 선고 2012노755 판결 등), 이 사건에서 유도신문에 의해 작출(作出)된 증언은 모두 증거능력이 배제되어야 합니다. 또한 이렇게 위법한 진술을 근거로 이루어진 이 사건 제1심 판결은 마땅히 취소되어야 할 것입니다.

제7부

검찰과 법원의 친위쿠데타를 고발한다

이재명과 이화영은 쌍방울그룹의 대북송금 사실 자체를 몰랐으며 전혀 관여하지 않았던바, 따라서 이에 관한 제1심 판결을 취소하고, 형사소송법 제325조에 따라 무죄를 선고하여야 합니다. 제7부에서는 이 사건이 가지는 정치적 의미와 제도적 의미를 살피겠습니다.

1

대북송금 조작사건의 정치적 의미
: 친위쿠데타

가. 검찰의 행동패턴의 변화

'87년 6월 항쟁' 이후 우리 정치는 미국식 대통령제에 근접하였고, 그 대표적인 실증적 사례는 민주당과 보수당이 10년(=5년+5년)을 주기로 2기期씩 집권하면서 정권교체가 이루어진다는 점입니다. 이는 해리 트루먼(Harry S. Truman, 1945~1953) 이래로 80여년에 이르는 동안 단 세 번의 예외를 제외하고 미국 민주당과 공화당이 8년(=4년+4년)씩 집권해 왔던 것에 비견됩니다. 그 와중에 대한민국 검찰은 일정한 패턴으로 규칙적인 행동양식을 보여 왔습니다. 집권 전반기에는 전前 정권의 비리를 수사하면서 집권세력의 도구로서의 충직함을 보였고, 나머지 집권 후반기 동안에는 현現 정권 실세를 수사함으로써 자신이 결코 도구가 아니라는 사실을 각인시키고 자기 존재의 정체성을 드러냈습니다. 그리고 집권당이 민주당인가 보수당인가를 가리지 않고, 동일한 패턴을 보였습니다. YS 시절의 소통령 김현철 사건, DJ 시절 김홍일, 김홍업, 김홍걸 비리사건, 이명박 시절 이상득 사건에 이어 박근혜 대에는 최순실 사건을 계기로 마침내 현직대통령을 수사 선상에 올렸고, 마침내 탄핵에 이르게 하였습니다.

그런데 윤석열 정부에 이르러 이러한 검찰의 패턴이 깨졌습니다. 종전의 행동규(規)칙대로라면 집권 초반에 전(前) 정권인 문재인 정부인사의 비리를 수사해야 하는데, 검찰의 모든 역량이 처음부터 이재명 사건에 올인(All-In) 했습니다. 그리고 집권 후반에 들어서는 지금, 종전의 패턴대로라면 현정부 실세를 수사해야 하는데, 전혀 그런 기미가 보이지 않습니다. 앞서 김현철→김홍일→이상득→최순실의 사례로 보아, 현정부 실세는 단연 김건희 여사여야 합니다. 그러나 김건희에 대한 수사는 종전에 이미 드러난 것조차도 진행되지 않고 있습니다. 검찰의 규칙적 행동패턴이 깨진 이유는 검찰의 목표가 바뀌었기 때문입니다. 종전의 검찰이 정치권력에 대항하여 자신의 정체성을 유지하는 것을 목표로 삼았다면, 지금의 검찰은 현 정권의 재창출을 자신의 목표로 수정하였습니다. 그 이유는 윤석열 정부와 자신을 동일시하기 때문입니다. 그래서 검찰 정권의 재창출에 최대의 장애요소인 이재명을 제거하기 위해 전력을 다하고 있는 것입니다.

나. 친위쿠데타로서의 이화영 조작사건

일반적인 쿠데타가 정권을 탈취하는 기습적 정치행위라면, 이 사건은 이미 권력을 쥐고 있는 세력이 더 큰 권력을 얻거나 권력을 재생산하기 위해 벌이는 친위쿠데타self-coup에 해당합니다. 일본 제국주의시대 황도파의 1936년 2.26 사건, 김일성의 1956년 8월 종파사건, 이승만의 사사오입 개헌, 박정희의 10월 유신, 전두환의 5.17 내란, 옐친의 1993년 러시아 의회해산 등이 대표적인 친위쿠데타의 사례입니다. 김일성→이승만→박정희→전두환에 이어 윤석열의 이화영 대북송금 조작사건이 친위쿠데타의 일례로 우리 역사에 기록되는 순간에 서 있습니다.

한편 보통의 쿠데타가 무력 등 비합법적인 수단을 취하는데 반하여, 이 사건은 사법절차라는 외견상 합법적인 절차를 그 수단으로 삼았다는 점에서, '연성쿠데타'라고 부를 수 있을 것입니다. 연성쿠데타의 대표적 사례가 브라질에서 벌어졌습니다. 브라질의 연방판사 세루지우 모루가 라바 자투Lava Jato라는 조작된 뇌물사건에서, 전 대통령 룰라에게 유죄를 선고[32]하고 현직 대통령 지우마 호세프를 실각시켰습니다. 결국 차기 대선을 준비했던 룰라는 피선거권을 박탈당하였고, 보수적 성향의 사회자유당의 보우소나루가 2018년 브라질 대통령에 당선되었습니다. 그러고 나서 세루지우 모루는 보우소나루 정부의 법무부장관으로 선임되었습니다. 그 뒤 보우소나루의 실정失政으로 브라질의 경제와 정치는 심각하게 후퇴하였고, 2021년 브라질 연방대법원이 룰라에 대한 유죄 판결을 취소하면서, 룰라의 정치 복권이 이루어졌습니다.

---

32 세루지우 모루가 룰라에게 내린 형량이 공교롭게도 9년 6개월이었습니다.

본건은 세루지우 모루 판사가 룰라에게 유죄판결을 내렸던 것처럼, 현 정부의 최대 정적政敵인 이재명을 제거하기 위해 이화영을 매개로 검찰이 허위사실을 조작하고 법원이 판결한 사건입니다. 그리고 이재명을 제거하는 것으로 끝나지 않고, 야당野黨의 다음 대권주자를 상대로 동일한 방식의 수사와 판결이 또다시 이어질 것입니다.

2

대북송금 조작사건의 제도적 의미
: 수사주체와 기소주체의 분리

가. 수사주체와 기소주체의 분리

프랑스 혁명 이후 나폴레옹 치죄법治罪法은 규문주의inquisitorial system 체제를 탄핵주의accusatorial system 체제로 개혁했습니다. 규문주의란 형사재판에서 법원이 스스로 절차를 개시하고 재판하는 것을 말합니다. 예전 한국에서 유행했던 중국드라마 '판관 포청천'이나 조선시대 '원님 재판'이 그것입니다. 수사를 하고 기소한 자가 재판까지 맡는 것입니다. 반면 탄핵주의란 기소권과 재판권을 분리한 체제를 말합니다. 이는 편향bias를 배제하기 위한 사법절차의 근대적 진보였습니다.

그런데 이제 더 나아가서 다른 선진 국가들처럼 수사권과 기소권도 분리해야 할 때에 이르렀습니다. 이것 역시 편향을 배제하기 위한 것입니다. 만약 경찰이 조작수사를 하였고 그러한 정황이 공판 중에 드러났다면, 기소권자인 검찰은 당연히 '오염된 증거'를 배척했을 것입니다. 그러나 지금은 공소를 유지하는 검찰이 바로 조작수사를 감행한 당사자이기 때문에, 이들은 사건의 조작사실을 부인하고 오염된 증거를 정당화하고 있는 것입니다. 이것이 수사주체와 기소주체를 분리해야 할 이유입니다.

나. 유죄판결 이유에 배치되는 무죄 증거 설시의 의무화

한편 이 사건은 법관이 일반적인 인과율因果律과 보편적인 논리법칙에 어긋나는 판결을 내리는 경우에, 이를 어떻게 막을 것인지에 관한 제도적 장치의 필요성을 제기하였습니다. 만약 이 사건 판결을 내린 법관에 대해 인사人事에 관한 유리한 제안이 있어서 이 같은 비논리적인 판결이 자행되었다면, '하향식 인사제도'에 대한 개혁이 필요할 것입니다. 독일에서는 '법원장 호선제'에 의해 판사들이 판사회의 운영위원을 선출하여 판사운영위원회를 구성하고, 다수결로 주요보직을 선출합니다. 이러한 '법원장 호선제'에서 법원장은 대법원장이 아닌 일선 법관의 눈치를 볼 수밖에 없게 됩니다. 그렇게 함으로써 법원장은 평판사들의 재판을 지원해야 하는 자신의 역할에 충실하게 되며, 이로써 평판사들의 독립성이 보장되는 것입니다. 미국에서도 전국법관대표회의, 연방법관대표회의가 상시적 기구로 설치되어 하부에 상임위원회를 두고 인사권을 행사합니다. 2017년 우리나라에서도 평판사들이 임시적이지만 '전국법관대표회의'를 창설하고서, 이로써 대법원장의 손발인 법원행정처를 대체해야 한다는 주장을 제기하였습니다. 이렇게 해야만 판사들이 대통령이나 대법원장의 눈치를 보지 않고, 정치적 중립과 독립성을 이룰 토대를 갖출 수 있기 때문입니다.

그런데 만약 이 사건 판결의 독단적인 비논리성이 그 법관의 정치적 편향성 또는 범죄에 대한 확증편향 등으로부터 기인한 것이라면, 또 다른 제도적 보완이 필요할 것입니다. 요컨대 이 사건 판결서에서 부당하게 무시되었던 사례에서 보듯이, 유죄판결에 배치되는 증거, 즉 무죄의 증거가 있을 경우에는 이를 반드시 게시하고, 이 증거를 배척하는 이유를 명시하는 의무를 법관에게 부여해야 합니다. 다음은 그러한 취지의 형사소송법 개정안입니다.

> [개정안] 형사소송법 제323조(유죄판결에 명시될 이유)
> ③ 유죄판결의 이유에 배치되는 증거가 있는 경우에는 반드시 이를 판결문에 게시하고, 이 증거를 배척하는 이유 및 그에 반대되는 유죄의 증거를 더 신뢰하는 이유를 명시하여야 한다.

예를 들어 김성태 회장의 방북을 준비했던 쌍방울그룹의 문서 4개가 엄연히 존재함에도, 이 사건 판사는 그러한 증거가 존재하지도 않는 것처럼 "쌍방울그룹 내부에서 김성태 방북을 위하여 자체적으로 추진하였다고 볼 정황이 충분하지 않다"고 선언하였습니다. 위에서 제안한 개정형사소송법 제323조 제3항과 같은 규정이 없는 지금의 상황에서는, 위와 같이 증거가 존재함에도 없는 것처럼 판시하는 판결 태도를 규제할 수 없습니다. 만약 상급심이 그 증거를 찾지 못하게 되면 판결의 오류가 확정되는 것이고, 상급심이 그 증거를 찾아서 하급심판결을 취소하더라도 이러한 기만적인 판결 태도를 근본적으로 개선할 수는 없습니다.

또한 [김태균 회의록]에 관한 판단에도 이러한 문제점이 존재합니다. 이 회의록은 해외투자를 유치하는 김태균에게 김성태와 방용철이 사업을 설명하는 것이었는데, 여기에 해외투자자들이 지속적으로 피고인 이화영이 쌍방울의 사업에 협력한다는 에비던스evidence를 요구하였다는 문구가 있습니다. 매번 회의 때마다 투자자들의 에비던스 요구가 회의록에 기재되었는데, 그 이유는 그러한 에비던스가 가능하다고 김성태가 말했을 뿐 막상 제시되지 않았기 때문입니다. 그런데 이 사건 판사는 판결서 185쪽에서 [2019. 2. 23.자 회의록](제1병합사건 순번939) 전문을 인용하였으면서, "협력사업 분야에 대한 에비던스 요청?→가능"이라는 문구를 제외시켰습니다. 이는 위 문구가 자신의 판결논리와 충돌하기 때문이었습니다. 여기서 에비던스란 '피고인 이화영이 사업에 협력한다는 사실을 증명하는 증거'로, 미국계 헤지펀드가 지속적으로 요구했던 것입니다. 이 사건 판사는 자신의 유죄판결에 배치되는 증거의 존재를 숨긴 것입니다. 본 변호인이 제1심 변론에서 [김태균 회의록]에 대해 아무런 반박을 하지 않기 때문에, 이 사건 판사는 피고인과 변호인이 이 문구의 존재를 모른다고 생각했던 것입니다. 그래서 혹시라도 이 문구를 자신이 언급했다가 반박의 빌미를 줄까봐, [2019. 2. 23.자 회의록] 전문을 인용하면서, 이 문구만 뺐던 것입니다. 이 사건 수사기록이 5만 쪽, 공판기록이 5만 쪽이기 때문에, 피고인과 변호인이 주의 깊게 주목하지 않으면 그와 같은 문구를 찾을 수 없다는 사정을 노린 것입니다.

요컨대 유죄판결과 배치되는 증거, 즉 무죄의 증거가 있을 경우에는 이를 반드시 게시하고, 이 증거를 배척하는 이유 및 그에 반대되는 유죄 증거를 더 신뢰하는 이유를 반드시 명시하도록 강제해야 합니다. 왜냐하면 법원의 권위는 헌법과 법률이 규정한 재판권이라는 형식만으로 세워지지 않으며, 판결문이 제시하는 근거의 합리성, 그리고 판결문에 녹아있는 논증의 설득력에 의해 실질적으로 담보될 수 있기 때문입니다. 이에 대해서는 동료 법조인들의 폭넓은 토론이 전제되어야 할 것입니다.

맺음말

맺음말

검찰과 법원의 부당한 조치를 막을 수 있는 최후의 힘은 국민들께 있습니다

저는 이 사건을 맡기 전까지 이재명 대표에 대한 재판을 보면서, 그가 '개인의 운명을 당의 운명으로 치환시켰다'고 생각했습니다. 그래서 이재명 대표 체제는 민주당의 역사에 큰 오점으로 남을 거라고 생각했습니다. 그러나 이 사건의 실체를 알게 된 순간, 두 분 선배님에게 깊은 연민을 느꼈습니다. "얼마나 힘들었을까? 얼마나 억울했을까?"라는 공감이었습니다. 만약 이재명이 아닌 다른 사람이 민주당의 대통령후보가 되었다면, 사건의 표적은 '그'가 되었을 것입니다.

이 사건 변론에서 수차례 반복했듯이, 저는 민주당원이 아니며, 이재명 지지자가 아닙니다.[33] 그럼에도 저는 이재명의 무죄를 주장했습니다. 왜냐하면 이재명에 대한 검찰의 공소사실이 너무나 엉성해서 이재명의 무죄를 증명하기 쉬웠기 때문이었습니다. 그래서 이재명의 무죄를 증명하고, 김성태 진술의 신빙성을 깨트림으로써, 이화영의 무죄를 증명하려고 했던 것입니다. 그러나 이 사건 판사는 유죄의 선입견을 노골적으로 비쳤고, 편향된 절차진행을 하였습니다. 변호인이 어떤 변론을 하더라도 유죄판결을 예비하고 있는 것으로 보였습니다. 결국 이 사건 판사는 김성태, 방용철, 안부수의 진술만으로 유죄를 선고했고, 통상적인 논리규칙을 저버렸으며, 객관적인 증거가 존재함에도 '그러한 정황이 보이지 않는다'고 선언했습니다. 이 사건 판사는 부죄의 증거를 고의적으로 배제하고, 논증이 아닌 억압적 권위로써 피고인에게 '죄와 벌'을 정했습니다.

이 사건은 검찰과 법원이 자행한 친위쿠데타로, 다만 대한민국 역사에서 '실패한 쿠데타'로 기록될 것입니다. 그리고 검찰청을 철폐하고 기소청을 설치하는 기폭제가 될 것이며, 법원의 판결을 좀 더 합리적으로 개선시키는 역사적 계기가 될 것입니다.

제가 이 글을 쓴 목적은 단지 이재명과 이화영의 무죄를 주장하는 것에 그치지 않습니다. 이 글은 사법절차라는 합법적인 형식의 외피를 쓰고서, '정당의 공정한 경쟁'과 '그를 통한 정권의 합리적 교체가능성'을 파괴한 검찰과 법원의 부당한 조치를 고발하는 것입니다. 그리고 이들을 막을 수 있는 최후의 힘은 오직 우리 국민들께 있다는

---

33 '이재명 지지자'가 아니라고 해서, '윤석열 지지자'나 '조국 지지자'라는 뜻이 아닙니다. 저는 시민들이 특정 개인을 숭배하는 정치경향의 위험성을 지적하고, 그러한 행동패턴을 반대하는 것입니다. 다만 제 생각은 시민들이 정치인을 추종하지 않고도 그 의사를 실현시킬 수 있는 민주적 제도가 헌법적으로 보완할 때에 완성될 것입니다(拙稿「지배당한 민주주의」(2018),「민주주의에 관한 공화주의적 왜곡」(2021) 참고).

사실을 호소합니다. 마지막으로 여러분께 대한민국헌법 제1조 제2항을 상기시켜 드립니다.

"대한민국의 주권은 국민에게 있고, 모든 권력은 국민으로부터 나온다."(출처 : 대한민국헌법 전부개정 1987. 10. 29. [헌법 제10호, 시행 1988. 2. 25.])

- '피고인 이화영'의 제1심 변호인 김현철 변호사

부록 1

이화영의
옥중노트

피고인 이화영의 옥중노트(수원구치소 318)

허위진술 경위서

- 검찰 진술

✓ 김성태가 체포된 이후, 2023년 2월, 3월을 지나면서 방용철, 안부수의 거짓 진술과 증언이 시작되었다.

✓ 김성태는 대북송금을 이재명과 경기도를 위해서 했으며, 나하고 상의하였다고 진술하였다.
법인카드 제공 경위에 대해서는 애매한 입장을 보였다.

✓ 방용철과 안부수도 김성태의 진술에 맞추어, 대북송금은 이재명과 경기도를 위해서 했으며, 나하고 늘 상의하였다고 허위진술을 시작하였다.
김성태 체포 이후에는 '법인카드는 문등록에게 주었다', '북한과의 접촉은 이화영과 경기도와 무관하게 진행되었다.', '김성태뛰는 오래 전부터 아는 사이이며, 이화영이 소개한 것이 아니다' 는 진술을 했었다.

✓ 김성태, 방용철이 나를 압박하기 위해 '만들어 낸' 허위 진술을 시작하였다. 예를들면, '도지사 재직 시절에 헌금을 제공하였다', '경찰관 인사청탁을 하면서, 돈을 주었다'는 등의 진술

✓ 검찰이 나와 관련한 사람들 - 가족, 주변 지인 등 전방위적인 압박과 수사를 시작하였다.

Date   .   . 2.

✓ 검찰은 쌍방울 관련자들에 대해서는 나와 관련된 진술을
김성태, 방용철, 안부수와 같은 기조로 진술하도록 압박하였다.
나의 재판에서 증언을 한 쌍방울 직원의 진술이 검찰의
의도와 맞지 않으면, 다시 증인으로 세워 진술과 증언을
번복하는 일이 잦아졌다. (비서실장 엄용수, 김성수 등)

✓ 검찰의 가족 및 주변 지인에 대한 압박이 점점 심해졌다.
내가 '대북송금'을 인정하면, 주변 조사도 안하고 재판 받는
것도 처벌받지 않을 수 있는 것이라는 내용으로 주기 시작하였다.
(2023년 3월 말)

✓ 갑자기 조사자가 박상용 검사에서 송민경 부부장 검사로 바뀌었다.
송민경 검사는 매우 격앙된 모습으로 '대북송금을 인정하라'고
압박하였다. 함석주 검사, 허관일 검사도 조사에 참여하였다.

✓ 2023년 4월 9일 등 여러차례 송민경 검사로부터 조사를 받았다.
'증거인멸 24', '제3자 뇌물', '뇌물', '정치자금' 등이 난무한
국가 가산을 관 것이며, '대북송금을 인정하라'는 압박은 심하게
받았다. '스마트팜' 비용을 대납했다는 터무니없는 주장을
인정하라는 압박을 심하게 받으며 조서는 작성하였다.
나는 그러한 사실이 없으며, 허구적인 내용이라고 강하게 주장하였다.
송민경 검사가 다시 박상용 검사한테 조사를 받으라고 하였다.
이후 박상용 검사도 '자기 선에서 마무리 짓자. 윗 분들한테 체면이 있다.
더 이상 사고 치지 말고 인정하면 다 좋은 일이다.'라고 얘기하였다.

✓ 2023년 3월 말 부터 4월 초 기간에 검찰 뿐만 아니라 김성태, 방용철, 안부수 및 쌍방울 직원들의 법정 진술 등을 통해서 나를 심하게 압박하였다.
예를 들면 방용철은 기존 진술을 번복하는 법정 증언 - '법인카드를 이화영에게 주었다. 대북송금을 의논하였다. 증거인멸을 교사하였다' 등 -을 하였다. 또한 방용철은 2019년 7월경 내가 부지사로 재직할 때, 정박사와 함께 현금 1억원을 제공하였다는 법정진술을 했다. 방용철은 이 진술은 잘못 안 것이라는 식으로 얼버무리기도 했다.
나중에 법정에서

✓ 안부수도 거의 매일 검찰에 불려가면서, 김성태, 방용철과 말을 맞추어 시작하면서 법정에서도 황당한 거짓 증언을 계속했다.
나는 안부수를 국정원으로부터 소개 받았으며, 국정원에 확인하면 사안의 진모를 정확하게 알 수 있으니, 국정원에 확인해달라고 법원에 요청하였다. 안부수는 국정원 간여 부분을 부정하다가, 어느 순간 - 검찰이 국정원과 협의한 후 - 부터 국정원에 사안을 보고하였다고 증언을 번복하였다.
나는 국정원 보고서에 사안의 내용이 자세히 기술되어 있을 것으로 기대하였으나 막상 국정원 보고서는 주요 내용은 모두 가리고 제출되면서 사안의 정확한 실상을 파악하기 어려운 상태로 제출되었다.

✓ 쌍방울 직원들도 법정에 나와 이전의 증언과는 다른 증언을 하였다. 엄몽우, 김현우 등은 방용철이 2019. 7에 나에게 현금을 제공하는 것을 목격하였다는 황당한 진술도 하였다.

∨ '삼인성호'가 아니라 '삼십인성호'가 만들어지고 있었다. 나는 정말 무력한 느낌이 들었다. 이들은 없는 죄를 만들고 있다는 생각이 들었다. '스마트팜' 등 관련 사안은 방용철, 이OO, 쌍방울 직원, 김성태 주변 사람들이 검찰에 갔다온 후 한결같이 허위 증언을 하는 걸 지켜보면서, 나는 잘못하면 '뼈째 먹히겠다'는 겁을 먹었다.

∨ 2023년 5월 들어서는 거의 매일 검찰 출석을 요구 받았다. 나는 검찰의 압박과 김성태 등의 허위 조작 진술, 주변 지인들에 대한 검찰의 수사, 가족에 대한 공격, 관련자들의 법정에서의 거짓증언 등으로 심리적 공황상태에 빠져들었다.

∨ 검찰에서는 나와 김성태, 나와 방용철, 그리고 김성태 변호인과의 면담도 주선하였다. 김성태는 면담에서, "형님! 평생 징역 살 수도 있어요. 이재명은 어차피 끝났어요. 검찰 말 듣고 협조해서 빨리 나갑시다. 형님이 이재명 보호 한다고 누가 알아주지도 않아요." 라고 말했다. 또 "어차피 이재명은 구속되지 않아요. 민주당 국회의원들이 체포동의안 반대 동의하지 않을거에요. 이재명이 불구속으로 재판 받으면 재판이 오래 걸리거에요. 시간이 흐른 뒤 상황이 달라졌을 때 똑바로 얘기하면 되잖아요. 그러니 지금은 검찰이 하라는대로 협조해서 빨리 나가는 것이 제일 중요해요. 내 밖의 맏누나 둘째누나 내 변호인들하고 만나서 얘기해 보세요." 라고 얘기했다.

✓ 검찰에서는 방용철과의 면담도 여러 차례 주선하였다. 방용철은 "김성태 회장님 말이 맞아요. 우리는 이미 결정했어요. 부지사님 혼자 못 버텨요. 만약 협조하지 않으면 더 많은 혐의를 뒤집어 씌울 수도 있어요. 협조하면 지도 부지사님이 잘 되도록 법정 증언은 할께요." 등의 발언을 하였다.

✓ 김성태 측 변호인인 위재민 변호사 등 3~4인도 검찰에서 면담을 주선하였다. 김성태측 변호인들도 한결같이 김성태와 같은 취지의 발언을 하였다. 특히 검찰 고위층과의 약속을 확실히 받았다고 얘기하는 변호사도 있었다.

✓ 2023년 5월 당시 검찰에 출석하면 김성태, 방용철은 거의 매일 검찰에 나와 있었다. 1313호실 앞에 '창고'라는 명패가 붙은 방에 제법 큰 회의용 테이블이 있었고, 그 방에서 그들은 거의 매일 세미나를 하듯이 말을 맞추었다. 그 자리에는 구속되었다가 석방된 쌍방울 임직원들 각자가 여러 명이 와 있었고, 김성태, 방용철의 심부름을 하는 것 같았다.

✓ 검찰은 조사받으러 온 나와 지인과의 면담도 주선하였다. 검찰에서 비교적 자유로운 분위기에서 만나 얘기를 나누었다. 나는 내 주변 지인에게 검찰이 구속영장을 청구할 것이라는 - 내가 협조하지 않으면 - 압박에 엄청난 압박과 고통을 느꼈다. 증기아 2023년 5월 19일(?)에 신명섭 국장이 구속되었다는 소식을 듣고, 더 이상 내가 버티기 힘들다는 생각을 했다.

✓ 박상용 검사는, "스마트폰 비밀번호과 이재명 지사의 방북이용을 성남시장 김성태가 대납해 준 것을 인정해달라. 부지사님이 그렇게 진술해도 이재명 대표가 구속되지는 않을 것이다. 그렇게 진술하지 않으면 우리는 부지사님을 주범으로 기소할 수 밖에 없다. 김성태 등 쌍방울 관련자들이 잘 협조하고 있어서, 부지사님도 절대 무죄가 되지 않을 것이다. 법정에서 부지사님 변호인들의 변론은 내가 보기엔 잘못하고 있는 것이다."

"김성태 변호사들과 얘기 잘 했는가. 내가 부지사님을 지켜드리고 싶은데 시간이 별로 없다. 빨리 입장을 확실히 해야 한다"고 말했다.
~~얘기했습니다.~~

✓ 나는 2023년 5월, "김성태의 대북송금 흐름을 이해하고 있었고, 이재명 지사에게 김성태가 돕고 있다는 취지의 말씀을 드린 기억이 있다"는 진술서를 박상용 검사에게 제출하였다.
박상용 검사와 면담 보고용 형식이었다.

✓ 위 진술서 작성부터, 2023년 5월 20일 경부터 2023년 6월 말까지 거의 매일 - 주말 포함 - 검찰의 출정 파출 받았다.
나는 박상용 검사에게 위에 진술한 것 외에는 어떠한 얘기도 못하겠다고 했다. 그러자 다시 1504호에서 별건수사는 하겠다고 했다.
박상용 검사는, "이런 진술서 갖고는 상부에서 안된다고 한다. 더 구체적으로 조사해야겠다. 그러지 않으면 내 선에서 도움을 줄 수 없다",
"형량이 제일 무거운 특가법위반(뇌물)죄로 김성태가 잘 얘기 할 수 있고, 증거인멸교사로 당연히 잘 얘기될 것이다. 이재명 제3자 뇌물 방조범으로라도 약하게 끝낼 수 있다"고 말했다.

✓ 박상용 검사는, "부지사님 보세요. 지금 검찰에 협조한 쌍방울 직원들 다 석방되고 있잖아요. 김성태 동생도 1년 6개월 구형할 것을 6개월로 낮춰서 구형했잖아요. 박모 등도 집행유예로 다 나갔잖아요. 방용철도 보석 신청하면 나가게 할 겁니다. 김성태 동생도 보석으로 나갈게에요."
" 이재명 대표는 백현동 건으로 확실히 처벌될거에요. 부지사님 진술로 이재명 대표가 구속되지는 않을 것입니다" 라고 얘기하며, 나에게 좀 더 확실한 진술을 요구했다.

✓ 나는 계속 더이상의 진술은 할 수 없다고 버티었다. 그러자 박상용검사는 어쩔 수 없다며, 송민경 부부장 검사가 조사하게 될 것이라고 했다. 그러자 김성태, 방용철 등이 나에게 다시 압박을 가해왔다. 김성태는, "이재명 대표에게 쪼개기 후원했다", "이화영이 부탁해서 이재명 후보에게 후원하였다"는 진술을 했다고 압박했다. 또한 김성태는, "내가 그동안 법정 증언을 안하고 버텼었는데, 이제는 할 수 밖에 없다. 형님이 협조하면 사실대로 증언하고, 협조하지 않으면 형님에게 불리하게 증언하겠다"고 압박하였다.

✓ 나는 박상용검사에게, "김성태의 스마트팜 비용 대납은 전혀 모르는 일이다. 다만 이재명 지사의 방북과 관련 해 나는 협조를 요청한 바가 있다" 이렇게 진술하면 되겠느냐고 했고, 제안
박상용 검사는 "좋다"고 하였다.

< 2023년 6월 9일 >

✔ 1125호, 1505호에서 계속 출석 요구를 하면서 압박한다.

✔ 이재명 대표에게 대북송금과 관련한 내용을 공유했음을 진술하라고 압박한다.

✔ 박상용 검사 : "부지사님이 제대로 진술하지 않아서, 나도 힘을 쓸 수 없다. 내 선을 떠날 것 같다. 시간이 없다. 오늘 송민경 검사에게 조사 받으시라. 상부의 압박이 심하다"

✔ 송민경 검사 : "이 정도 진술로 검찰에 협조했다고 할 수 없다. 스마트팜 관련 비용을 쌍방울이 경기도 대신 북한에 보내는 것 아니냐? 이재명 지사의 1억불 비용도 김성태가 경기도 대신 보낸 것 아니냐?"며 추궁하였다. 11회차 조서가 작성되었다.

✔ 설주완 변호사 : "검찰에 약속한 진술로는 오늘 진술이 약해 보인다. 좀 더 명확하게 진술하는게 좋겠다"

✔ 나는 설주완 변호사의 입장을 잘 이해할 수 없었다.

< 2022년 6월 12일 >

✓ 6월 11일 일요일에도 1125호, 1505호의 출석 요구가 있었다.
  야박하고 화나는 동시에 하고 있다. 엄청난 스트레스를 받는다.

✓ 1504호 송민경 검사실에 출석하였다.
  선주완 변호사가 출석하지 않았다.
  설 변호사는 나와 상의 없이 일방적으로 변호인 사임계를
  제출하였다고 한다.
  이전에 무언가 정리해와서, 확실하게 진술할 것을 나한테
  요우하였으나, 따르지 않았다.

✓ 선주완 변호사 출석 없이 송민경 검사로부터 조사를 받았다.
  12회차 조서를 작성하였다.

〈 2023년 6월 14일 〉

✓ 송민경 검사에서 다시 박상용 검사로 바뀌었다.
  나는 박상용 검사와 결정을 보아야겠다고 생각했다.

✓ 서성원 변호사가 내가 조사받는 1313호 검사실로 변호인으로서
  조력을 주기 위해 찾아왔다.
  박상용 검사는 서성원 변호사를 민주당에서 내 진술을 막으러 간
  것이라 오해하였다. 변호사가 없으면 내 진술이 검찰의
  회유와 압박에 의한 것으로 보여, 가능한 변호사 배석 하에
  진술하도록 했었던 이전의 태도에 비해, 이 날 박상용 검사는
  서성원 변호사의 조사 배석을 강하게 막았다.

✓ 박상용 검사: "변호사 맞느냐? 변호사 신분증을 보여달라.
  변호인 선임계는 냈느냐고. 여기는 어떻게 들어 왔느냐고.
  공무를 방해하고 있는 것이다. 조사할 것이다."

✓ 서성원 변호사: 선임계는 직후 내면 될 것 아닌가. 왜 변호인의
  정당한 권리를 막고 있느냐. 인권위 등에 제소할 것이다.

✓ 결국 나는 서성원 변호사의 조력을 받지 못한 채 13회차 조서를
  작성하였다.

< 2023년 6월 15일 >

∨ 선주한 변호사도 검찰에 나오지 않았고해서, 조사 받기를 거부했으나, 박상용 검사가 완강한 자세로 조사는 받아야 한다고 했다.

∨ 박상용 검사는 변호사가 없는 상태에서 이재명 대표에 대해 불리한 진술조서를 받는 것은 초기에는 부담스러워 하였다. 그러나 이 때쯤부터 무언가에 쫓기듯이 변호인 없이 조서나 의견서를 받자고 재촉하였다

∨ 결국 14회차 조서를 작성하였다.

∨ 정확한 과정은 잘 모르겠으나, 다음 조사에는 이한이 변호사가 참여하여, 조사 받을 때 조언을 해주기로 하였다. 비용 등의 문제로 검사 조사 때는 이한이 변호사가 참여하지 못하는 것으로 알고 있었으나, 비용 문제가 해결되어 참여하게 되었다고 했다.

〈 2023년 6월 16일 〉

V 이한이 변호사가 참여한 가운데 15회 진술 조서를 작성하였다.

V 박상용 검사는 이한이 변호사가 옆에서 함께 듣는데도 아무렇지도 않게 내게 여러가지 거래성 제안을 하였다.
나는 이한이 변호사에게 내가 어느 정도 진술을 해야, 이재명 대표에게 피해가 가지 않겠느냐고 물으며, 박상용 검사의 조사에 응해야 했다.

V 박상용 검사는 조사 도중, 혹은 조사가 끝날 무렵에는 항상 김영남 부장검사 등 상층부에 내 진술에 대한 평가를 받고 추가 조사를 진행하였다.
추가 조사는 대부분 이재명 대표에 대한 내 진술이 부족하다는 것이었다.

V 박상용 검사는 이재명 대표의 방북 비용을 인정했으니, 스마트팜 비용도 김성태가 경기도와 이재명을 대신해서 지출하였다고 인정해야 한다고 다시 압박하기 시작하였다.
그렇게 진술을 해야, 제3자 뇌물죄에서 주범이 아닌 종범이 되고, 검찰에 협조하였으니 선처도 가능하다고 얘기 했다. 이한이 변호사는 스마트팜 비용 대납은 이미 법정에서 우리가 충분히 방어했으니, 절대 인정해서는 안된다고 조언하였다.

〈 2023년 6월 18일 〉

∨ 일요일 임에도 박상용 검사가 출석을 요구하여 이학이 변호사 참여 하에 16회 진술조서를 작성하였다.

∨ 내가 박상용 검사와(예계) 조사를 받을 때에는 항상 김성래, 방용철, 쌍방울 직원 2~3인이 검사실 옆의 '창고'라고 쓰여진 공간에 모여 있었다. 일요일 등 식사를 배달하여 먹어야 할 때에는 쌍방울 직원들이 외부에서 사들고 오는 것 같았다. 육회 비빔밥, 연어 오리 등을 먹었다.

∨ 박상용 검사가 나에게 좀빨리 협조적으로 진술을 마무리하고, 맛있는 것을 먹으면서 파티를 한번 하자고 얘기했다.

〈 2023년 6월 21일 〉

✓ 이한이 변호사가 국정원 압수수색에 참여하기로 하였다.

✓ 박상용 검사는 이한이 변호사가 참여할 수 없음에도 조사를 해야한다고 압박하였다.
이한이 변호사가 불출석한 상태에서 17회 진술조서를 작성하였다.

✓ 나는 이재명 대표에게 피해가 가지 않도록 최선을 다해서 진술하였다. 박상용 검사도 나의 진술 정도면 충분하다는 입장이었다. 그러나 중간에 혹은 끝 무렵에 부장검사에게 불려가서 보충 질의를 했다.
보충질의 내용은 한결 같이 이재명 대표에 대한 것이었다.

〈 2023년 6월 22일 〉

✓ 조사 중간에 이한이 변호사가 참여하였다.
   박상용 검사와 18회 진술조서를 작성하였다.

✓ 조사 끝 무렵에는 김성태와 대질신문도 있었다.

✓ 나는 이재명 대표에게 피해를 주지 않기 위해, 향후 법정에서 제대로 다투기 위해 거의 작문 수준의 진술을 계속 했다. 애초 대북송금에 대해서 김성태의 진술도 허위이고, 나의 진술도 허위이기 때문에, 나와 김성태의 진술이 맞을리가 없었다. 박상용 검사는 나와 김성태의 작문 수준의 진술을 대질신문이라는 형식으로 조서에 남겨두었다.

✓ 김성태는, "형님이 좀 더 확실하게 진술을 해야 빨리 끝난다"고 나에게 좀 더 자세한 진술을 강요하였다. 내가 "내가 붕어빵에 씨멋으라고 카드도 주고, 회사에 취업도 시켜놓고 그걸 나한테 뒤집어씌우면 어떡하냐"고 항의하자, 김성태는 "이재명 끝났으니 이재명한테 대북송금 보고했다고 형님이 확실히 하면, 붕어빵 카드도 내가 사실대로 진술할께요." 라고 하였다.

✓ 김성태와의 대질신문으로 나는 진술이 모두 끝났다고 생각했다. 박상용 검사, 이한이 변호사, 검찰 수사관, 방용철, 성방욱 국장 등 모두 모여 악수도 하고, 차도 마시고 했다.

✔ 김성태는 박상용 검사, 이〇이 변호사가 있는 자리에서도
"영남, 3~4번 후에 제가 진실을 모두 말할 수 있을거에요.
우선 이 순간만 좀 피합시다. 영남이 의리 지킨다고 이재명이
살아날 수도 없어요. 영남이 화끈하게 도와 주세요.
조사가 지긋지긋 하잖아요. 빨리 끝냅시다" 고 말했다.

✔ 나는 김성태가 박상용 검사, 이〇이 변호사 가 없는 자리에서도
대놓고 얘기하는 것을 보면서, 검찰과 김성태, 쌍방울 관련자
들이 긴밀한 협력 구조에 있다는 것을 내심 전감하였다.

✔ 박상용 검사도 이고 얘기를 김성태를 통해서, 혹은 김성태 측
변호사를 통해서 전달하였으나, 아지는 이〇이 변호사가 있는
자리에서도 공공연히 김성태가 얘기하는 걸 방치하는걸 보면서,
내 진술이 절실히 필요하다는걸 느꼈다.
단건 박상용 검사는 비록크 검찰은 김성태의 대북송금이
비리드를 위한 계약금으로 보내졌다는 사실을 알고 있기 때문에,
어떻게 해서든 나의 진술을 받아야 이재명 대표를 기소할 수
있겠구나 하는 생각을 하게 되었다.

✔ 박상용 검사는 이번 진술경서 작성으로 일단락 되었으나, 부하라
성북의 성너를 통해 추가 조사를 갖 누가 찾아고 얘기하였다.

〈2023년 6월 30일〉

✓ 나는 지난 6월 22일 18회 조서로 검찰에 충분히 협조하였다고 생각하였다.

✓ 그러나 박상용 검사는 6월 22일 이후에도 지속적인 검찰출석을 요구하였다. 6월 28일에는 이전 진술으로는 부장검사와 상부가 만족할 수 없다고 하더니, '이재명에게 보고하였다'는 보다 구체적 진술을 진술할 것을 요구하였다.

✓ 결국 나는 6월 30일, 이하이 변호사 함께 하게 19회 진술조서를 작성하였다.

✓ 박상용 검사: "이 상태로는 상부에서 동의할 수가 없다고 한다. 무언가 확실하게 이재명이 연결되어야 당신이 주범이 아닌 종범이 될 수 있다. 처벌도 최신 가볍게 받을 수 있다. 지금 재판 받고 있는 것도 잘 해결될 수 있다. 보석이나 구속기간 만료로 나가서 불구속 상태로 재판받을 수 있다. 검찰이 그렇게 할 수 있다. 시간이 정말없다. 오늘이 마지막이다. 결정하라" 고 최후통첩식의 압박논 하였다.

✓ 나는 "도대체 무엇을 더 구체적으로 진술하여야 하느냐" 고 반문했다. 박상용 검사는 조사과정을 공부하고 있다는 김영남 부장검사에게 다녀오더니, "보고일자와 상황을 특정해서 진술하라"

" 부지사님 진술이 입주는 있는데 출구가 없다. 김성태가 이재명 지사의 방북비용을 대납해준다는 정황을 이재명 지사에게 보고했으면, 그 결과로 보고했지 않겠냐. 그 부분은 정확하게 진술해달라"고 얘기했다.

✓ 김영남 부장검사는 이전에 두 차례 면담 형식으로 만난 적 있었다. 나는 박상용검사 외에도 두려운 벽은 느꼈다.

✓ 나는 조사에 참여했던 이한이 변호사에게 '이재명 지사가 일정이 있는 날이 그 즈음 언제이냐'고 물었다. 이한이 변호사가, '2019. 7. 29(월)에 역시로 꼭 일정이 있는 것으로 나온다'고 알려주었다.

✓ 나는 이재명 지사에게 피해가 가지 않을측 "2019년 7월 29일, 월요일 오전 10시경 이재명 지사에게 보고하였다"고 허위 진술을 하였다.

✓ 박상용 검사 : "이재명 지사가 보고를 받은 후 '알았다'고 표현하지 않았느냐. 이 부분이 각 들어가야 한다."
" 기왕에 인정한 것, 스마트폰 부분도 확고하게 인정하라. 그러면, 이 사건 전체에서 부지사님의 비중은 정말 작아진다"
" 김성태의 증인 신문을 엄정히 실시하겠다. 이 조서를 7월 중에 법원에 내면, 부지사님은 증거채택에 즉각 동의해주어야 한다. 증거채택에 동의해주면, 김성태의 증언도 탄핵될 수 있다."

Date . 19 .

✓ 박상용 검사가 7월까지는 일단락해야 한다고 했다.
이재명 대표의 국회 일정과 관련이 있어 보였다.

✓ 갑자기 김성태에 대한 증인 신문을 검찰이 법원에 요청하였다.
원래 김성태에 대한 증인 신문은 재판의 마지막에 하기로
예정되어 있었다. 검찰은 내 진술이 번복될 것을 우려해서인지
내 진술조서에 대해 서둘러 법원에서 증거로 채택되기를 희망했다.
그래서 김성태의 증인신문을 재판 도중에 검사가 요청하며,
나를 압박하는 카드로 활용하였다.

✓ 박상용 검사 : "7월 재판에서 김성태의 증인 신문이 진행될 것이다.
우리가 제출하는 머리아 신문조서에 대한 증거채택 동의를 해주어야
한다. 7월 11일 재판에서 꼭 마무리 하자. 만약 증거 채택이 동의되지
않으면 측만리 조사가 없을 것이다. 검찰 측 증인 약 100명을 모두
취소할 수도 있다. 재판을 빨리 끝내는 것이다. 그러면 구속기간
만료로 나갈 수 있을 수도 있다. 잘 생각해야 한다."

✓ 7월 11일, 김성태에 대한 증인 신문이 진행되었다. 김성태는 법인카드
진술을 번복하였다. 검사가 나에 대한 공소사실이 바뀌었다고
진술하면서 11회에서 19회 까지의 진술조서를 추가증거로 제출하였다.
이같은 판사가 진술조서에 대한 추가증거 채택 여부는 물리 않았다.

✓ 재판과 수사가 정치적 도구가 되었다.

✓ 2023년 7월 18일 재판이 열렸다.
판사가, "지난 7월 11일자 재판 때 검사가 추가증거를 내면서 피고인 측이 기존 공소사실에 대한 입장에 변동된 부분이 있다고 했는데 변호인이 그 부분에 대해 말해줄 수 있느냐"고 질문하였다.

✓ 나의 변호인은, "그동안 피고인은 쌍방울그룹의 경기지사 방북비용에 대해 '전혀 모르는 일이고 관여하지 않았다'는 입장이었다. 그러나 최근 검찰조사에서 '쌍방울의 방북 대납한 사실이 있다'는 취지로 진술하였다'고 말했다.

✓ 나의 변호인은 검찰이 추가로 제출한 진술조서의 증거채택 여부를 7월 18일 결정하는 것이 타당하지 않다는 의견을 제시하였고, 박상용 검사를 '약속 위반'이라고 생각했노라, 법정에서 큰소리로 격렬하게 항의하였다.

✓ 2023년 7월 24일, 아내가 변호사들 해임하는 신서를 법원에 제출하였다.

✓ 2023년 7월 25일 재판에서 나는 "변호인 해임신서는 내 뜻이 아니다"라고 말했다. 박상용 검사는 기존 나의 변호인과 재판을 마무리해야 한다라며, 나에게 아내를 설득할 것을 종용하였다.

✓ 아내가 방청석에서, "이게 이화영 재판이냐, 이재명 재판이냐?" 당신 정신 똑바로 차려라"고 소리치며 퇴정하였다.

✓ 나는 기존의 변호인에게 계속 재판을 진행해 줄 것을 간곡히 요청하였다. 그러나 변호인은 내 처의 공사화와 재판에 관여하지 않는다는 것을 분명히 하지 않으면 변호인을 사임하겠다고 말했다.

✓ 2023년 8월 8일 재판이 열렸다.
법무법인 덕수 김형태 변호사가 종전 '대북송금을 이재명 각하에게 보고했다'는 내용의 9개의 피의자 신문조서의 임의성 및 내용을 부인하는 증거의견서를 제출하였다.
재판부 기피신청서도 제출하였다.

✓ 나는 재판 도중 잠깐 김형태 변호사를 만나 '성의되지 않은 내용이다. 동의할 수 없다'는 입장을 말씀드렸다.
김형태 변호사는 사임신고서를 제출하였다.

✓ 법원이 국선 변호인을 선임하여 주었다. 국선변호인은 혐의에 대한 심리를 진행하였다.

✓ 2023년 9월 7일, 김광민 변호사가 9개의 피의자 신문조서의 임의성 및 내용을 부인하는 증거의견서를 제출하였다.
2023년 9월 13일, 재판부는 "피고인이 증거 의견이 변동될 수 있기 때문에 증거능력을 결정짓는 증거조사는 하지 않겠다"며 증거의견을 보류하였다.

✓ 2023년 9월 21일, 이재명대표 구속영장 청구가 가결되었다.

부록 2

이화영의
편지

2023.03.19. 이화영의 편지

사랑하는 정화에게 (24)

너무 오랜만에 펴기는 듯합니다.
24번째 인가도 헷갈립니다.
메모는 잘하고 있다가 압수수색을 당하고 후에는
그나저 흥미를 잃어서 잘하지 않고 있습니다.
이곳의 생활도 많이 흐트러져서 책도 잘 안 읽히고,
운동도 제때로 못하고…… 반지 다잡아야 하겠습니다.
지(?)에 치과 수술을 했습니다.
수원 시내에 있는 정규석치과에서 했습니다.
이빨을 뽑고, 치주에 고름을 제거하고 인조뼈를
이식하는 수술을 했습니다. 1시간 30분 이상 걸린
것 저에게는 고행이었대요.
특이한 것은 내 혈액을 상당히 빼서, 원심분리로
무언가를 채취해서 인조뼈와 함께 이식했습니다.
치과 진료를 여러번 받아봤지만 처음 경험한
것입니다. 냉 찜질을 제때로 못해서 얼굴이 엄청
부어 있습니다. 누기가 영향을 주어서 지금 약으로

Page. 2

잘 안보입니다. 괜찮아지겠지요.
내 몸이 이건 상태 임에도 검찰은 도만 2시에도
부르고, 일요일에도 불렀습니다.
도저히 나갈 수 없는 형편이라 불출석사유서는
제출하고 나가지 않았습니다.
꼭 나타지 않았다고 언론플레이까지 공껏 하겠지요.
정규식 원장님에게 약 처방을 받아서, 밖의 약을
먹는 것도 병행할 것 같습니다. 혈압약도 거의
다 쇠비하지 않았나 싶습니다.
죽을 먹어야 하는데, 죽이 않아서 이를 제대로
못 먹고 있습니다. 아침에는 공만 가끔 때가
2개 있고요. 치아 진료 많이 받았는데 이렇게
웃는 경우는 처음이라 좀 당황스럽네요.
참으로 정규식 원장님은 아주 친절하게 정성껏
치료해 주셨습니다.
두리 양고 수감치고. 사람들 시선 따르에, 치료
받는게 부담스러웠지만, 원장님이 잘해주셔서
편하게 받았습니다.

목말 영치 때 본 당신의 모습이 안 좋아보여서
걱정입니다. 이목증 증세는 괜찮아졌는지요?
당신에게 여러모로 미안한 마음입니다.
곧 결혼기념일로 다가오는데, 무오 해 드릴 누가 없을
신세라, 안타깝고 미안해다.
신문을 보니 '눈맛 도시'로 알려진 대저리 인상이
'끝맛 도시'로 바뀌고 있다고 합니다.
대하장, 오시 칼국수, 경통오징어 국수, 대전 칼국수,
라뱅 99-1, 피제리아 다 먹기 같은 식당이 맛있다고
해서 하외 이라너 같 때 맛있게 식사하면 좋겠어요.
하외가 TV 동물농장 항영 좋아하서 1명에다.
TV에서 하외 모습을 보면 너무 기쁠 것 같아요.
앞으로 TV 동물농장 방영 때 아파 검창이 불러가서
볼 수 없을까가 걱정입니다. 꼭 보아야겠어요.
앞으로 자주 편지 드릴게요. 나로 당해내서 아내명
대통령이 심정을 알겠어요. 정말 억울한 너무너무
편향한 검창에 대책에 보다는 참할 수 없어요.
우일에게 편지지하고 있고 싶은 책 목록을 보낼게요.
" 사랑합니다. "   2023. 3. 19
                                              이화영

2023.07.02. 이화영의 편지

Page. 1

사랑하는 정화에게

오랫만에 편지를 쓰네요.
가만히 있어도 온몸에 진득진득한 진땀이 배어나는
무더운 날씨네요.
그 동안 검찰에서 너무 고통을 주어서 많이 힘들었지요.
특히 주변 사람들이 고통을 받고 있는 것도 너무 마음이
아프고요. 당신도 많이 힘들게해서 정말 미안해요.
지금 TV에서 오리 따먹는 장면이 나오네요.
작년에 양산하고 오리 따먹으면서 즐거웠던 기억이
나네요. '자연의 철학자들' 이라는 TV 프로그램인데
빨리 당신하고 저 프로그램처럼 자연 속에서 당신을
편안하게 해주고 싶네요.
부부가 같이 멀리 가야한다고 하네요.
욕심 부리지 말고 많은 모름만 심어서 먹어야 한다고도
하네요. 주로 보는 TV 프로그램이 동물이 왕국 같은
자연 프로그램이라 늘 귀중, 귀여하는 생각을 해요.
채소도 심고, 물고기도 잡고…, 그럼 생활하면 좋겠어요.

조금 복잡한 사정이 있어서 일부 무너진 것 같아요.
마음도 아프고, 몸도 아프네요. 이빨이 3개나 상식성
비기 있으니까 뭘 먹기로 불편하니네요.
삶과 죽음. 그런 것도 본질적으로 생각해보고 있고요.
반야심경을 훔쳐주기로 하려면, 잘 마음이 잡히지 않네요.
확실히 이곳은 겨울보다 여름이 힘드네요.
무기력해지니, 하고 싶은 의욕도 많이 꺾기고.
기원이 있으니 면먼은 서로 사역하네요.
벌써 9개월이 지나가고 있네요. 빠른 것 같기도 하고,
느린 것 같기도 하고. 위에 가게가 수술도 예정되어
있고, 종양이 생각도 들어있네요.
요즘 TV 동물농장에 나온 고양이 진료 차트 누더니 보다는
확실히 큰 병은 치료하는 아빠가 더 대단하게 보이더라고요.
6월 마지막 밤, 준영하고 전화하면서, 종영이가
아빠를 위로해주어서 눈물이 났어요. 더운 날씨에
건강 잘 챙기시라고 하더군요. 종영 생일선물로
무엇을 보내야 할까 고민이네요.
다행은 빨리 멀리 놀러간 하기가, 만나며 좋겠어요.

장모님도 집이 오셔서 케어센터로 가시고, 당신과
함께 임상을 하시느게 너무 다행이에요.
장모님께 안부 전해주세요. 적응하기를 바라는.
초등학교 친구들이 영치를 모아주셔서 감동했기요.
정말 초등친구들이 대학 친구들 보다 낫네요.
내가 그들에게 해 준 것이 없는데, 그래도 늘 한결같이
마음 써주는 것이…
당신 무릎 고려서 잘 하세요. 무릎만 좋아지면 여기
재밌는 일은 할 수 있어요. 북한에서도 다시 좀 살아보고.
지금 막 구치소에서 영월분 나누어주네요. 처음이에요.
덥고 잠나 봐요. 당신이 알려준대로 특시 삼메경에 빠지는
게 제일 나은데 그것도 잘 안되네요.
마음그 얘기지만, 당신이 잘 버려주셔서 정말 고마워요.
19일에도 많이 시달릴 것 같아요. 변호사들은 잘 상의할게요.
하나가 수능하면 가족들이 맛고 여름휴가를 다녀오세요.
한 말이 참 방흥늦게, 제대로 할 누가 없어서 안타까워요.
부디부디 건강 잘해 잘 하시고, 가능한 편안하게 시간을
보내시는 바랍니다.   2023. 7. 2
                          화영.

2024.03.31. 이화영의 편지

Page. 1

사랑하는 정화에게

편지를 오랜만에 쓰네요.
내 편지는 이 구치소에서 거의 유일하게 '특이서신'으로
취급되어 있어요. '특이서신'이 뭔지.
변호사에게의 한마디 한마디와 편지 글 속에 등장
되는 모든 언어를 검열당한다고 생각하니 정말 끔찍해요.
그래서 편지 쓰는 재미가 없어요.
당신이 일주일에 한번씩 꼬박꼬박 보내주는 편지가
큰 낙이예요. 앞으로 나도 꼭 답장을 할께요.
오늘이 3월의 마지막 날이네요.
며칠 모레면 우리 결혼기념일이고요.
36년 동안 많이 부족한 나를 사랑으로 감싸주며, 살아준
당신에게 새삼 감사한 마음을 전해요.
결혼하던 그 해 4월2일 이틀 전인 3월31일도 오늘처럼
날씨가 화창했던 기억이 나네요.
그 때 학교에서 친구들과 농구하다가 얼굴이 벌겋게
익었던 기억도 나고요. 당신한테 혼났었지요.

부록2. 이화영의 편지

좀 결혼식 전날 안양집 책 뒤은 기억로 나고요.
하늬, 다혜, 준영 낳아서 기르느라고 고생 많았어요.
그래도 아이들이 사고도 없이, 모두 착하게 잘 성장해서
가정을 이루고, 손자 손녀를 낳고 잘들 살아가고 있어서
다행이에요. 모두 당신의 격려와 포용 덕분이라고 생각해요.
우리 나이가 벌써 63살 이네요.
부디 아픈 무릎도 빨리 나아서 건강하고 편안하게
살았으면 좋겠어요. 지난 세월 내가 당신에게 섭섭하게
했었던 모든 일을 사과드려요.
반성과 성찰 속에서, 당신과 앞으로 어떻게 재미있게,
보람있게, 건강하게 같이 잘 살아갈까는 늘 생각하고
있어요. 좋은 계획이 많이 있는데, 만나서 얘기할게요.
아이들과 같이 다녀온 '명상원'은 좋았는지요?
나도 함께 하고 싶었는데, 아쉽네요.
장모님도 같이 모시고 갔으면 좋을뻔 했어요.
우리 부모 세대중 유일하게 살아 계시니까, 우리가 정성껏
잘 모셔야겠어요. 물론 지금 당신이 잘하고 있지만,
나는 앞으로 장모님께 정말 잘해 드리고 싶어요.

위에서 계속 경련이 일어요.
스트레스 때문이라고 하는데, 나는 별로 스트레스 받지
않고 있는데, 계속 아파서 걱정이에요.
조직검사 결과가 어찌 나왔을거로 궁금하고요.
술을 전혀 안 마시는데, 왜 뒤뚝이 그렇게 빨갛게 혀져있는지
모르겠어요. 나이가 들어서 그런가 봐요.

　　　×　　　×　　　×

꿈을 꾸었는데 삶은 달걀을 먹는 꿈이였어요.
그런데 다음날 부활절이라고 삶은 달걀 2알을 나눠
주었어요. 참 신기했어요.
내가 계란토리를 좋아하는데, 당신이 해주는 계란요리는
먹고 싶어요. 일본에서 유행하는 길거리 식품인 달걀말이도
가서 먹고 싶어요. 나중에 은퇴하고 계란말이 전문점을
같이 하고 싶어요. '일본식 계란말이' 괜찮을 것 같아요.

　　　×　　　×　　　×

재판에서 검찰놈들의 주장이 정말 황당해요.
변호사의 주장이 상식적이예요.
재판부가 어떤 생각을 하는지 궁금해요.

Page. 4

선생전 없이 공정한 판단을 해주기를 간절히 바라고 있어요. 총선 이후에 내 사고와 진실을 좀 더 확실하게 알리고 싶어요.

× × ×

「한반도는 아프다」「중국 인문기행」「잠등소의 현대사」「불교, 동아시아를 만나다」「철도원 삼대」를 읽었어요. 책 읽는 것이 재미있어요. 다른 일 없이 책 읽기에만 집중할 수 있으면 좋겠어요. 책을 읽으면 새로운 세상이 보이고, 막연하게 알고 있었던 것들이 분명하게 내 속에 쌓이는 것을 느껴요. 이렇게 강제 격리된 것은 나에게 책을 읽으라는 '신의 계시'인 것 같아요.
책을 읽으면서 가능한 메모는 하고 있어요. 최소한 두번 정도는 읽어서 충실히 이해하려고 하고 있어요.
「경제사상사」「노자가 옳았다」「마가복음 강해」를 읽고 있어요. 도올 김용옥 선생의 진단이 되어가고 있어요.
책을 잘 넣어주어서 정말 감사해요.
곧 3권을 다시 반출할 수 있을 것 같아요.
책을 보내주는 맥주원 선배를 비롯한 친구들에게 고마운

마음을 전해주면 고맙겠어요.
천기에게 고맙다고 전해주시고, 책 잘 읽고 있다고
전해주세요.
① 「불로소득 자본주의 시대」 브렛크리스토퍼스, 여문책
② 「제로에서 시작하는 자본론」 사이토 고헤이, 아르테
③ 「지금 우리에게 예수는 누구인가?」 정경일, 마인드랩
이천기 교수에게 이 3권을 부탁한다고 전해주세요.
     × × ×
" 이제는 120 살까지 건강을 유지하며 사는 시대를 긴 안목으로
조망해야 한다. 과거의 경제학 공식을 벗어나, 노동과 휴식, 직업과 취미,
경제활동과 사회적 기여 등 인간 활동의 의미와 가치를 새롭게 정립해야
하는 미래가 우리 안에 이미 와 있다" — 노정혜. 서울大 명예교수
이주희 이화여K 사회학과 교수가 쓴 글도 좋아요. '막말과 총선'
같은 글도 내 생각과 똑같아요. 이주희 교수 경력을 알려주세요.
매일 면회오는 당신에게 고마운 마음 전해요.
준영에게 졸업기념 선물을 부탁했는데, 무엇을 받았는지요?
빨리 나가서 나의 사랑을 당신께 선물로 드릴게요.
사랑합니다. 보고 싶어요! 2024. 3. 31

          이 화 영

부록 3

백정화가 이화영에게 보낸 편지

2024년 1월 8일 백정화의 편지

보고픈 당신에게!   1.

날씨가 소한을 지나더니 많이 추워졌네요. 바깥에 볕은 넉넉한지 궁금하네요.
몸이 추울수록 마음도 혈관도 좁아지니 많이 움직이려고 노력하고
운동시간이라도 잘 활용해서 움츠러든 마음과 몸을 조금이라도 펴 보세요.
내일부터는 또 재판이 시작되니 당신 스트레스도 많아지겠네요.
이제는 웬만큼은 넘었으니 좀 더 여유를 가지고 재판에 임하시길 바래요.
재판부의 본색을 알았으니 더 기대도 하지 마시고 마음 단단히 먹고
이 시간들을 견뎌내봅시다.

요즘 당신 덕에 김동춘에 빠져서 헤어나질 못하고 있어요.
해박한 지식과 시대를 꿰뚫는 역사의식. 그 해석능력
그 무엇보다도 감동적인 것은 자기가 알고있는 것을 열심히 발품팔아가면서
두루 알리는 거예요. 그 열성과 무색하게 '사자후를 토하시는' 열변을
들으면 저도 덩달아 무언가를 해야되겠다는 생각이 절로 들어요.
특히 젊은이들에게 열심히 강의하시는 모습은 너무 멋지네요.
가끔 당신도 저 위치에 서면 좋겠다는 바램도 해 보고요.
근데 그럴려면 정말로 방대한 지식이 필요해요. 언어(4개국가능).
역사. 철학. 한학. 논리학. 경제. 사회학 등등..
모든 지식을 두루 엮어서 해석해 내고 그 해석들은 현재 우리들의
현실에 대응하는 멋진 귀결이 좋구요.

꼭 동춘이 현재. 과거. 미래에도 꼭 필요한 우리나라의 화두는
"분열" 과 "남북통일" 이래요.
• 너무도 극단적인 이념과 적대적 정치현실은 인간에 대한
이해를 넘어서서 저급한 생존 이론으로 가고 결국 민생은 파탄나고
그 과정에서 젊은 이들은 대의를 생각할 겨를도 없이 시스템에
의해서 먹고 사는 문제만 고민하게 되는 현실이 안타깝다고.
그걸 해결할 방법은 "통일" 이라고.

민생문제도 해결하고 다른 나라가 깔보지 않는 멋진 우리나라가
되기 위해서는 "통일"이 꼭 필요하다고.
정치권에서 너무도 이 문제를 방치했다고. 당신도 꾸준히
공부해서 멋진 이론과 실천을 겸비한 사람이 되기를 소망해 봅니다.

어설픈 논리. 누구나가 아는 상황성 말고 좀더 심도있게 공부해야
해요. 법. 경제. 철학. 역사. 사상. 사회적 문제. 미래성장
여건 등 … 항상 주변국에 끼어서 살아온 우리 민족이 슬기롭게
살아갈 수 있는 해법을 두루두루 논의하고 사색해 주세요.
            김규동 - '새아침의 시'
새 아침을 위해
바칠 것은
간절한 마음을 담은 한편의 시로다.

새해가 올 때마다
많은 것을 바라기도 하고
기대도 했지만
가고 오지 않는 무정한 세월.
그래도
이 아침의 둥근 해를 쳐다보며
속절없이 기약해 보는
가슴 속의 꿈은 무엇인가.
남북의 형제들아   2024. 1. 8
진실로 우리의 꿈은 무엇인가 …
                                              백정화 솜.
새해 여 / 이해야 말로
그 무엇보다도
민족이 하나가 되는
마음을 내려달라고
간절히 빌어보는 한편의 시로다."

2024년 1월 16일 백정화의 편지

사랑하는 당신에게   1

2일 후면 (1월 18일) 문익환목사님 서거 30주년이예요.
1994년 '새로운 통일운동체' 결성을 위해 항상 노력해 오시던 문목사의
모습이 선하네요.

〈유언〉

흰 눈 위에 무엇으로 부서지는
햇살을 향해 창을 날려라
네 창에 꽂혀 죽은 햇살을랑
너의 양지바른 포락에 묻어라
마침내 봄이 와서
푸기포기 풀잎으로 돋아나는 햇살 위에
네 아픈 마음 이슬로 맺힌다면
이 어찌 눈물겨운 일 아니랴

캄캄한 그믐밤 지줄대는 시냇물 위에
쏟아지는
별빛을 향해 칼을 휘둘러라
네 칼에 작살난 별빛을랑
너의 뛰는 가슴에 묻어라
마침내 인생의 황혼이 와서
서러워질 때
손주 녀석들 눈에서 빛나는 별빛을 만나리니
그 별빛 싸래기들을 쓸어 담아
어두워 가는 역사의 뒤안길에 뿌린다면
이 어찌 고마운 일 아니랴

그러나 진실을 향해서만은
창을 날리지 말아라
칼을 휘두르지 말아라

네 창에 꽂혀 죽은 순결
네 칼에 맞아 부서진 노래들이
땅속에서 소리를 낳이 오리니
그날 네 양심이 눈을 뜨면 너는
제 손으로 제 가슴에 칼을 받고 죽어야 하리
라
　　　　　윤이환 시집 《난 뒤로 물러설 자리가 없어요》

한 시대를 고민하고 그 문제를 해결하려고 온 몸으로 저항하며
실천하시던 '늦봄' 윤이환 선생과 그 아들 문성근이가 오버랩되네.

각자의 고민과 방식으로 현대를 살고 있지만 그 끝은 언제나
연결되겠지. 문성근씨도 고생은 했지만 아버지를 자랑스러워
하시겠지.
당신도 손주의 빛나는 눈을 떠올리며 현재를 잘 이겨내어서
'큰 사람'이 되기 바래요. 더 크게 쓰임이 있을거라고 저는 항상
믿고 있어요.
며칠 사이 한파가 몰아치고 여러가지가 어수선해서 편지를
안 쓸까 하다 다시 마음 다져잡고 펜을 들었어요.
위의 시를 베끼고 나니 마음이 좀 정리되고 차분해 지네요.
당신도 필사를 많이 했으면 좋겠네요.
열악한 환경 속에서 꿋꿋하게 버티고 있는 당신을 존경합니다.
병원이 알었으면 한창 바빴을 지난 시절을 보며 마음이 많이 심란하겠
지요. 금강경을 읽으면서 '윤회' 라는 단어가 항상 맴돌았어요.
불경이 모두가 그러하지만 우리가 했던 그 만큼 또 당하고 또 어떤일이
일어나고 깨닫고 또 똑같은 선택을 한다면 그건 '깨달음
(각성·지혜)이 없는 '윤회의 사슬'을 못 끊는 형국이라고.
이젠 다른 선택을 해 봅시다. "공감" 해 주실거죠?

　　　　　　　　　　　2024. 1. 16. 백 정화 씀.

2024년 1월 22일 백정화의 편지

사랑하는 남편에게!

갑자기 북극 한파가 몰아쳐서 겨울왕국이 되어 버렸네요. 영하 10도가 넘는 상황에 당신은 얼마나 추울까 생각하니 몸도 마음도 편하지가 않네요.
이번 주는 남은 한주를 위해서 용기를 내서 대전 하늬집에 왔다우. 베란다 불러서거리도 치우고 밑반찬도 몇개 해놓고 부지런히 몸을 움직이고 있어요. 하늬는 토.일요일도 근무라 딸이 없는 빈 집을 열심히 치우고 있아보니 시간이 또 훌쩍 가네요. 이번 수요일이면 그만두고 올거니까 그때까지 잘 살려고 여러가지 생각보았어요. 이 좋은 집에서 회사.집. 학교 왔다갔다 했을 하늬 모습을 보니 '참 대견하다.'라는 생각이 들려 우리 딸이지만 실속있는 아이라는 칭찬을 보내봅니다.
원외의 화요일은 휴무라 저녁먹고 늦게 집으로 돌아왔습니다. 용인IC 쪽에 송서방아 만나서 하늬는 자기 집으로 저는 용인집으로 와서 엄마 케어하고 있답니다.

등산명도 외우고 다녔다는 맹자의 한구절. 告子章. 이구절은 오랜 세월이 흐른 뒤에도 성경을 읽으며 로마서 5장으로 다시 살아났다.
공통 고자장구를 오늘도 다시 한번 마음에 새겨본다.

天將降大任於是人也인데 (천장강대 임어시인야)
- 하늘이 장차 큰 임무를 사람에게 내리려 하면

必先勞其心志 하고 (필선로기심지)
- 반드시 먼저 그 마음과 뜻을 괴롭히고

苦其筋骨 하고 (고기근골)
- 뼈마디가 꺾어지는 고난을 당하게 하며

餓其體膚하고 (아기체부)
- 그 몸과 살은 굶주리게 하고

窮乏其身行 하며 (궁핍기신행)
- 그 생활은 빈궁에 빠뜨려

拂亂其所爲 하나니 (불란기소위)
- 하는 일마다 어지럽게 한다.

是故는 動心 하고 忍性 하여 (시고 동심 인성)
- 이는 그의 마음을 두들겨서 참을성을 길러주어

增益其所不能 이니라 (증익 기소불능)
- 지금까지 할 수 없었던 일도 할 수 있게 하기 위함이니라.

"다만 이뿐 아니라 우리가 환난 중에도 즐거워하나니
이는 환난은 인내를, 인내는 연단을, 연단은 소망을 이루는 줄
앎이로다." (로마서 5장 3, 4절)

한문공부도 해 보시기를 추천드려요. 당신이 한문을 잘 쓰셨는데.
배우고 또 익히다보면 내 몸의 좋은 영양분이 되고 지혜가 생기는 것
같아요. 책 선정을 받어 해 주시면 열심히 넣어드릴게요.
낮이 추워지면 혈액순환이 잘 안 되어요. 당신 스스로 몸을 움직여
       혈관이 좁아져서   혈관 저항력도 막아주고 자꾸
주물러 주어서 막히는 혈을 풀어주세요.
손은 열심히 비벼 눈에 자주 갖다대면 눈도 시원해 질거예요.
이가 아프면 잇몸이라고 당신 스스로가 의사로 물리치료사가 되어서
몸을 단련시켜야 되어요. 운기도 하고.
안사가 허락갰지만 그래도 현재 시간을 더 소중하게 사랑하다 보면
멋진 봄손이 오겠지요!   2024. 1. 22 백정화 씀.

2024년 1월 29일 백정화의 편지

사랑하는 남편에게!

" 겨울 바다에 가 보았지
　미지의 새
　보고 싶던 새들은 죽고 없었네
　그대 생각을 했건만도
　매운 해풍에
　그 진실마저 눈물져 얼어 버리고
　허무의 불 물 이랑 위에
　불 붙어 있었네
　나를 가르치는 건
　언제나 시간
　끄덕이며 끄덕이며 겨울 바다에 섰었네
　남은 날은 적지만
　기도를 끝낸 다음 더욱 뜨거운
　기도의 문이 열리는
　그런 영혼을 갖게 하소서
　겨울 바다에 가 보았지 인고의 물이
　수심 속에 기둥을 이루고 있었네 "
　　　　　　　　　 — 김남조 '겨울바다'

내일이 당신 생일이네요. 미역국이라도 넣어 드릴 수 있으면 좋으련만. 제가 할 수 있는 일은 당신에게 편지를 쓰고, 면회가는 일 뿐이니 참으로 답답하네요.
이전같으면 도란도란 둘러앉아 맥주라도 마시며 자식들 미래에 대한 포부라도 듣고, 걱정거리나 나누며 수다라도 떨건데 당신은 재판을 받으며 침묵속에서 그들을 바라볼 수 밖에.
" 나를 가르치는 건 언제나 시간"
휴. 시간이 가야 하는데 우리는 늙어가고..
　조금만 더 인고의 물이 흐르고 나면 그때는 맑은 영혼으로 우뚝서 있을거라 확신합니다.

"겨울밤 / 노천 역에서
 전동차를 기다리며 우리는
 서로의 집이 되고 싶었다.
 안으로 들어가
 온갖 부끄러움 감출 수 있는
 따스한 방이 되고 싶었다
 눈이 내려도 / 바람이 불어도
 날이 밝을 때까지 우리는
 서로의 바깥이 되고 싶었다"
                                    -김광규 '밤눈'
              송찬식의
당신이 좋아하는 '밤눈' 들으며 이 시를 읽으면 좋으련만.
당신의 영혼의 안식처, 따스한 방이 되도록 서로 열심히 노력함세.

기록의 견고함은 더해지고 당신과 나의 여정도 익어가니 그 시간들을
결코 낭비했다고만 생각하지 말자구.
이제 십 몇도 화요일날 끝나고 조금은 시원섭섭한 마음이야.
시간을 이겨내려고 했던 몸부림들이 그래도 나에게는 좋은 영양분이
된 것 같아. 이 지식들을 어떻게 쓸 지는 조금 천천히 생각해 볼게.
나 자신에게 칭찬을 보내고 있어.
어떤 상황이 놓이더라도 결코 품위를 잃어서는 안돼.
나만의 우아함과 자신을 지키려는 단호한 의지는 살아가는 데 꼭
필요한 보스라는 생각이 나이 들수록 더 드네요.
생일날 편지도 잘 썼었는데. ㅎ. 자꾸 놓치고 있네요.
당신이 세상에 태어난 의미를 다시 한번 생각해 보며
건강 챙기고 몸 잘 보존하는게 낳아주신 조상에 대한 도리라
생각이 드네요. 잘 지내고 이 다 봬요.
                                         2024. 1. 29
                                      백 정화 씀.

2024년 1월 29일 장모가 보낸 편지

생신 축하 하네
세모년도 몇일 안남은채 해는
저물어가네 갑진 새해는 둥근
햇살이 비춰 줄걸세 오죽 궁변
들어 허는 한타라니 얼마나 고생
많는가 건강 잘 챙겨 희망을
잃지 않고 본인 스스로 노력을 다
하게 대신 여건을 준다면 천번이고
만번이고 이장모가 대신 시간 보내
련만 쓸모 없는 몸이라 서글프
구나!! 모든걸 참고 견디면 기쁜
날 찾아 오리라.!!

희망의 끈을 견지하시고 첫째는
건강이니 건강 잘 챙기시고
온 가족이 마음 편안 함과 기쁨이
넘치는 행복이 오기를 기원 하는
바이네
                    장모로 부터

부록 4

백정화의 탄원서

사랑하는 당원 동지 여러분께.

저도 이 글을 쓰면서 각종 언론과 유튜브에서 하고 있는 신상털기 때문에 힘들어서 그만 둘까하고 많이 망설였습니다. 그런데 이건 올바른 길이 아니기에 제 남편을 위해서 용기를 내어 펜을 듭니다.

이화영. 저희 남편은 매우 힘듭니다. 이빨 3개가 빠진 이후 최근에는 당뇨 때문에 엄지발톱이 빠지고 그 부분의 피가 잘 멎지않아 고생하고 있습니다. 이런 신체적 고통보다 더 힘든 것은 지금까지 10개월간 검찰의 거짓진술 강요였습니다. 한가지 정해놓은 방향 "쌍방울 대북송금에 이재명대표가 관련되어 있다"는 것을 '거짓증언'할 것을 강요한 수사였습니다. 요 며칠 저도 법정소란사건이후 엄청난 심리적 압박을 받아보니 10개월 감옥에 독방에 갇혀서 계속 있지도 않은 일을 했다고 자백하라는 검찰에게 얼마나 힘들었을까 눈물이 납니다. 급기야 어제 언론에서는 증인으로 나온 여비서도 이화영이가 법카를 썼다고 기존의 증언을 번복했다, 국정원 문건이 나와서 이화영이가 이제는 버티기 힘들다고 몰아가고 있습니다. 본인이 옥중편지에서도 법정 재판과정에서 줄곧 이재명 대표 쌍방울 대납사건은 없었다고 하는데 자필편지도 부정하면서 저와 남편을 갈라치기 하고 있습니다.

그래서 저는 이화영, 검찰의 딜이 있었음을 밝힙니다. 이화영이 공무원시절에 부주의하게 쓴 법카를 약점잡아서 쌍방울 김성태회장이 이화영에게 유리한 진술을 해주어서 형량을 낮추고 구속만기인 10월에 불구속 상태로 나오게 해주겠다. 본인은 이 딜을 정말로 믿나봅니다. 저번 누님과 아주버님이 면회갔을 때 추석에 나올지도 모른다고 말했습니다. 하루라도 있기 싫은 감옥에서 이 달콤한 유혹 때문에 검찰에게 끌려왔던 것입니다. 그래서 그걸 도운 변호사를 해임하려고 했던 것입니다. 저도 남편이 빨리 나오기를 학수고대합니다. 그런데 이 방법은 올바른 방법이 아니기에 밝히는 것입니다. 즉 김성태 회장이 법카는 이화영에게 아니라 여비서한테 주었다고 진술하여 뇌물죄가 아닌 정치자금법으로 해주겠다는 딜이였습니다. 그리고 그 딜의 대가로 이재명대북 대납사건을 불으라는 딜을 한 것입니다. 그걸 변호사는 받아서 본인의 뜻이라고 하면서 형을 낮추어보려고 했던 것이지요. 즉 뇌물죄에서 정치자금법으로 형량이 줄어드는 것이지요. 그래서 저희 남편은 그 기대로 계속 검찰의 조사에 응하고 있고 갇혀 있으면서 정신적으로 피폐한 상황에서 검찰의 딜에 희망을 가지고 있는 것 같습니다.

   저는 이 모든 사실을 알기에 본인의 죄를 반성하고 양심에 반하는 어떤 것도 해서는 안 된다고 했습니다. 이재명 방북대납같은 없는 죄를 뒤집어 씌우는 일에 당신이 협조해서는 안 된다고 한 것입니다. 8월 8일 김성태 회장이 또 증언을 한다고 합니다. 이제 옥중편지도 밖으로 못 가져 나가게 한답니다. 재판에서 진위가 밝혀지지도 않은채 검찰조사 진술내용만으로도 검찰은 이재명 대표를 기소한다고 으름장을 놓고 있습니다.

제발 법정에서 본인이 진실을 밝히거나, 옥중에서 편지를 쓸 수 있는 기회를 주세요. 제가 바라는 것은 이것뿐입니다.

"어둠은 빛을 이길 수 없습니다."

2023. 07. 29. 백정화 씀

안녕하세요.

저는 이화영의 아내 백정화입니다. 연일 비가오고 며칠간의 연휴라 운동도 못하고 한평남짓한 수용시설에 들어있는 남편을 생각하니 저 또한 많이 힘드네요.

연일 대북송금 거짓진술, 회유사건의 실체가 언론과 유튜브에 보도되고 진실을 알고 싶어하는 가족으로서 남편을 거짓말쟁이로 몰아가는 언론의 작태를 보며 이래도 되나 하는 미음에 편지를 써봅니다.

본인이 경험했고, 경험한 사람만이 알 수 있는 진실을 얘기했는데도 장소와 날짜가 몇 번 틀린 것 가지고 한 사람을 거짓말쟁이로 몰아서 있던 사실을 마치 없던 일로 만들려는 검찰의 작태에 분노를 참지 못하겠습니다. 그러기에 애당초 정확한 자료 –본인과 김성태, 방용철, 안부수의 출정기록 및 구치소 귀소시간 기록을 내놓았으면 깔끔하게 밝혀질 일들을 검찰은 특정3일만으로 못박아 그날이 없으니 진실이 아니라고 합니다. 그러나 네티즌은 그 짧은 3일의 기록에서도 3명이 항상 1313호실에 불려나간 것을 확인해 주었고, 그날은 피신조서도 없었따는 것을 알아냈습니다. 1년 7개월 감옥에 있으면서 작년 5, 6, 7월의 기억을 못박는 것은 자료가 없는 상태에서는 누구도 가능하지 않은 일입니다.

요즘 전관변호사 얘기도 언론에 나오다가 그걸 덮으려는지 바로 이화영의 보석신청얘기가 나오고 있습니다. 1주일도 더 전에 했던 보석신청인데 검찰은 재판기일도 잡지 않고 있다가 요즘에야 흘리고 있습니다. 조변호사(조재연)는 고검장 출신의 쌍방울 법률자문

위원입니다. 남편이 들어가고 처음에는 고위직 변호사라 저도 도움을 청하고 싶어서 2022. 11월경에 전화를 드렸고 한번 면회오신 걸로 압니다. 그러다가 요즘에 와서 저도 조변호사(조재연)가 작년 5, 6월경에 그 민감한 시기에 남편을 두차례 면회온걸 알았습니다. 그때는 검찰과 쌍방울의 회유가 집중되던 시기였고 검찰의 끄나풀이 되어서 우리 남편을 회유하는데 이 분이 오셨다는데 저는 도저히 용서가 안됩니다.

   저희 남편의 말로는 4번정도 오셨다는데 기록이 없으니 이 정도만 유추해도 말이 안됩니다. 그 분의 말에 무너졌을 남편을 생각하면 그 날의 진실이 꼭 밝혀져야합니다. 그분은 처음에는 만난 사실이 없다 하더니 한겨레신문에 남편을 만난적이 있다고 하고 이제는 남편과 가족의 부탁으로 만났다고 합니다. 그럼 법정소란을 일으킬 만큼 이화영이 정신차리길 바랬던 저는 뒤로는 검찰에 협조하라고 회유를 받아들이라고 전관변호사에게 부탁해가며 남편을 괴롭혔다는 말 밖에는 안되는 상황전개입니다. 또 검찰청에 갔다가 잠깐 차를 마셨다고 합니다. 그런데 6월 29일에는 1시간 16분동안 접견을 했습니다. 도대체 무슨 대화를 했는지 저는 꼭 알아야겠습니다. 그 당시 남편이 느꼈을 고립감과 믿었던 전관변호사의 회유, 검찰의 강도 높은 진술 강요... 이화영의 영혼은 무너졌을 것입니다. 이제는 정확한 정보공개가 되어야 합니다. 한 인간의 존엄을 짓밟는 인권이 무너지는 것을 바라만 볼 수 없습니다. 힘든 상황에서도 용기를 잃지 않고 진실을 말하려고 애쓰는 우리 남편에게 힘찬 격려의 박수를 보냅니다.

남편, 저, 우리 가족에게는 기나긴 싸움이지만 진실을 알고있는 여러분들의 노고와 격려덕분에 저는 오늘도 힘을 내서 알리고 있습니다. 검찰수뇌부, 특수통 검사의 이런 회유와 모해사건은 이전부터 자행되었고 이제는 우리 남편에게서 끝나기를 바랍니다.

6월 7일 1심이 끝나면 또 2심을, 그리고 대법원의 상고까지 기나긴 싸움입니다.

민주당 의원님들의 특검요청과 사법부의 올바른 판단이 내려질 때까지 뚜벅뚜벅 나가겠습니다. 고맙습니다.

2024. 5. 6. 백정화 올림